U0684813

曹寧 主編

民國人口户籍史料續編

第四册

國家圖書館出版社

第四册目録

戶口統計實務

鉛印本

戶口統計實務

第一篇　戶口行政與統計

政府關於戶口行政，有四種法規，由四種行政組織，分司其事，各有單獨之目的範圍。惟施行以來，創不其突。良因辦理者，對於法規之本旨，所負之使命，以及名詞之定義，與工作之程序等，未能明切辨明，致使重複紛歧。不獨人民徒感其煩，而政府亦難收其效。

所謂四種法規者：曰「戶口普查」，見統計法。曰「戶口調查」，見戶口調查統計報告規則。曰「戶籍與法。曰「保甲戶口編查」，見編查保甲戶口條例。四者皆屬於戶口查記之範圍。因之一般重複，每欲化簡合併，而未能辨別四者之特質與其先後之關係。茲分述之於次：

為戶口之靜態的普查，其目的在獲得一地域內一期戶口之總數，並研究戶之構成，與口之之根據。其範圍包括經濟組合，與事業組合之戶，以及戶內常時久住，與臨時寄居之視屬普查者為統計人員。

戶口之動態的調查。其目的在登記一地戶口臨時之消長變異，移轉遷徙。並注意其特殊行與地方秩序之查考。其範圍包括各種組合之戶，與實際常在之口，司調查者為警察或保衛

，為戶籍之身份的登記。其目的在証實各人在一家中。與一國內之法律地位。從而確定限於家屬組合之戶。與以永久共同生活為目的而同居之家屬人口。司登記者為戶籍人員

。

保甲戶口編查者，爲戶口清查編組。其目的在推定戶長，組甲編保，加監規約，連坐切結，互相監視，等時報告戶內人口異動與奸人潛入等情形。並組織壯丁，協助救災警匪等自衛工作。公推代表實行參議與自治臨行爲。其範圍與同居之戶與戶內親屬非親屬寄居及傭僱之人口。其戶長得由一家或[illegible]家人口協定之。司編查者爲編查委員（當地士紳）與保甲人員。

更詳言之，統計法所規定之戶口普查，其作用爲基本事實與數字之取得，其範圍最廣，內容最詳，惟每隔五年或十年方始舉行一次。戶口調查規則所規定之戶口調查，其作用爲治安之維持。隨時注意戶口之異動與增減情形，而不拘於全部總數之取得。因初次調查既無劃定之標準時刻，事後遇有變動，隨即查記，自不能爲正確之總計。至於各個人口之本質，亦欲知其大略。例如職業一項僅計其有無教育程度更不甚計較。反之對於行爲不正，與形跡可疑之人口，則注視爲謹。此就治安方面言之，亦不無理由。戶籍法所規定之戶籍與人事[illegible]記，其作用爲法律地位之確定。由當事人臨時聲請登記。所得統計，僅限於登者與註銷者之差額。甚難代[illegible]期之總數。況每人於本籍之外，得設寄籍，且兩處可爲同時之登記，但亦未必能爲同時之登記。其登記[illegible]則僅限於家屬人口之身分而已。編查保甲戶口條例所規定之戶口編查，其作用爲自衛與自治之組織。初[illegible]。既無劃定標準時刻，編查之後，每隔若干時期加以整理，旨在產生戶長與保甲長，對於戶內人口的本[illegible]解，除壯丁之外，並不重視。

	性質	目的	範圍	主辦
戶口普查	注重戶口之靜態	在獲得一地域內劃時期之戶口總數並研究戶構成與口之本質以供一切設施之根據	經濟與事業組合之戶與常久住及臨時寄居之親屬與非親屬人口	統計人員

戶口調查	戶籍人事登記	—
注重戶口之動態	注重戶口之身分	注重戶口之編組
在發現一地戶口增減與異動之情形注意特殊行動以供維持治安與地方秩序之查考	在証實各人在一家中與一國內之法律地位從而確定其權利與義務	在推定戶長組甲編保加約連坐切結互相監視隨時報告人口變動之情形組織壯丁協助救災禦匪等自衛工作公權代表實行參議等自治行爲
各種組合之戶與實際常在之親屬與非親屬人口	家屬組合之戶與以共同生活爲目的而同居之家屬人口	同居組合之戶（數戶得協定一戶長）與親屬雜居及傭僱之人口
警察或保衛團人員	戶籍人員	編查委員（地方紳士）及保甲人員

綜觀四種戶口査記之性質，目的，與範圍，各不相同，若僅舉辦一種以代其餘，則方鑿圓枘，勢難假借。但若四種同時舉辦，各不相謀，均直接向人民調記，則重複抵觸，不勝其煩。解決之法，在能融會貫通，統籌並顧。須循下列原則爲之：

一、各主管機關應相互體察四種査記之特殊作用與範圍，使各能使行職權，獲得所需之資料，以完成其使命。

二、確定四種査記之聯繫與先後之程序，利用一種基本之記載，供給其他各種行政上之轉錄與應用，凡可不直接取之於民者，勿向人民査記，以免紛擾。

三、表冊之格式，應力求簡單，凡可通用者則通用之，但其內容必須顧及各方之需要。

四、縣以下之行政組織多甚簡單，故祇能責令爲事實之査記，與簡單之彙報。至於統計分析，應儘量集中於省政府編製後，發交各縣應用。冀收人才經濟，方法統一，與結果正確之效。

循此原則，可將四種戶口査記所應用之表冊格式，統一之而成兩套：一爲「戶口編定冊」與「戶口異動冊」，一爲「戶籍登記簿」與「人事登記簿」，前者爲原始之記載，後者爲轉錄之記載，有各如會計制度中之序時賬簿，與分類帳簿。

一切戶口之初次査記，均應從靜態的普査入手，根據普査結果，編定保甲，即將普査表彙定而成「戶口編定冊」，再察閱冊中有關戶籍身分事項通知或代替家長或義務聲請人塡具設籍登記聲請書，以便登入「戶籍登記簿」。戶口普査與保長編定之後，即開始爲戶口異動之調査。隨時將有關異動之事實，記入「戶口異動冊」。遇有關係身份之變異事項，通知或代替家長或義務聲請人塡具人事登記聲請書，以便登入「人事登記簿」。並於「戶籍登記簿」中，爲必要之變更登記。如此庶爲戶口行政之合理的系統與程序。…………

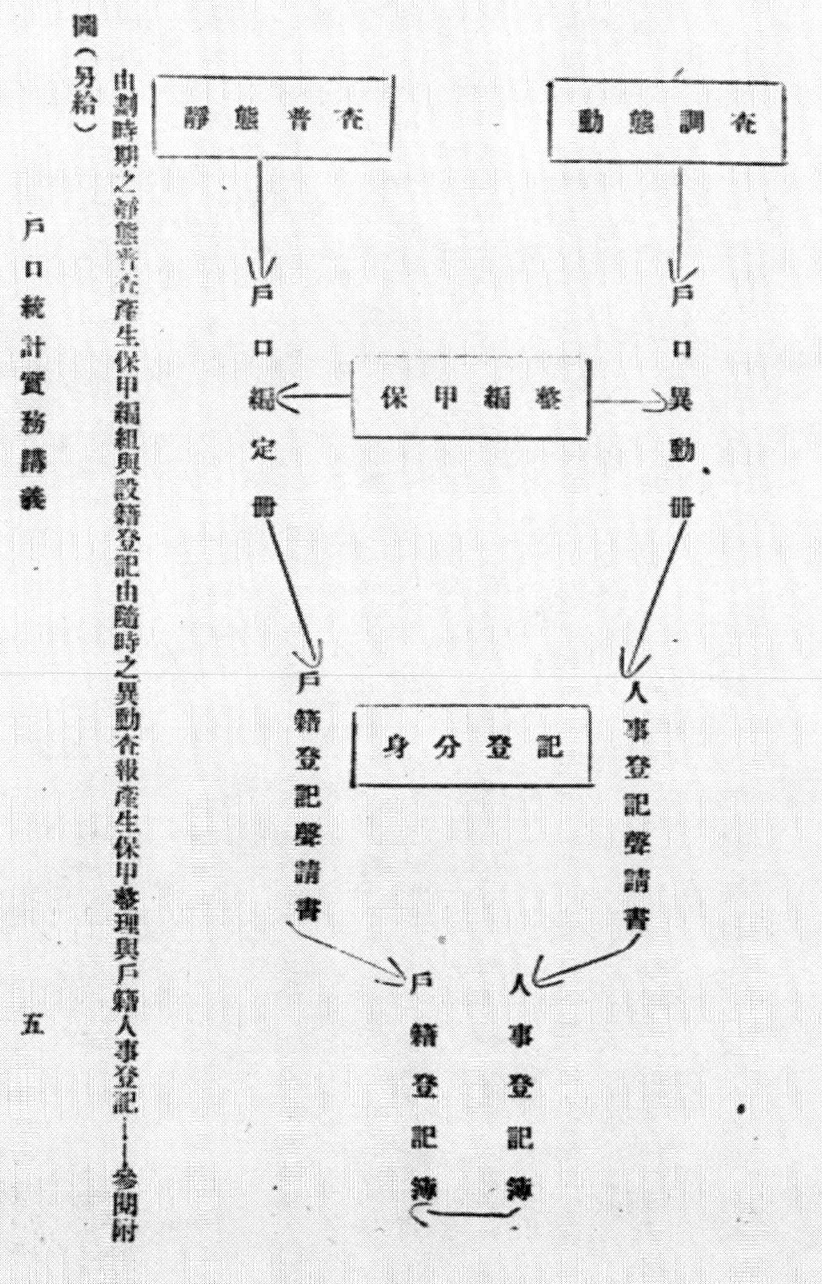

由劃時期之靜態普查產生保甲編組與設籍登記由隨時之異動查報產生保甲整理與戶籍人事登記——參閱附圖（另給）

戶口普查，應由省縣統計人員督導鄉鎮長，保甲長與臨時派定之普查員辦理之。普查完畢時，將普查表格加抄謄本二份。彙訂而成「戶口編查冊」三份，以一份留保長辦公處（或同級警所）一份留鄉鎮公所，其原始一份則於統計人員過錄統計卡片後，留縣政府備查。統計卡片由省或市縣統計機關分類計算，編為「戶口普查統計」，呈送上級政府，並發交所屬應用。

保甲編組，應由地方行政人員辦理，舉凡設定戶主，組甲編保，均應根據戶口普查之結果為之。

戶口異動查報，在有警察地方，應由警察為之，無警察地方，由鄉鎮長督導保甲長為之，責成甲長不斷的留意甲內各戶人口之增減變異，隨時報告保長或警員登入「戶口異動冊」。并填具「戶口異動報告表」，呈送鄉鎮公所登入鄉鎮戶口異動冊後，將原表轉呈縣市政府，縣市政府將收到之鄉保戶口異動報告表，按月彙訂成冊，送呈省政府，由省統計機關過錄統計卡片後，發還縣市政府存查，一方面將統計卡片分別剔除計算，編為「戶口異動統計」，呈送中央，並發交各縣市鄉鎮應用。

戶籍與人事登記。應由鄉鎮長督導戶籍人員及保長或警員辦理之。當甲長將戶口增減與變異情形報告保長或警員，登入「戶口異動冊」之際，遇有關於身份事項，保長或警員應通知或代替家長或義務聲請人填寫登記聲請書，送請鄉鎮公所登記。鄉鎮戶籍人員於登入「戶籍或人事登記簿」後，將原聲請書發交保長或警員，按號存查。一面填具鄉鎮戶籍與人事登記報告表，呈送縣政府登入登記簿副本後，將原表呈送省政府。由省統計機關過錄統計卡片，分類剔除計算編為戶籍與人事統計，呈送中央并發交縣市應用，統計卡片於統計之後，并可分類列存，備供隨時檢查之用。

將照上述手續，將全國戶口行政擬成一整個方案，並擬訂下列法規與表冊格式草案，期能順利推行，以奠立地方自衛自治與建設之基礎。

法規草案	表冊草式	
戶口普查條例	戶口普查表 戶口編定冊	同一式
戶口異動查報條例	戶口異動証 戶口異動報告表 戶口異動冊	同一式
戶籍法施行細則	戶籍人事登記聲請書 戶籍登記簿 人事登記簿 戶籍人事登記報告表	同一式

第二節　生命統計舉例

重慶市出生及死亡查報辦法

一、市民處於出生或死亡事態發生後五日或三日向該管警察分駐所（或派出所）申請登記。

二、戶籍生得到此項報告或登記後應即前往調查，如係出生應詢填「出生調查表」，如係死亡應填具「死亡調查表」。

三、戶籍生調查時如遇「出生」或死亡調查表」已由衛生機關，醫院，開業醫師，或助產士，填明者，可不必再填是項調查表，但須查塡「出生或死亡調查附表」，以爲核對之用。

四、戶籍生對於該管地區住戶，應隨時切實調查，並於月終挨戶調查出生死亡及孕婦一次，如遇漏報應予補塡。

五、戶籍生塡寫之出生調查表，死亡調查表，出生調查附表，死亡調查附表，由警察分局戶籍員負責於每旬之末（即月之十一，二十一，月底各日）彙送警察局戶政科，轉交重慶市生命統計聯合辦事處，至孕婦通知單，於塡就後，即郵寄衛生局。

六、衛生局於獲得孕婦通知單後，應即派助產士訪視，或通知到所，施行產前檢查，該戶如係衛生局接生者，此項出生調查表，由該局助產士負責塡報，並於每旬之末，彙交重慶市生命統計聯合辦事處。

七、本市各公私立醫院，或診療所等，應將各該院所之出生死亡塡具「出生或死亡調查表」報告於衛生局。

戶籍登記表解

類別	聲請義務人	當事人	關係人	說明	參考法規
設籍登記	本人或家長寺院主持人救濟機關主管人	設籍者	隨同設籍者	出生者因結婚離婚而轉籍者，因被認領收養，或其關係終止而轉籍，有原無本籍，而在一縣內居住三年以上者，由他縣市遷入，有久住之意思者，外國人取得中國國籍，或中國人回復國籍者，死亡宣告撤消者，因其他原因致無本國籍者，居住滿一年，得設寄籍。	戶籍法一八條三七條五一條施行細則一七條一八條二一條二二條二三條。
除籍登記	本人或家長寺院主持人救濟機關主管人	除籍者	隨同除籍者	死亡或受死亡宣告者，喪失中華民國國籍者，遷往他縣有久住之意思者；因結婚離婚而轉籍者，因被認領收養，或其關係中止而轉籍者，因其他原因應除轉籍。	戶籍法十九條三七條五一條施行細則一七條一八條二一條二二條二三條
遷出登記	本人或家長寺院主持人救濟機關主管人。	遷出者	隨同遷出者	遷出原戶籍管轄區域，在一個月以上者；不變更所屬之籍者。	戶籍法二七條五一條五二條施行細則一七條一八條二一條二二條
遷入登記	本人或家長寺院主持人救濟機關主管人	遷入者	隨同遷入者	由他戶籍管轄區域遷入，在一個月以上，不變更所屬之籍者。	戶籍法二八條施行細則一七條一八條二一條二二條

離婚登記	離婚者男女雙方當事人	離婚者	雙方父母家長證人	自離婚所在地戶籍機關聲請登記	戶籍法二四條四三條五一條施行細則一七條二一條二三條民法一〇四九條至一〇五八條
死亡登記	長，同居人，死亡者死亡時所在之房屋或土地管理人，經理殮葬之人，警察官署長官。	死亡者	配偶父母家長	應向死亡者死亡地戶籍機關聲請登記。	戶籍法一九條二五條四四條四五條四六條四七條五一條施行細則一七條二一條二二條二三條民法六條
死亡宣告登記	聲請死亡宣告者。	受死亡宣告者	配偶父母家長	失蹤滿十年，經法院判決者，失蹤爲七十歲以上者，滿五年，失蹤人遭遇特別災難者滿三年。	戶籍法一九條二五條四七條五一條施行細則一七條二一條二二條二三條民法八條九條
監護登記	監護人	受監護者	委託或指定監護人者，受監護者之同居親屬及家長。	代未成年人或禁治產人心神喪失者，或精神耗弱者，處理事務者，爲監護人應自受監護人所在地戶籍機關聲請登記。	戶籍法二六條四八條四九條五一條施行細則一七條二一條民法九四條一〇九一條至一一一三條

出生登記	父母，家長，同居人，醫士，助產士，分娩時照顧人，醫院院長，監獄長官，公共場所管理人，棄兒發現人。	出生者	父母，非婚生子女，未經認領者，其母，棄兒之發現人，領受人，或領受之救濟機關。	嬰兒出生，及發現棄兒，應向出生所在地戶籍機關聲請登記。	戶籍法二〇條三八條三九條四〇條五一條施行細則一七條一八條二一條二二條民法六條
認領登記	認領人，遺囑執行人依遺囑爲認領者。	認領者，被認領者。	被認領人之母，認領人之家長。	生父認領非婚生子女者，	戶籍法二一條四一條五一條施行細則一七條一八條二一條二二條二三條民法一〇六五條至一〇七〇條
收養登記	養父母	收養者，被收養者	被收養者之本生父母，養父或養母，收養棄兒時，其領受人。	收養他人子女爲子女者。	戶籍法二二條四二條五一條施行細則一七條一八條二一條二二條二三條民法一〇七二條至一〇八三條
結婚登記	結婚者男女雙方當事人。	結婚者	雙方父母家長，證人，因結婚而取得子女身份者，其子女再婚者其前妻前夫。	向結婚所在地戶籍機關聲請登記。	戶籍法二三條四三條五一條施行細則一七條一八條二一條二二條二三條民法九八一條至九九九條

繼承登記	繼承人或其法定代理人	被繼承者	家長代理人	提出繼承證明書類向被繼承人住在地戶籍機關聲請登記。	戶籍法二六條四九條五一條施行細則一七條二一條民法一一三八條至一一四四條
變更登記	原聲請人利害關係人	原當事人	原關係人	戶籍登記事項，有變更時應爲變更登記，因登記發生訴訟者，仍應先爲聲請登記，俟判決確定後，再聲請爲變更登記。	戶籍法三〇條三一條五〇條五一條施行細則二三條
更正登記	原聲請人利害關係人	原當事人	原關係人	戶籍登記事項有錯誤或脫漏時，應爲更正之登記。	戶籍法三二條五〇條五一條施行細則二三條
銷撤登記	原聲請人利害關係人	原當事人	原關係人	戶籍登記事項須消滅時，應爲撤消之登記。	戶籍法三三條五〇條施行細則二三條

人口統計報告表(一)

現住人口性別　　　　　材料時期　民國　　年度

區域別	保	甲	戶	人口			備註
				共計	男	女	
總計							

32公分

20公分

人口統計報告表（二）

現住人口籍別　　　　材料時期　民國　　年度

區域別	性別	共計	本籍	非本籍			備註
				本省他縣	外省	外國	
總計	合計						
	男						
	女						
	男						
	女						
	男						
	女						
	男						
	女						
	男						
	女						
	男						
	女						
	男						
	女						

32公分　　20公分

人口統計報告表（三）

現住人口年齡分配　　　　　　　　材料時期　民國　　年度

區域別	性別	共計	未滿一歲	一歲至未滿五歲	五歲至未滿六歲	六歲至未滿十歲	十歲至未滿十二歲	十二歲至未滿十五歲	十五歲至未滿十八歲	十八歲至未滿二十歲	二十歲至未滿二十五歲	二十五歲至未滿三十歲	三十歲至未滿三十五歲	三十五歲至未滿四十歲	四十歲至未滿四十五歲	四十五歲至未滿五十歲	五十歲至未滿五十五歲	五十五歲至未滿六十歲	六十歲至未滿六十五歲	六十五歲至未滿七十歲	七十歲及以上	備註
總計	合計																					
	男																					
	女																					
	男																					
	女																					
	男																					
	女																					
	男																					
	女																					
	男																					
	女																					

20公分

32公分

說明：1. 本表應就男女人口之實足年齡分別計算填列

2. 未滿一歲之男女人口爲嬰兒，六歲至未滿十二歲之男女人口爲學齡兒童，十八歲至未滿四十五歲之男子爲壯丁

人口統計報告表（四）

現住人口教育程度　　　　材料時期　民國　年度

區域別	性別	共計	受高等教育者		受中等教育者				受初等教育者				私塾	不識字者	備註
					高中		初中		高小		初小				
			畢業	肄業	畢業	肄業	畢業	肄業	畢業	肄業	畢業	肄業			
總計	合計														
	男														
	女														
	男														
	女														
	男														
	女														
	男														
	女														
	男														
	女														
	男														
	女														

20公分

32公分

說明：本表應就滿六歲及以上之男女人口分別計算填列

人口統計報告表（五）

現住人口職業分配　　　　材料時期　民國　年度

區域別	性別	共計	農業	礦業	工業	商業	交通運輸業	公務	自由職業	人事服務	共他	無業	備註
總計	合計												
	男												
	女												
	男												
	女												
	男												
	女												
	男												
	女												
	男												
	女												
	男												
	女												

32公分　20公分

說明：本表應就滿十二歲及以上之男女人口分別計算填列

人口統計報告表（六）

現住人口婚姻狀況　　　　材料時期　民國　年度

區域別	性別	共計	未婚	有配偶	喪偶	離婚	備註
總計	合計						
	男						
	女						
	男						
	女						
	男						
	女						
	男						
	女						
	男						
	女						
	男						
	女						
	男						
	女						

20公分

32公分

說明　本表應就滿十五歲及以上之男女人口分別計算填列

流動人口登記簿　　　　省　縣　鄉鎮　保　年　月　日

流動人口登記簿

姓名									
性別									
出生	年	民國前	民國前	民國前	民國前	民國前	民國前	民國前	民國前
	月								
	日								
本籍	省								
	縣								
寄籍	省								
	縣								
教育程度									
職業	行業								
	職位								
婚姻狀況									
殘疾									
來往原因	來往原因								
	他往原因								
住址	原住址								
	現在住址								
來往日期	來往日期								
	他往日期								
備註									

32公分

20公分

編號：　字第　號　　戶別：共同生活/事業戶　·　名稱：

省
市

縣戶籍登記簿

保甲番號

鄉鎮　保　甲　戶

住址

項別 / 人別	戶長	親屬或同居人稱謂						
姓名								
性別								
出生年月日	民國前	民國前	民國前	民國前	民國前	民國前	民國前	民國前
本籍　省								
本籍　縣								
寄籍　省								
寄籍　縣								
居住本縣開始時期　月日	民國前	民國前	民國前	民國前	民國前	民國前	民國前	民國前
教育程度								
職業　行業								
職業　職位								
婚姻狀況								
殘疾								
國民身分證　號碼								
國民身分證　填發機關								
國民身分證　填發日期								
登記事由及日期								
備註								

戶籍登記簿

22公分

20公分

年齡年齡

1	2	3	4	5	6	7	8	9	10	11	12	13	14	15	16	17	18	19
未滿一歲	一歲至未滿五歲	五歲至未滿六歲	六歲至未滿十歲	十歲至未滿十二歲	十二歲至未滿十五歲	十五歲至未滿十八歲	十八歲至未滿二十歲	二十歲至未滿二十五歲	二十五歲至未滿三十歲	三十歲至未滿三十五歲	三十五歲至未滿四十歲	四十歲至未滿四十五歲	四十五歲至未滿五十歲	五十歲至未滿五十五歲	五十五歲至未滿六十歲	六十歲至未滿六十五歲	六十五歲至未滿七十歲	七十歲以上

教育程度

1	2	3	4	5	6	7	8	9	10	11	12
高教畢	高教肄	高中畢	高中肄	初中畢	初中肄	中心小畢	中心小肄	國小畢	國小肄	私塾	不識字

職業

1	2	3	4	5	6	7	8	9	10
農	礦	工	商	交通運輸	公務	自由職業	人事服務	其他	無業

婚姻狀況

1	2	3	4
未婚	有配偶	喪偶	離婚

本表

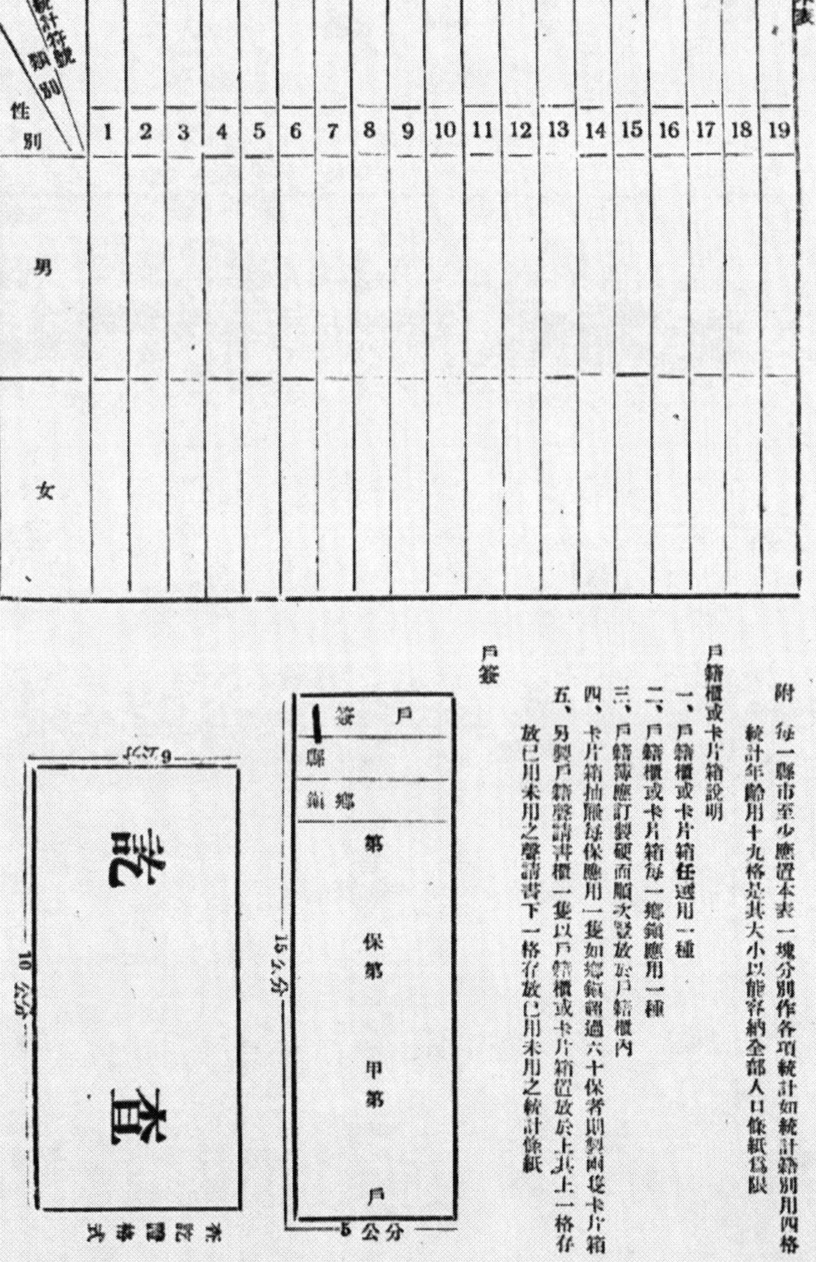

統計符號 類別 性別	男	女
1		
2		
3		
4		
5		
6		
7		
8		
9		
10		
11		
12		
13		
14		
15		
16		
17		
18		
19		

附 每一縣市至少應置本表一塊分別作各項統計如統計籍別用四格統計年齡用十九格是其大小以能容納全部人口條紙爲限

戶籍櫃或卡片箱說明

一、戶籍櫃或卡片箱任選用一種

二、戶籍櫃或卡片箱每一鄉鎮應用一種

三、戶籍簿應訂製硬面順次豎放於戶籍櫃內

四、卡片箱抽屜每保應用一隻如鄉鎮超過六十保者則劉兩隻卡片箱

五、另製戶籍聲請書櫃一隻以戶籍櫃或卡片箱置放於上其上一格存放已用未用之聲請書下一格存放已用未用之統計條紙

戶簽

登入正本後在此處蓋鈐記　　　　登入副本後在此處蓋印

戶籍登記聲請書

類別	登記	聲請義務人（親筆簽名或蓋押）					
保甲番號		鄉鎮　保　甲　戶	住址				

項別／人別	戶長或當事人	關係人稱謂						
姓名								
性別								
出生年月日	民國前 民	民國前 民	民國前 民	民國前 民	民國前 民	民國前 民	民國前 民	民國前 民
本籍寄籍 省 縣								
本籍寄籍 省 縣								
居住本縣開始時期 月日	民國前 民	民國前 民	民國前 民	民國前 民	民國前 民	民國前 民	民國前 民	民國前 民
教育程度								
職業 行業 職位								
婚姻狀況								
殘疾								
登記事由及日期								
備註								

中華民國　年年　月月　日日登入　公所戶籍登記簿（卡）正本第　號
政府　副本第　號

28公分

20公分

人口登記卡正面

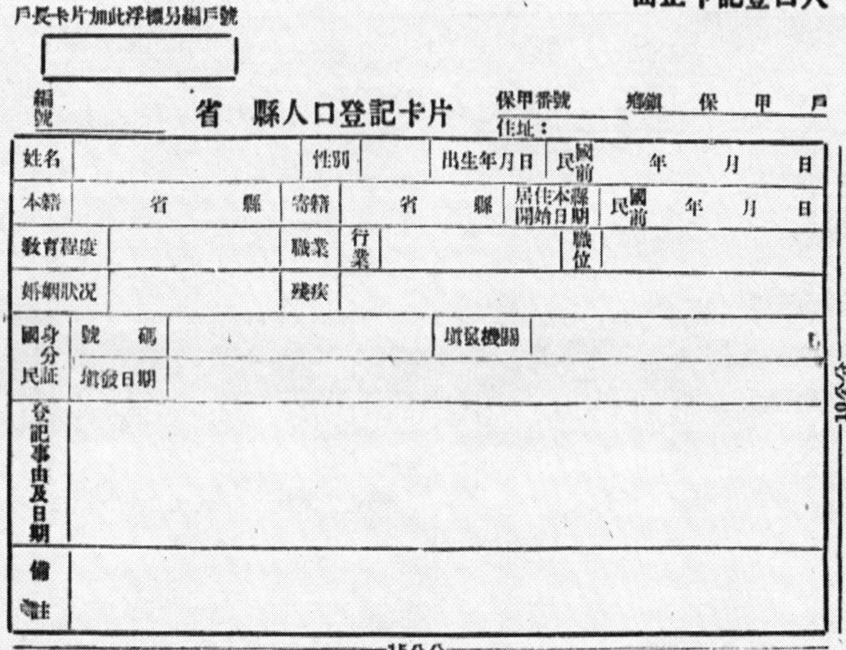

戶長卡片加此浮標另編戶號

編號　　　　省　縣人口登記卡片　　保甲番號　　鄉鎮　保　甲　戶

住址：

姓名		性別		出生年月日	民國前　年　月　日
本籍	省　縣	寄籍	省　縣	居住本縣開始日期	民國前　年　月　日
教育程度		職業	行業		職位
婚姻狀況		殘疾			
國民身分證	號碼		填發機關		
	塡發日期				
登記事由及日期					
備註					

10公分　15公分

人口登記卡反面

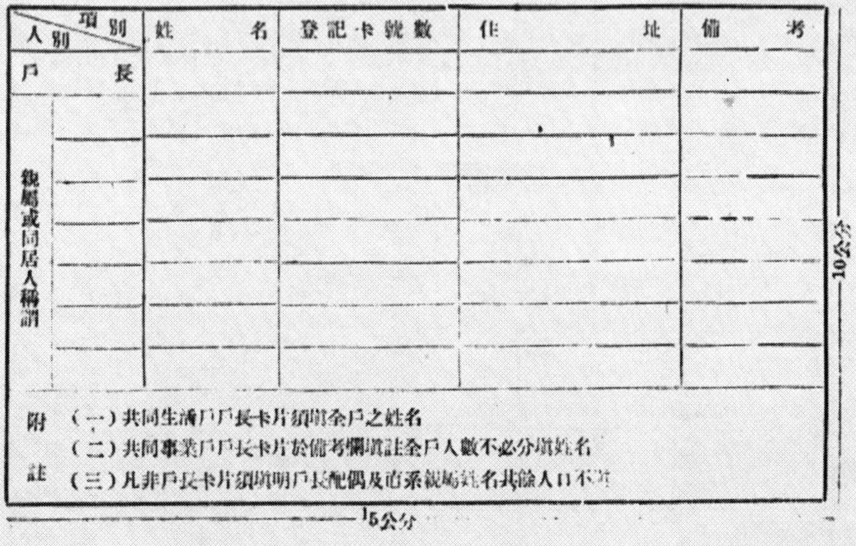

人別＼項別		姓名	登記卡號數	住址	備考
戶長					
親屬或同居人稱謂					

附註 （一）共同生活戶戶長卡片須開全戶之姓名
（二）共同事業戶戶長卡片於備考欄塡註全戶人數不必分塡姓名
（三）凡非戶長卡片須塡明戶長配偶及直系親屬姓名其餘人口不塡

10公分　15公分

戶籍統計月報表

材料時期　民國　　年　　月份

區域別	保	甲	戶	人口增減情形																	設籍		除籍		認領	收養	結婚	離婚	備計
				本月數	上月數	比較數	遷入				遷出				出生			死亡											
						增減	小計	本省他縣	外省	外國	小計	本省他縣	外省	外國	小計	男	女	小計	男	女	戶數	口數	戶數	口數					
總計																													

32公分

20公分

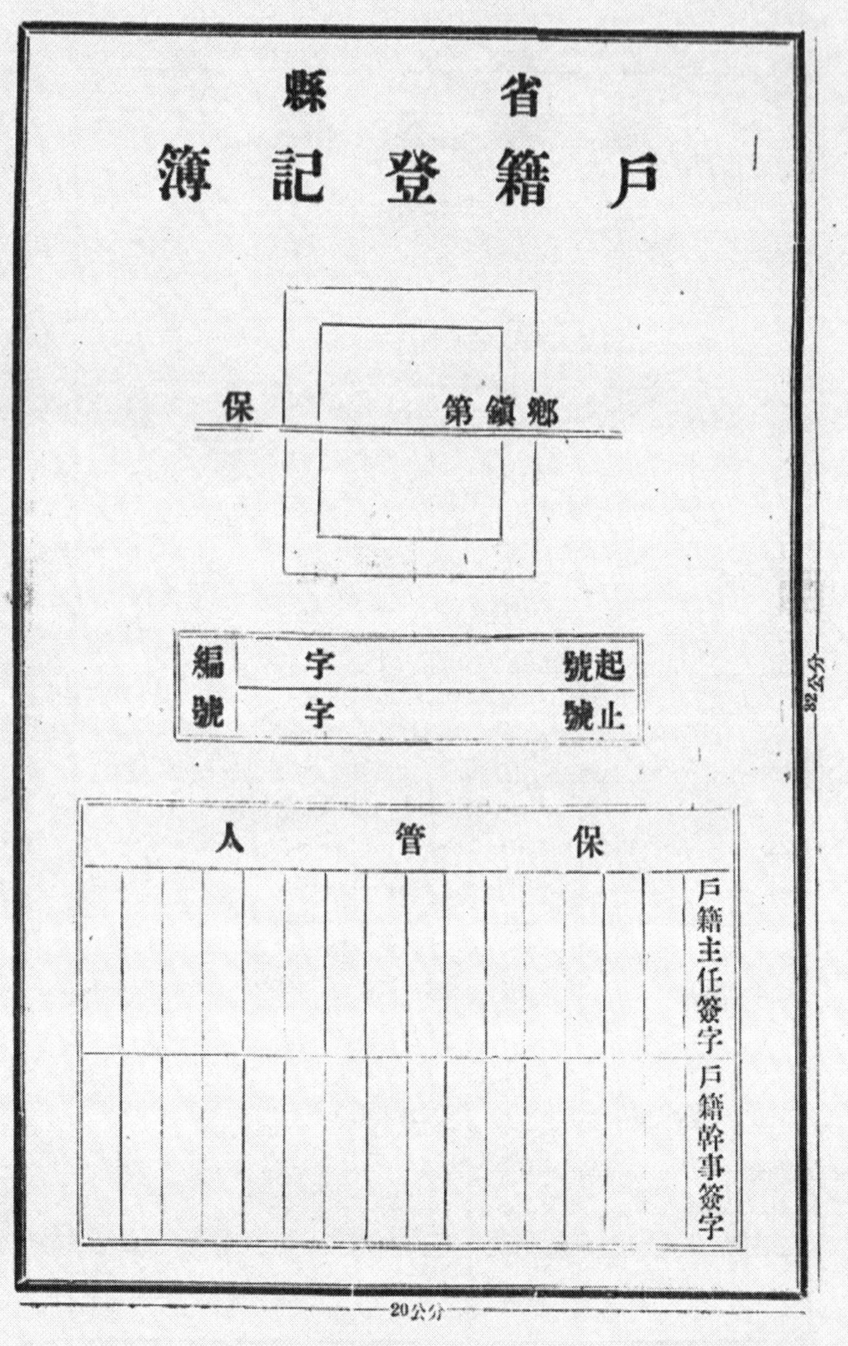

省　縣
戶籍登記簿
鄉鎮第　保
編號
字　號起
字　號止
保管人
戶籍主任簽字
戶籍幹事簽字
32公分
20公分

國民身分證樣式

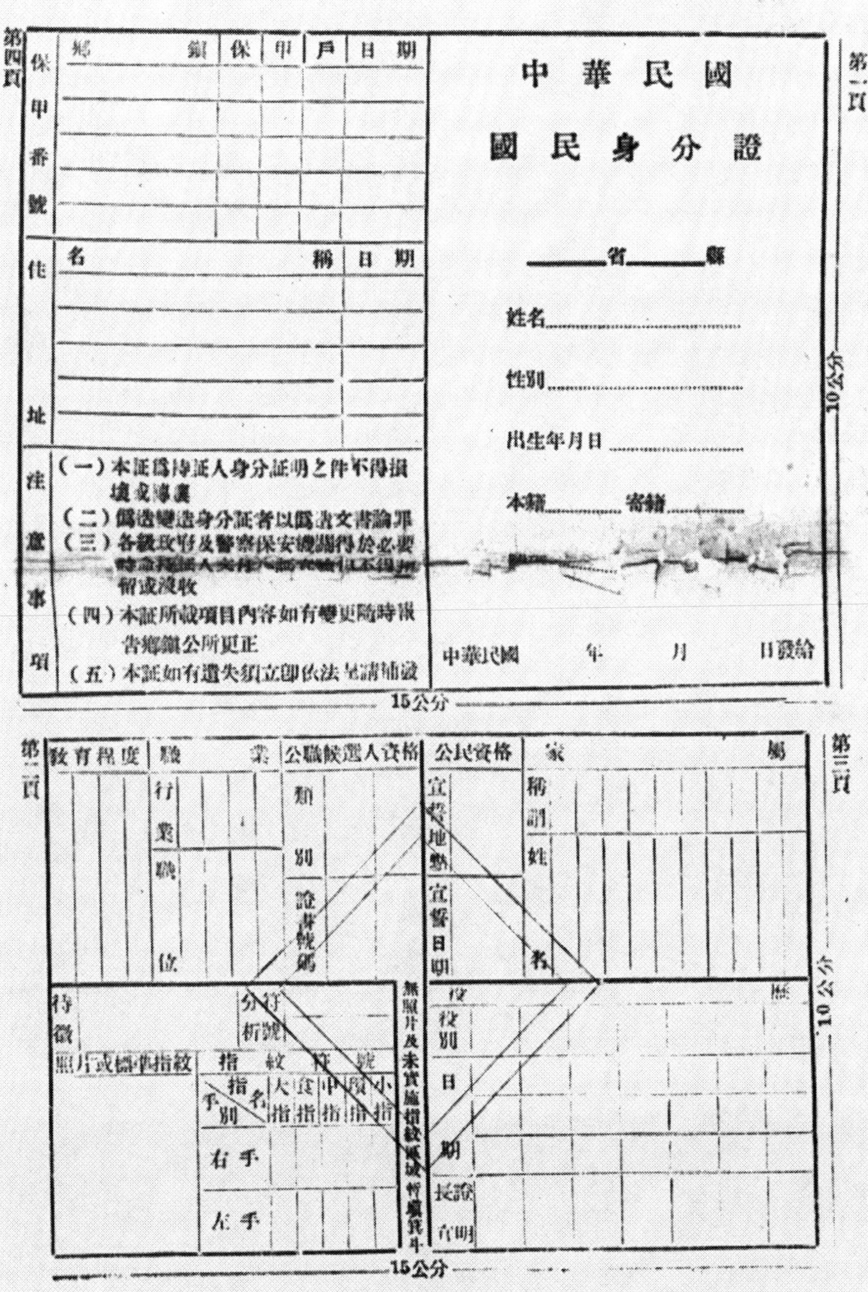

第一頁

中華民國

國民身分證

______省______縣

姓名……………………

性別……………………

出生年月日……………………

本籍…………寄籍…………

中華民國　　年　　月　　日發給

15公分　10公分

第四頁

保甲番號	鄉	鎮	保	甲	戶	日期

住址	名	稱	日期

注意事項

（一）本証爲持証人身分証明之件不得損壞或轉讓

（二）僞造變造身分証者以僞造文書論罪

（三）各級官署及警察保安機關得於必要時[illegible]不得扣留或沒收

（四）本証所載項目內容如有變更隨時報告鄉鎮公所更正

（五）本証如有遺失須立即依法呈請補發

第二頁

教育程度	職業	公職候選人資格	公民資格
	行業	類別	宣誓地點
	職位	證書號碼	宣誓日期

家屬	
稱謂	
姓名	

待徵	分析	符號

照片或標準指紋	指紋符號					
	手別＼指名	大指	食指	中指	環指	小指
	右手					
	左手					

無照片及未實施指紋區域暫緩貳年

役歷	
役別	
日期	
長官證明	

第三頁

15公分　10公分

天津縣政府　編

戶政人員查記手册

天津：祥記紙行，一九四七年鉛印本

中華民國三十六年度九月

戶政人員查記手冊

天津縣政府製

編輯目錄

戶籍法

戶籍法施行細則

戶籍法疑義解釋第一輯

戶籍法疑義解釋第二輯

三

附錄一　法規

民國三十五年一月三日國民政府修正公布同日施行

戶籍法

第一章　通則

第一條　中華民國人民戶籍之登記。依本法之規定。

第二條　本法關於省之規定。適用於院轄市。關於縣之規定。適用於省轄市及設治局。

第三條　戶籍行政之主管機關。在中央爲內政部。在省爲省政府。在縣爲縣政府。

第四條　戶口之查記。得爲戶之編造。凡在同一處所同一主管人之下共同生活或經營共同事業者爲一戶。以家長或主管人爲戶長。

第五條　中華民國人民之籍別。以省及其所屬之縣爲依據。

第六條　戶籍登記。以鄉鎮爲管轄區域。以鄉鎮長兼任戶籍主任。並設戶籍幹事若干人。由鄉鎮長指定所屬自治人員兼任之。本法關於鄉鎮之規定。適用於市之區。

第七條　僑居外國之中華民國人民。其戶籍登記。由當地中國使館或領事館爲之。並由使館或領事館按月彙送內政部。分別發交其本籍地之各該管戶籍主任。

第八條　籍別登記、身份登記及遷徙登記。由鄉鎮公所爲之。但流動人口之登記。由保辦公處爲之。

第九條　辦理登記所用簿冊、卡片及聲請書類等。應永久保存。除因避免天災事變外。不得携出保存處所。前項書類之格式。由內政部定之。

第十條　籍別登記。應載明與被登記者共同生活之家屬。身分登記。應載明其關係人。

前項規定。於遷徙及變更、更正、撤銷等項之登記準用之。

第十一條　已辦戶籍登記之地方。得製發國民身分證。或經內政部核准。以戶籍謄本代之。

第十二條　利害關係人得納費請求閱覽戶籍登記簿或交付謄本。

前項閱覽費。每次二元。謄本抄錄費每百字五元。不滿百字者。以百字計算。法院於必要時。得命戶籍主任交付謄本。

第十三條　各機關所需用之戶口資料。應以戶籍爲依據。除法律另有規定外。不得另辦他種戶口查記。

第十四條　辦理戶籍登記。得先辦戶口調查。

第十五條　辦理戶籍登記之各級主管機關。應分製各種統計表。按期呈送該管上級機關。

第十六條　辦理戶籍之經費。應列入各級政府預算。

第二章　籍別登記

第十七條　中華民國人民之本籍。依左列之規定。

一　子女除別有本籍者外。以其父母之本籍爲本籍。

二　棄兒父母無可考者。以發現人報告地爲本籍。

三　妻以夫之本籍爲本籍。贅夫以妻之本籍爲本籍。

四　陸上無住所而在船舶上居住者。以船舶之常泊地爲本籍。

五　僧道或其他宗教徒。無本籍或本籍不明者。以所住寺院之所在地爲本籍。

六　在救濟機關留養。無本籍或本籍不明者。以救濟機關所在地爲本籍。

七　僑居國外人民。以未出國時之本籍爲本籍。

一人同時不得有兩本籍。

第十八條　合於左列各款情事之一者。應爲設籍登記。

一　出生者

二　因結婚、離婚而轉籍者。

三　因被認領、收養或其關係終止而轉籍者。

四　原無本籍而在一縣內居住三年以上者。

五　由他縣遷入有久住之意思者。

六　外國人取得中華民國國籍或中華民國人民回復國籍者。

七　死亡宣告撤銷者。

八　因其他原因致無本籍者。

已有本籍而在他縣內有住所或居所一年以上者。以該縣爲其寄籍。但一人同時不得有兩寄籍。

第十九條　合於左列各款情事之一者。應爲除籍登記。

一　死亡或受死亡宣告者。

二　喪失中華民國國籍者。

三　遷往他縣有久住之意思者。

四　有前條第二款或第三款情事之一者。

五　因其他原因應除籍者。

第三章　身分登記

第二十條　出生及發現棄兒者。應爲出生之登記。

第二十一條　認領非婚生子女者。應爲認領之登記。

第二十二條　收養他人子女爲子女者。應爲收養之登記。

第二十三條　結婚者。應爲結婚之登記。

第二十四條　離婚者。應爲離婚之登記。

第二十五條　有死亡或受死亡宣告者。應爲死亡或死亡宣告之登記。

第二十六條　各省政府於必要時。得令各縣辦理監護及繼承之登記。

第四章　遷徙登記

第二十七條　遷出原戶籍管轄區域在一個月以上不變更所屬之籍者。應爲遷出之登記。

第二十八條　由他戶籍管轄區域遷入在一個月以上。不變更所屬之籍者。應爲遷入之登記。

第二十九條　遷出原戶籍管轄區域未滿一個月不變更所屬之籍者。應爲流動人口之登記。

第五章　登記之變更更正及籍銷

第三十條　戶籍登記事項有變更時。應爲變更之登記。

第三十一條　因登記發生訴訟者仍應先爲聲請登記。俟判決確定後。再聲請爲變更之登記。

第三十二條　戶籍登記事項有錯誤或脫漏時。應爲更正之登記。

第三十三條　戶籍登記事項消滅時。應爲撤銷之登記。

第六章　登記之聲請

第三十四條　戶籍登記之聲請。除另有規定外。由聲請義務人向所在地之鄉鎭公所爲之。

第三十五條　登記之聲請。以書面爲之。但有正當理由時。得由聲請人親向戶籍登記機關。以言詞爲之。

第三十六條　登記聲請書應記載左列事項。由聲請人簽名或畫押。

一　聲請人之姓名、性別、出生年、月、日、職業、籍別及住所。

二　聲請事件及年、月、日。

聲請人以言詞爲聲請時。戶籍登記機關應依前項各款所定事項。製作筆錄。向聲請人朗讀並令其簽名或畫押。

第三十七條　籍別登記、遷徙登記。以本人或家長爲聲請義務人。在寺院者。以其主持人爲聲請義務人在救濟機關者。以其主管人爲聲請義務人。

第三十八條　出生登記。以父或母爲聲請義務人。父母均不能爲聲請時。依左列順序定之。

一　家長。

二　同居人。

三　分娩時臨視之醫生或助產士。

四　分娩時在旁照護之人。

第三十九條　在醫院、監獄或其他公共場所出生之子女。其父母不能爲登記之聲請時。分別以醫院院長、監獄長官或其他公共場所管理人爲聲請義務人。

第四十條　棄兒之發現。以發現人爲聲請義務人。

第四十一條　認領登記。以認領人爲聲請義務人。依遺囑爲認領者。以遺囑執行人爲聲請義務人。

五

第四十二條　收養登記。以養父母爲聲請義務人。

第四十三條　結婚或離婚登記。以雙方當事人爲聲請義務人。

第四十四條　死亡登記。聲請義務人之順序如左。

一　家長。

二　同居人。

三　死亡者死亡時所在之房屋或土地管理人。

四　經理殮葬之人。

第四十五條　被執行死刑者或在監獄看守所內死亡。而無人承領者。以其監所長官爲聲請義務人。

第四十六條　因災難死亡。或死亡者之籍別不明或不能辨認其爲何人。應由該管警察機關通知戶籍登記機關。

第四十七條　死亡宣告之登記。以聲請死亡宣告者爲聲請義務人。

第四十八條　監護登記。以監護人爲聲請義務人。

第四十九條　繼承登記。以繼承人爲聲請義務人。繼承人爲胎兒時。以其母或監護人爲聲請義務人。

第五十條　變更、更正、撤銷之登記。以原登請人或其他利害關係人爲聲請義務人。

第五十一條　聲請義務人因故不能親自聲請者。得委託他人爲之。

前項規定。於認領、收養、結婚、離婚登記之聲請。不適用之。

第五十二條　戶籍登記之聲請應於事件發生或確定後十五日內爲之。

但遷出之登記應於事前爲之。

戶籍主任對有不於法定期間聲請者。應以書面定期催告。其逾期聲請者。仍應受理之。

第七章 罰則

第五十三條 無正當理由不於法定期間爲登記之聲請者。處十元以下罰鍰。經催告而仍不爲聲請者。處二十元以下罰鍰。

第五十四條 聲請人爲不實之呈報者。處五十元以下罰鍰。

第五十五條 前二條罰鍰之決定。由該管縣政府爲之。

第五十六條 意圖加害他人爲詐僞之聲請者。處六月以下有期徒刑、拘役或三百元以下罰金。

第八章 附則

第五十七條 人民對戶籍機關之處分。認爲不當或違法者。得依法訴願。

第五十八條 戶口普查。以內政部爲主管機關。戶口普查法另定之。

第五十九條 外國人在中華民國境內寄留者。其查記辦法。由內政部會同外交部定之。

第六十條 本法施行細則。由內政部擬訂。呈請行政院核定之。

第六十一條 本法自公佈日施行。

七

戶籍法施行細則

民國三十五年六月二十一日行政院公佈同日施行

第一章 通則

第一條 本細則。依戶籍法第六十條之規定訂定之。

第二條 各省辦理戶口查記。悉依戶籍法及本細則之規定。未設省之區域。得經內政部核准。變通辦理。僑居國外之中國人民及居留本國境內之外國人。其戶口查記。除另有規定外。仍適用戶籍法及本細則之規定。

第三條 辦理戶口查記之機關。省政府應於民政廳設戶政科。縣政府應於民政科設戶政股。人口衆多。事務繁劇之縣。得經內政部核准。於縣政府設戶政室。市政府應於民政局設戶政科。未設民政局之市。應於市政府設戶政科。

第四條 省縣戶政機構之員額。由省政府定之。報內政部備案。鄉鎮戶政機構。依戶籍法第六條之規定。其員額。每鄉鎮應設戶籍幹事一人至三人。每保得設戶籍事務員一人。

前項戶籍幹事。應指定一人爲戶籍副主任。協助戶籍主任辦理查記事務。戶籍事務員。應受戶籍主任及副主任之監督指揮。分保巡迴辦理查記事務。

第五條 現有警察地方。警察機關應指派員警。協助戶政人員辦理查、記。警察機關需用戶口資料時。得自行派員過錄戶籍謄本。保長、甲長及鄉鎮內學校之員生。有協助戶政人員辦理查記及代人民填寫登記聲請書之義務。死亡登記關於死亡原因之查定。當地衛生機關應爲協助。

第六條 戶政經費。各縣應於地方預算專立科目辦理。戶口查記所用之聲請書。登記簿，卡片，身份證，統計表類。由縣政府統籌印製。發交鄉鎮公所備用。

僑居國外人民之查記由使館或領事館指派館內辦事人員並監督僑民團體辦理之。其所用之書簿，卡片，表證等類。由使館或領事館印製備用。

第二章 戶口調查

第七條 戶籍法所稱之戶口調查。謂非在戶口普查時期。爲實施或整理戶籍登記。而舉辦之戶口靜態調查。其辦理之區域及時期。由內政部或省政府定之。其由省政府決定者。應報內政部備案。僑居國外人民之調查。其區域及時期。由內政部會同外交部及僑務主管機關或當地使館。領事館定之。

第八條 辦理戶口調查。應由省政府或由省政府令飭縣政府訂定調查日。戶口調查開始前。應先編組保甲。已編組保甲之縣。得於戶口調查時。整理保甲次第。但保之編制經確定後。非由省政府核准。不得變更。編組或整理保甲。應於調查日前十日內完成。

第九條 保甲編制。以戶口爲單位。十戶爲甲。十甲爲保。有增減之必要時。得以六戶至十五戶爲甲。六甲至十五甲爲保。

市之保甲編制。十戶至三十戶爲甲。十甲至三十甲爲保。

第十條 編組保甲。應依自然形勢及歷史關係。劃分保甲之管轄範圍。由甲之一端設定標準起點。按戶順序編組。或由標準起點按戶順序向兩旁或四週伸延編組。依次組甲編保。

保甲名稱及戶之次第。以數字定之。各保就全鄉鎮所轄保數。各甲就全保所轄甲數。各戶就全甲所轄戶數。依序編稱。

第十一條　戶之區分如左。

一　共同生活戶。凡普通住戶及陸上無一定住所以船爲家之船戶均屬之。

二　共同事業戶。凡商店、寺廟、公署、學校及其他公共處所均屬之。

前項所列之戶內如有性質不同之戶附屬者。應依照其性質。分別立戶。共同事業戶有名稱者。應標明其名稱。

第十二條　編組保甲各戶在甲內之次第。凡共同生活戶較多之區域。以共同事業戶編列於後。共同事業戶較多之區域。以共同生活戶編列於後。其不便區分者。得混合編成。

船戶就常泊之縣境內。分段編組。依其戶數。甲數或保數。附隸於常泊處陸地之甲保或鄉鎮。

第十三條　保甲及戶之次第編定後。應按戶發給木質或竹質之戶籤。註明保甲及戶之番號。並應於調查日起。按戶查口。塡寫戶口調查表。全區域之調查。至遲應於調查日起十日以內完成。

戶口調查表得以戶籍登記聲請書代替。由調查人員塡寫。仍由被調查人之戶長或其他代理人簽名或蓋押。

共同事業戶之調查。得僅調查其實際住宿之人數。仍查報其總數。並得以登記聲請書發交被調查之戶。令其塡報。

第十四條　戶口調查。常住人口及現住人口均應調查。流動人口。應於調查時另紙記明。凡本籍現住人口、遷出未變更本籍之人口及居住滿一年得設寄籍之人口。爲常住人口。調查日在所查戶內之人口。爲現住人口。調查日在所查戶內但居住未滿一月。並來去無定者。爲流動人口。

前項本籍人口之遷出者。應註明其區域及時期。

外國人因外交或代表任務。居留本國境內者。得不調查。

第十五條　戶口調查。共同生活戶填寫之次序如左。

一　戶長。

二　戶長之配偶。

三　戶長之直系尊親屬。

四　戶長之直系卑親屬及其配偶。

五　戶長之旁系親屬及其配偶。

六　其他共同居住之人。

共同事業戶首填戶長。依次填寫其共同事業之人。戶長另有居所者。應註明之。

前二項同戶人口。記載於同一聲請書內。一張不敷。得接用續頁。填寫時應筆劃分明。如有更改。應於更改處加蓋調查人員之名章。記載年月日之數目字。應用大寫。被調查人之姓名。應用其本名。

第十六條　戶口調查完竣後。各保由鄉鎮公所派員覆查。鄉鎮以上之區域。由該管上級機關派員抽查。並應即辦理戶籍登記。

第三章　戶籍登記

第十七條　戶籍法所稱之戶籍登記。謂左列各種登記。

一　籍別登記。

二　身份登記。

三　遷徙登記。

四　流動人口登記。

戶籍登記。除於戶口調查時初次辦理者外。應經聲請義務人之聲請。但鄉鎮戶政人員應隨時攜帶聲請書。巡迴各保。抽查填報。每月內應就所屬各戶查詢一次。並應於每年年終。攜帶登記簿。按戶校正一次。

寄籍之設定或撤銷。及已登記後本籍之變更。應經聲請義務人之聲請。

第十八條　籍別登記。身份登記及遷徙登記使用之聲請書。爲戶籍登記聲請書。使用之簿冊。爲戶籍登記簿。流動人口登記使用之簿冊。爲流動人口登記冊。

戶籍登記簿用活頁裝訂。依保甲之次第。每保合訂一冊。封面蓋用縣印。並各備正副兩本。正本由鄉鎮公所保存備用。副本由縣政府保存備用。

流動人口登記冊。每冊百頁。由縣政府發交鄉鎮公所轉發各保備用。

第十九條　初次戶口登記。依戶口調查時査塡之登記聲請書由鄉鎮公所過錄於戶籍登記簿正本。以原聲請書按保合訂。彙呈縣政府過錄於戶籍登記簿副本。

戶籍登記簿之塡寫。準用第十五條之規定。

第二十條　各縣得於戶口調査後編製人口卡片仍各備正副兩份。分存鄉鎮公所。及縣政府備用。製備人口卡片之縣無庸製備戶籍登記簿。但得依實際需要。製備各種補助卡片。

第二十一條　初次戶籍登記辦理完竣後凡有籍別登記。身份登記。及遷徙登記事項。應依戶籍法第五十二條規定之限期。塡具聲請書。向所在地鄉鎮公所聲請登記。

同一事件案涉兩種以上之登記書。仍塡具聲請書一份。

第二十二條　戶籍登記聲請書之塡寫。依戶籍法第三十六條之規定。並依登記種類。載明左列事項。

一　籍別登記。設籍人或除籍人及隨同設籍或除籍人之姓名、性別、出生年月日、職業、住所、原本籍及新本籍。

二　出生登記。出生子女之姓名、出生年月日、父母，如爲非婚生子女。未經認領者。其母之姓名。本籍及職業。

三　認領登記。被認領子女之姓名、出生年月日。出生地、其母及認領人之姓名。本籍及職業或領受之救濟機關。

四　收養登記。養子女其本身父母及養父母之姓名。出生年月日、本籍及職業。養　女爲棄兒發現棄兒無姓名者。該管戶籍主任應爲之立姓、命名。推定其出生年月日。並載明領受人時。其領受人之姓名或救濟機關之名稱。爲終止收養關係之登記時。並應載明收養之年月日及終止之原因。

五　結婚或離婚登記。雙方當事人、雙方父母，證人之姓名、出生年月日、本籍、職業及結婚地或離婚地。

六　死亡登記。死亡者之姓名、性別、出生年月日、本籍、職業、死亡原因及死亡地。有配偶或父母存在者。其姓名、本籍及職業。死亡宣告之登記或撤銷。並應載明失蹤或死亡宣告之年月日。

七　遷徙登記。遷入或遷出者及隨同遷入或遷出者之姓名、性別、出生年月日、本籍職業、原住地及新遷地。

流動人口登記、由保長及甲長隨時查詢。登記於流動人口登記冊。無庸塡具聲請書。

第二十三條　左列各款登記。應於聲請時提出書面證明文件。經戶籍主任查閱後。發還原聲請人。另以繕本呈送縣政府。

一、籍別登記。因取得回復或喪失國籍。而設籍或除籍者。

二、認領登記。依遺囑爲認領者。

三、收養登記。非自幼撫養爲子女者。

四、結婚登記。其結婚應經法定代理人之同意。及因結婚無效或結婚撤銷而撤銷登記者。

五、離婚登記者。

六、死亡宣告登記及撤銷死亡宣告者。

七、因判決確定。而爲變更、更正或撤銷登記者。

第二十四條　鄉鎭公所收到登記聲請書。審核無訛後。應登記於登記簿正本。以原聲請書加製封面。用活頁分類裝訂。作爲戶籍登記簿分冊。並過錄聲請書謄本。於每月月終彙呈縣政府。登記於戶籍登記簿副本。仍分類裝訂。作爲分冊。均標明登記種類。爲籍別登記。身份登記或遷徙登記。

第二十五條　登記事項應登記於戶籍登記簿登記事由欄或有關之戶內。設籍及遷入或創設新戶。以登記簿新頁編入適當之次序。除籍或死亡及死亡宣告者。以紅綫註銷。均載明其年月日及事由用卡片爲登記者應登記於原卡片。添置或換用新卡片。凡全頁註銷之戶籍登記簿及註銷之卡片。應分類保存。

第二十六條　非本籍人爲籍別或身份登記時。除籍別登記與遷徙登記同時辦理。應於兩地聲請者外。由受理之鄉鎭公所登記後。應以聲請書謄本通知其本管區域之鄉鎭公所爲之登記。但其管本區域無從通知者。得不通知。

第二十七條　登記之變更、更正或撤銷。應於戶籍登記簿登記事由欄登記之。如用紙不敷。仍就原欄標籤註明。加蓋戶籍主任名章。

用卡片爲登記者。準用第二十五條第二項之規定。

第四章　國民身份證

第二十八條　製發國民身份證之縣。由縣政府統籌製備。發交鄉鎮公所。於戶籍登記後。定期塡發。

塡發國民身份證。由鄉鎮公所編訂號碼。查塡完竣。彙呈縣政府審核蓋印後。發還鄉鎮公所轉發受領人。

國民身份證以戶籍謄本代替者。準用國民身份證之規定。

第二十九條　國民身份證。每人一份。但初次製發時。未滿十八歲之人民。除請求發給者外。得不發給。國民身份證製發後。除毀損滅失及原未發給應予補發者外。無庸定期換發。其効用及於各地。並無庸隨地換發。

第三十條　國民身份證。應載明姓名、性別、出生年月日、本籍、住址、教育程度及公民資格。並黏貼照片或指紋。男性如在服役年齡者。並應載明其服役經歷及役別。

國民身份證所載事項有變更時。應呈由所在地鄉鎮公所。就原欄改正。加蓋戶籍主任名章。有毀損時。應呈由鄉鎮公所轉呈縣政府換發新證。如有滅失。應取具保甲長或公民二人以上之證明。請求補發。爲死亡登記者。應將原證繳還鄉鎮公所。

第三十一條　前項規定。除未製發國民身份證之縣外。其原證非本管區域所製發者。當地鄉公所仍應受理。籍遷之國民身份證。由鄉鎮公所呈送縣政府註銷之。原證非本管區域所製發者。得由接受之縣政府送交該管縣政府註銷之。

第三十二條　製發國民身份證。每份得酌收工本費五十元至一百元。赤貧者免收。國民身份證製發後。所有公民登記證。居民身份證及其他類似之身份證。應即廢止。

第五章　戶口統計

第三十三條　戶口調查之結果。應統計事項如左。

一　人口性別統計。

二　籍別統計。

三　年齡統計。

四　教育程度統計。

五　職業統計。

六　婚姻狀況統計。

戶籍登記之結果。分爲每月統計及每年統計。每月應爲戶籍登記之統計。每年應爲前項第三款至六款之統計。戶籍統計之種類。得依實際需要。酌量增加。

第三十四條　前條統計事項。均以現住人口爲準。但在同一省區或同一縣境內。其調查或登記非於同時辦理者。其人口數量及性別。應分別爲現住人口及常住人口之統計。

常住人口之統計。凡遷入在一年以下者及遷出在一年以上者。應不列入。其遷出在一年以下者。遷往外縣、外省或外國之人數。應於統計表中分別註明。

第三十五條　戶口調查辦理完竣之日。鄉鎮公所應編製全鄉鎮戶口初步統計表。載明現住人口及性別。呈送縣政府編製全縣戶口初步統計表。呈送省政府。

前項戶口初步統計表。準用第三十三條第一款之統計表式。

第三十六條　戶口調查辦理完竣後。縣政府應根據查填之登記聲請書。依第二十三條第一項之規定。編製統計表。以一份發交鄉鎮公所。一份呈送省政府彙編全省戶口統計。報內政部。

第三十七條　全省戶口統計。省政府得令縣政府於統計完竣後。呈送查填之登記聲請書。直接編製之。

戶口登記之統計。縣政府應根據鄉鎮公所彙呈登記聲請書之騰本。依第三十三條第二項之規定。編製統計表。以一份發交鄉鎮公所。一份於每月十日以前及每年一月以前。呈送省政府彙編全省統計。報內政部。

第三十八條　戶口統計。應由各級統計人員協助辦理。戶口調查後之統計。縣政府或省政府並得雇用臨時人員。協助辦理。

第六章　附　則

第三十九條　各省辦理戶口查記。製訂實施程序或補充辦法時。應報內政部備案。

第四十條　本細則自公布日施行。

戶籍法疑義解釋第一輯

（民國三十五年一月三日戶籍法修正公布前之解釋依修正戶籍法仍可適用者）

聲請及塡表類

解釋全家未有一人已屆成年、應以何人爲家長、及聲請義務人疑義。

凡全家未有一人已屆法定年齡時、以其親屬之親等較近者、爲其家長、其無親屬者、暫以保甲長爲其聲請義務人、而將其家長暫缺。（三十二年一月十九日本部以渝戶字第零零四六號函各省市政府）

解釋姘居成家、各關係人稱謂疑義。

姘居成家者、其因病姘居之關係人、在聲請書中之稱謂、除姘居之他方塡爲「同居家屬」、所生子女、依民法第一零六五條規定、視爲婚生子女外、其餘均塡爲「其他家屬」。（三十二年八月三日本部以渝戶字第零七五五號函福建省政府）

解釋塡習回文者、敎育程度欄塡法疑義。

在敎育程度欄內、塡註「學習回文幾年」。（本部於三十二年二月十日以渝戶字第三五七號代電河南省政府）

解釋前清舉人、秀才、敎育程度欄塡法疑義。

依其入私塾年限、塡「私塾若干年」。（三十四年七月二十七日本部以渝戶字第五六一號函各省市政府）

解釋親戚長期寄居、應否列入戶籍疑義。

如在該戶內、有永久共同生活之意思者、可列爲其他家屬。（三十一年十一月四日本部以渝戶字第零四一六號函各省市政府）

解釋夫死後、妾繼爲家長、對夫之妾稱謂疑義。

夫死後其妾繼爲家長、對其夫妾、仍稱家屬。（三十三年七月二十七日本部以渝戶字第五六一號函各省市政府）

解釋夫死後、妾繼爲家長、對夫之妻稱謂疑義。

依民法第一一二四條之規定、其妾僅爲戶長之代理人、戶長則爲其妻。（三十三年九月四日本部以渝戶字第八一一號電貴州省政府）

解釋非婚生子、無父可稽、從母姓並隨母生活者、對於母之父母稱謂疑義。

非婚生子無父可稽、隨母姓食於母家者、依民法第一〇六五條二項之規定、對其母之父母、仍爲外祖父母。（三十四年七月二十七日本部以渝戶字第五六一號函各市政府）

解釋共同生活之義父子、相互稱謂疑義。

先爲收養登記、始得稱爲父子。（三十四年七月二十七日本部以渝戶字第五六一號函各省市政府）

籍別登記類

解釋行使權利履行義務、應以本籍抑寄籍爲準疑義。

寄籍之規定、所以濟本籍之窮、倘已在寄籍地居住、應即在寄籍地、行使權利履行義務、但權利義務所有賦予之法令另有規定者、則從其規定。（三十二年二月十八日本部以渝戶字第〇一四三號函各省市政府）

解釋判處徒刑者、應否編入戶籍疑義。

仍應編入戶籍、並在備考欄內詳予註明。（三十二年四月十日本部以渝戶字第三五七號代電河南省

政府）

解釋暫時逃荒之戶、應否編入戶籍疑義。

調查時遇此項情形、其戶號應予保留、暫不列入戶籍冊。（三十二年四月十日本部以渝戶字第一二五七號代電河南省政府）

解釋某人娶有一妻數妾、分居數地登記、統計應以何處爲準疑義。

三地均應登記、同一家長、除現住地外、其餘非現住地或住宿時間較少之地、須於表冊備考欄內、註明家長他往何處、担任何項職務、有無固定住所或居所、並註明統計時、應算入現住地之戶。（三十二年十月十二日本部以渝戶字第〇一三五號函各省市政府）

解釋繼承兩姓宗祧者、籍別與姓名使用疑義。

民法第九八五條規定、有配偶者不得重婚、而刑法第二三七條更規定、重婚者、處五年以下有期徒刑、故兼祧之事、在民法親屬篇施行前發生者、以不違背戶籍法第四第五兩條「一人不得同時有兩本籍及寄籍」、及姓名使用限制暫列第一條「凡中華民國人民之本名、以一個爲限、登記於戶籍簿上之姓名爲本名」之規定爲原則、得指定一處爲本籍或寄籍、並使用一個本名、不能同時兼有兩個本籍或寄籍、及使用兩個本名、並應於聲請書備考欄內、註明兼祧情形以便稽查、如其發生在民法親屬篇施行後者、法律上視爲無效、在戶籍上亦不發生兩個姓名、及兩個本籍、或寄籍之情事。（三十二年十月二十九日本部以渝戶字第一〇三五號函閩省府）

解釋設治局人民之籍別疑義。

設治局爲籌建縣治之初步機構、中央及各省單行法規中、均以縣市局並稱、是局之地位、與縣市相等、其轄區內人民之籍屬、自應以局爲單位。（三十三年八月二十四日本部以渝戶字第八〇一號函廣西

省政府）

解釋初次設籍登記後、人民職業及教育程度有變更時、填註方法疑義。

自第一次登記後、遇有變更時、可粘貼附簽於各該欄之內、如再遇變更時、將原附簽撕下再加新簽、統計時可不致錯誤。（三十二年一月十九日本部以渝戶字第○○四六號函各省市政府）

身分登記類

解釋未屆法定結婚年齡、而結婚者、應否准予登記疑義。

可准予登記。（三十一年十一月四日本部以渝戶字第○四一六號函各省市政府）

解釋童養媳身分登記疑義。

童養媳仍依法予以養女之登記、而於備考欄內註明「擬將來擇配某甲」、並告知其圓房之日、再聲請爲結婚登記。（三十二年一月十九日本部以渝戶字第○○四六號函各省市政府）

童養媳原非法定名稱、但爲習俗所恒有、爲確定其身分計、自可比照收養關係辦理、依民法第一○七八條、養子女從收養者之姓、圓房之後、則收養關係終止、依法自應回復其原姓、同時並依民法第一○○○條、冠以夫姓或從其約定。（三十二年十月二十九日本部以渝戶字第一○三二號函廣西省府）

解釋妾及妾所生子女、身分登記疑義。

妾之登記、在民法親屬編施行前所納者、填爲妾、（註民法親屬編於民國二十年五月五日施行）在後所納者、暫填爲家屬、其所生之子女、應照民法第一○六五條規定、其經生父認領或撫育者、始得登記爲婚生子女、若妾爲家長時、則依同條第二項毋須認領。（三十二年十一月二十日本部以渝戶字第一一一○號函各省市政府）

解釋未設衛生機關地方、査定死因辦法疑義。

關於死亡原因之査塡、依照修正戶籍法施行細則第九條（註：係現行戶籍法施行細則係第五條）之規定、應由當地衛生機關爲必要之協助、如當地設有衛生機關者、應詳塡死因、其未設立之處、可採用「因病自殺」受刑等、爲死因之分類、較易査塡、而符事實。（三十二年十二月三日本部以渝戶字第一一七三號函各省市政府）

解釋結婚離婚、登記地點疑義。

應向解婚時所在地之戶籍主任聲請。（三十四年八月三日本部以渝戶字第五八五號函各省市政府）

解釋終止收養關係登記中、養子女之本籍、及結婚離婚登記中、女當事人之本籍疑義。

收養登記聲請時、應塡其養父母之籍貫、終止收養關係登記聲請時、應塡其本生父母之籍貫、或其舊本籍、結婚之聲請、女當事人之籍貫、應塡其父之籍貫、離婚登記之聲請、女當事人應塡其原籍、或新本籍。（三十四年八月三日本部以渝戶字第五八五號函各省市政府）

解釋兄弟分居、立戶方法疑義。

以其一戶、仍就原戶爲家長、或家屬變更登記、另一戶重新聲請立戶設籍。（三十四年八月三日本部以渝戶字第五八五號函各省市政府）

解釋逃亡人口、應爲何種登記疑義。

依民法第八條規定、須分別失蹤情節、滿法定期間後、由關係人向法院爲死亡宣告聲請、如未滿法定期間者、可由關係人聲請、爲遷徙登記、新遷入地欄暫缺、於備考欄內註明「逃亡年月日」（三十三年四月十九日本部以渝戶字第二七四號函各省市政府）

解釋夫出徵期間、妻與他人所生子女，身分登記疑義。

依民法一〇六五條辦理。（三十三年六月二日本部以渝戶字第四七五號函各省市政府）

解釋夫死後妻另招贅夫、所生子女、姓氏及登記次序疑義。

後生之子、依民法第一〇五九條二項之規定、應從其母姓、登記時以妻爲家長、其前後所生之子依次登記。（三十四年七月二十七日本部以渝戶字第五六一號函各省市政府）

解釋婢女身分疑義。

一、婢女之稱謂法無明文、在戶口調查表上、暫塡家屬或養女均可。（三十二年二月十二日本部以渝戶字第〇一三五號函各省市政府）

二、婢女經收養登記後、從其養父之姓。（三十四年七月二十七日本部以渝戶字第五六一號函各省市政府）

解釋外國人收養我國人爲子女、身分登記疑義。

外國人收養我國人爲其子女、被收養者、在未經依照我國國籍法第十條或第十一條呈准許可喪失我國國籍、並取得正式許可證、及完成公布手續以前、仍屬中國人、其在戶籍簿中、仍應依法登記、惟可將其與該外國人之關係、註明於備考欄。（三十四年七月二十七日本部以渝戶字第五六一號函各省市政府）

統計及其他類

解釋籍別統計疑義。

戶籍法並無同一戶內之人、須同一屬籍之限制、在登記簿內之本寄籍欄、亦係按口塡記、故戶口統計報告表、關於本寄籍之戶數欄、應以家長之屬籍爲準、本寄籍之男女人口欄、應以各人之屬籍爲準、

分別列計。（三十三年十月二十七日本部以渝戶字第一〇二〇號電福建省政府）

解釋事實發生於前一月、而聲請登記在次一月者、造送統計表冊、應以何者爲準疑義。

戶口統計報告表、既規定於每屆月終開始彙總、則一切統計事項、自應截至該月終結日、所已登記者爲限。（三十四年十一月八日本部以渝戶字第一〇六四號函江西省政府）

解釋戶籍閱覽費、謄本抄錄費、收據格式、收入用途疑義。

可由縣政府自行規定格式製發、至此項收費不多、可撥充鄉鎮公所戶政經費、但須呈報縣政府核准後動支。（三十二年十一月二十日本部以渝戶字第一一一〇號函各省市政府）

戶籍法疑義解釋第二輯

（自民國三十五年一月三日戶籍法修正公布後）
（至民國三十六年二月十五日止）

聲請及塡表類

解釋處理登記聲請疑義。

非本籍人爲戶籍登記聲請時、其原戶籍管轄區、如尙未辦理戶籍登記者、關於戶籍登記之聲請、可依照戶籍法施行細則第二十六條「得不通知」之規定辦理。（內政部三十五年十月十一日第〇六五二號代電復台灣省民政處）

解釋使用戶籍登記簿疑義。

籍別登記、身分登記、及遷徙登記、應共使用一本戶籍登記簿、並非各自立簿。（內政部三十五年十月二十六日第〇九七七號代電復上海市政府並分行各省市政府）

解釋遷徙登記、及非因取得回復或喪失國籍者、之設籍登記、無須附繳證明文件、設有外國人假冒本國人、爲遷入或設籍登記之聲請、應如何限制疑義。

依戶籍法施行細則第二十四條之規定、鄉鎭公所受理登記聲請事件、應嚴加審核、如當事人來歷可疑、無從查悉時、亦可逕令呈驗證明文件、以期週密。(內政部三十六年一月十一日第一〇五號代電復福建省政府)

解釋戶籍登記聲請書「戶長或當事人」一欄僅有一行、結婚離婚之當事人則爲二人、應如何填寫疑義。

結婚離婚之登記、當記當事人不祇一人者、應就欄內鈎填。(內政部三十六年二月六日第三三〇號代電復安徽省政府)

戶口調查類

解釋戶籍法施行細則第十四條所稱現住人口疑義。

現住人口、係指調查日在所查戶口內之人口、惟此等人口、居住未滿一月並來去無定者、爲流動人口、不應視爲現住人口、如某甲於調查日適在所查戶內、居住未滿一月、但其意欲久住而非來去無定、應爲現住人口、又如某乙於調查日適在所查戶內、雖其來去無定、但居住已滿一月、亦應爲現住人口。(內政部三十五年十月二十六日第〇九七七號代電復上海市政府並分行各省市政府)

解釋家屬共同生活、又共營商業、如何立戶疑義。

某戶構成份子、既爲共同生活、純係「家」之組合、其共營商業、乃爲達成共同生活目的之手段、與非家之組合、以共同事業爲目的之商店性質不同、依法應立爲共同生活戶。(內政部三十五年十月二十六日第〇九七七號代電復上海市政府並分行各省市政府)

解釋共同事業戶、可否編入戶籍登記簿內疑義。

戶籍登記聲請書、無論爲共同生活戶、抑共同事業戶、依法均應過錄於戶籍登記簿。（內政部三十五年十一月十六日第一一四五號代電復福建省政府）

解釋保之名稱可否冠用地名疑義。

查保之冠用地名、對於農村人口分散、及都市人口集中之地區、所定名稱每難切合實際、不如一律以數字定之。（內政部三十五年十二月六日第一三九一號代電復甘肅省政府）

籍別登記類

解釋西康省普雄拖烏等、特別政治指導區、人民之屬籍、應如何依據疑義。

各特別政治指導區、既係設治局前身、該管人民之屬籍、得比照設治局冠以各該區名稱。（內政部三十五年九月十一日第〇七一八號電復西康省政府）

解釋原無本籍、在一縣市居住未滿三年、亦無久住之意思、應否爲設籍登記疑義。

凡屬中華民國人民、在中華民國領土內、均應有一本籍、原無本籍之人、不問其在現住之縣市內、已未住滿三年、及有無久住之意思、應適用戶籍法第十八條第八款之規定、爲設籍之登記。（內政部三十五年十月十一日第〇六五二號代電復台灣省民政處）

解釋現住他省台灣人民、戶籍登記疑義。

台灣省係新收復之省區、台省人民既爲中華民國之人民、其戶籍登記事宜、按戶籍法第一條之規定、自應適用該法。（內政部三十五年十月二十六日第〇九六二號代電復安徽省政府）

解釋戶籍法第十八條第四款第五款疑義。

查戶籍法第十八條第四款、係指有久住之事實、而無久住之意思、第五款係指有久住之意思、而不一定有久住之事實、若僅有第五款之規定、則既無久住意思、復無本籍之人民、其籍別將末由確定、無從登記、故兩款作用不同、未可偏廢。(內政部三十五年十一月二十二日第一二二五號代電復江西省政府)

身分登記類

解釋發現棄兒、有無出生期間限制疑義。

棄兒係指出生後、與被收養以前、尚在存活中者而言、並無一定出生期間之限制。

解釋棄兒發現人收養該棄兒、應否再辦收養登記疑義。

若棄兒發現人欲將棄兒收爲養子、自應於出生登記外、更辦理收養登記、但可依戶籍法施行細則第二十一條第二項之規定、祇塡具聲請書一份。

解釋棄兒發現人即將棄兒轉送救濟機關留養時、可否改由救濟機關主管人聲請義務人疑義。

棄兒發現人、果於發現時即送救濟機關留養、事實上當不及辦理登記手續、此種情形下之發現人、似可認爲輔佐救濟機關、對該嬰兒之發現者、自得逕由救濟機關主管人爲登記之聲請、以省手續。(以上三項內政部三十五年十一月二十六日一三(一)四號代電復福建省政府)

解釋收養登記疑義。

一、某甲之子、不得同時爲某乙之養子。

二、收養他人之子女爲子女、惟本人始得爲之、父母於其子死亡後、將其媳與後夫所生之子、爲其子之子、自不發生收養關係。

三、收養者生前、如確有收養其妻與前夫所生之子、爲其子之意思表示、而被收養者之年齡、又在七歲以下、自可認爲有效、至收養者以口授遺囑收養子女、如具備法定方式即非無效。

四、遺囑執行人、除民法第一千二百一十條所定、未成年人及禁治產人外、無其他之限制。

五、有配偶者收養子女、不與其配偶共同爲之、或收養者之年齡、不長於被收養者二十歲以上、均得向法院請求撤銷之、并非當然無效。

（江西省政府咨請解釋內政部呈奉行政院准轉司法院解釋以三十五年十一月二十七日第一三〇九號代電轉行各省市政府）

附江西省政府原咨

查本省偏僻縣份、狃於嗣續觀念、招夫養子之風頗盛、子死以媳招贅夫仍本姓、妻從前夫姓、所生子女、或從父姓、或從母姓、若干年後、其夫且可帶子歸宗、（孀婦招夫或改嫁、依習慣多不舉行結婚儀式）名分不正稱謂紛岐、此爲辦理戶籍及人事登記所深感困難者、例如張姓夫婦、子死後以其寡媳李氏、招王某爲夫、並約定生子一兼祧張王二氏、生子二一爲王氏子一爲張姓後、應如何辦理戶籍及人事登記、此一例也；又有劉姓婦鄭氏新寡、上有翁姑下有兒女、招吳某爲夫、吳亦新喪偶者、携其父母及子女、與劉姓婦同居、生一子、與死劉姓婦又招周某爲夫、旋周某亦病故、後諸子長大成人均同居、劉姓婦並欲以其與吳某所生之子爲周之子、應如何辦理戶籍及人事登記、此又一例也；（中畧）宗祧繼承久經廢除、調有上項事件、雖可爲之辦理收養登記以圖補救、但習慣上尚有一子雙祧者、登入甲方乙不贊同、登入乙方甲又力爭、究應如何處理、此其一；依第一例、如李氏嫁與王某爲妻、生有二子、張氏夫婦堅欲收養其一子爲其子之子、隔代收養於法無據、應行拒絕登記、究有無其他變通辦法爲之處理、此其二；依第二例、劉姓婦欲其與吳某所生之子、爲周之子、且謂周臨死時諄諄以此爲囑、遺囑收養是否合法、又口授遺囑、能否於收養子女發生法律上之效力、此其三；又劉姓婦招周某爲夫、如未正式結婚、則劉姓婦可否執行周某之遺囑、此其四；尤有進者、收養事件、原有法律上實質之要件、收養者之年齡、應長被收養者二十歲以上、（民法一〇七三條）有配偶者收養子女、應與其配偶能不視爲某甲之婚生子。（司法院三十五年八月十三日院解字第三一八一號咨解釋內政部三十五年十二月三日第一三五六號代電轉行各省市政府）

解釋其婦帶孕而婚、所生子女辦理身分登記疑義。

查乙婦帶孕而婚、如婚前與甲男有民法第一千〇六十七條第一項各款所列事實之一、參照同法第一千〇六十四條規定之法意、其所生子女、應認爲婚生子女、即應辦理出生之登記、若乙婦係再婚、且違反民法第九百八十七條前段之禁止規定、參照司法院三十五年八月十三日院解字第三一八一號解釋、在某甲依據同法第一千〇六十三條第二項之規定、提起否認之訴、得有勝訴之確定判決以前、應認爲婚生子女、爲出生登記之聲請。（內政府三十五年十二月二十一日第一五二九號代電復陝西省政府）

遷徙登記類

解釋遷徙登記疑義。

查戶籍法第二十八條所謂「不變更所屬之籍」；係指本寄籍而言、甲縣遷入乙縣居住滿一月以上、無久居之意者、不問其本寄籍地、已未辦理戶籍登記、在乙縣仍應爲遷入之登記。

前項甲縣遷入乙縣之人口、如仍保留原籍、則與由甲縣鄉鎮、移居乙鄉鎮、同爲不變更籍別之遷徙登記、其登記手續亦同。

依戶籍法第二十九條之規定、流動人口以未滿一月者爲限、省縣與省縣間、來去際常非久住意思、且未經辦別登記之流動人口、如居住在一月以上時、仍應爲遷徙登記。（以上三案係內政部三十五年十月十一日第〇六五二號代電復台灣省民政處）

解釋辦理遷徙登記手續疑義。

一般之遷入戶口、僅作登記之聲請爲已足、不必令其提交任何證件、故由他縣遷入、而聲請登記在遷出區域、縱未爲遷出登記、亦不得拒絕其聲請、惟應以聲請書謄本、通知其本管區域之鄉鎮公所、爲之登記。

全戶遷出、應視其情形而定、如在一年以下未聲請爲遷出或除籍登記者、當係本縣常住人口、自應保留其戶籍、如在一年以上、戶政人員於常川巡迴抽查、或每月查詢、或年終校正等發覺時、則應代其爲遷出登記、如遷往地點可得知悉者、並應通知該地鄉鎮公所。（以上二案係內政部三十五年十一月十六日第一一三八號代電復福建省政府）

解釋在本鄉鎮（區）以內遷居、應爲何種登記疑義。

人民在同一戶籍管轄區內遷居、當係住址之變更、應爲住址變更之登記、若係臨時性質、則毋須登記、藉省手續。（內政部三十五年十二月九日第一四三〇號代電復台灣省民政處）

解釋流動人口登記疑義。

某甲遷入未滿一月、而有居住一月以上不變更所屬之籍之意思、則可聲請爲遷入登記、無須先爲流動人口之登記。（內政部三十五年十月二十六日第〇九七七號代電復上海市政府並分行各省市政府）

戶籍法第二十九條前段「遷出原戶籍管轄區域、未滿一個月不變更所屬之籍者」、乃標舉人口動態之一種事象、而後段「應爲流動人口之登記」、則明定登記之種類、此種人口在遷出與遷入區域內、均稱爲流動人口、乃同一事象之兩面、而流動人口登記簿內、既分列「來住」「他往」兩欄、則兩戶籍管

轄區、自均應爲之登記。（內政部三十五年十一月二十九日第一三三四號代電復陝西省政府）

國民身分證類

解釋國民身分證、編號方法疑義。

國民身分證之編號、應用阿拉伯數字、依填發先後、按序編列、毋須採用登記簿卡之編號方式。（內政部三十五年十二月六日第一四〇七號代電復安徽省政府）

解釋寄籍人口、可否填發國民身分證疑義。

國民身分證不分本籍寄籍、凡現住人口、應每人填發一份、其效用及於各地。（內政部三十五年十二月二十一日第一五二七號代電復陝西省政府）

統　計

解釋民法規定、結婚年齡、爲男滿十八歲、女滿十六歲、而婚姻狀況人口統計報告表、則應就年滿十五歲之男女人口填列、其結果似與未婚男女統計、有所出入疑義。

早婚習慣至爲普遍、且未達適婚年齡而結婚者、其婚姻固有瑕疵、但在未經撤銷以前、仍屬有效、部定婚姻狀況人口統計報告表規定、就滿十五滿及以上之男女人口、分別計算填列、所以彙顧事實、同時戶籍法復規定「因登記發生訴訟者、仍應先爲聲請登記、俟判決確定後、再聲請爲變更之登記」、及「戶籍登記事項消滅時、應爲撤銷之登記」、（戶籍法第三十一條及第三十三條參照）俾與民法相配合、如能依照規定辦理、自不致有出入之慮。（內政部三十六年一月四日第二五七號代電復台灣省民政處暨分函各省市政府）

解釋學習回文者、在統計「教育程度」時、應如何歸類疑義。

查學習回文幾年、非於公立或已立案之私立學校肄業或畢業者、自不同於學校教育、反之其性質與私塾較爲近似、統計教育程度時、應暫歸入「私塾」類、仍於備註欄註明。（內政部三十六年二月十三日第三七四號代電復陝西省政府）

其他

解釋戶籍罰鍰、提高標準疑義。

戶籍罰金及罰鍰、可各依「罰金罰鍰提高標準條例」、第一第三兩條前段之規定、提高至一百倍科罰。（內政部三十五年十一月十一日第一一二一號代電復上海市政府並分行各省市政府）

解釋戶籍罰鍰、提成給獎疑義

戶籍罰鍰、暫准以百分之五十提作戶政人員獎金、但是項獎金之發給、應以查報人員爲對象。（內政部三十五年十二月二十一日第一五三一號代電復陝西省政府）

解釋戶籍登記用語疑義。

現行戶籍法所稱之「戶籍登記」一詞、係指「籍別」「身分」「遷徙」「流動人口」各種登記、及其「變更」「更正」「撤銷」之登記、並非專指、「籍別登記」、嗣後凡泛指全部登記者、稱爲「戶籍登記」、僅指某種登記事項者、分別稱爲「籍別登記」「身分登記」「遷徙登記」「流動人口登記」、或「設籍登記」「除籍登記」「出生登記」……等、其在初次戶籍登記以後、賡續辦理「籍別」「身分」……各種登記者、即稱「賡續辦理」、或「賡續登記」、所有習稱之「異動登記」及「戶籍人事登記」、均避免沿用（內政部三十五年十一月二十六日第一三〇一號代電各省（市）政府）

解釋聲請義務人、抗繳戶籍罰鍰時、縣政府可否逕予强制執行、抑送請司法機關辦理疑義。

參照司法院院字第一千五百九十三號之解釋、應仍由縣政府强制執行、無須移送司法機關辦理。（內政部三十五年十二月三十日第一六三八號代電復福建省政府）

解釋戶籍罰鍰、如聲請義務人抗不完納時、可否易處拘留疑義。

參照司法院院字第一千〇二十九號之解釋、如聲請義務人抗不完納戶籍罰鍰時、祇可就其財產强制執行、不得易處拘留。（內政部三十六年一月三十一日第一九八號代電復甘肅省政府並分函其他各省市政府）

解釋戶籍閱覽費、及謄本抄錄費、可否比照「罰金罰鍰提高標準條例」提高疑義。

戶籍閱覽費及謄本抄錄費、應准比照「罰金罰鍰提高標準條例」提高至一百倍收繳。（內政部三十六年二月七日第二七八號代電復台灣省民政處及分行各省市政府）

解釋更正年齡錯誤之聲請、應如何限制疑義。

一、凡根據戶口調（淸）查表、或原始戶籍簿、（即初次設籍登記）過錄之壯丁名冊、如被查記人發現有年齡錯誤之記載、得依戶籍法規定程序、爲年齡更正之聲請。

二、凡根據聲請書過錄之壯丁名冊、其聲請書、曾經由聲請義務人親自簽名劃押以後、不得爲年齡更正之聲請。

三、以後各均辦理戶口調（淸）查、應於戶口調（淸）查表附記欄中、由被調查人或其家長簽明劃押、不得再爲年齡更正之聲請。

四、凡過錄後曾經按名核對之壯丁名冊、應於備考欄、由其本人或家長簽名劃押、不得再爲年齡更正之聲請。（以上四項經內政國防部會呈奉　行政院三十六年一月七日從壹字第〇一七〇號指令核定）

三十三

戶籍簿卡書證填寫說明

三十四

內政部三十五年八月十五日公布

一、戶籍登記聲請書部份

一、戶籍登記聲請書、「類別」欄記載、登記類別如設籍登記、即填「設籍」二字、出生登記、即填「出生」二字。

二、「聲請義務人」、依照戶籍法第二十七至五十一條之規定、分別填註（參考表解）除認領、收養、結婚、離婚、四種登記外、其他各項登記聲請義務人、因故不能親自聲請者、得委託他人代爲聲請、但須另附委託書、並註一「代」字。不能親筆簽名之聲請義務人、得畫押或捺印指紋、捺印指紋時、無論男女一律用右手食指「標準指紋」

三、「保甲番號」欄應將鄉鎮名稱（都市爲區）及保甲戶番號、分別填明。

四、「住址」欄、應將街巷路名稱及門牌號數填明。

五、「戶長或當事人」欄、由戶長聲請者填戶長姓名、由當事人聲請者填當事人姓名。

六、共同生活戶以家長爲戶長、共同事業戶以主管人爲戶長。

七、未成年人或禁治產人爲家長時、應由其監護人爲聲請義務人、無監護人由保甲長代爲聲請。

八、一人而爲兩戶之戶長時、須於備考欄內詳細註明、統計時注意剔除、以免重複。

九、當事人、關係人兩欄、照表解填寫。

十、「姓名」須照「姓名使用限制條例」之規定、塡用本名、不得塡別號或堂名、一人不得用兩個以上的名字、棄兒姓名無可考者、由戶籍主任代爲立姓命名、養子女從收養者之姓。

十一、出「生年月日」須用國歷填註、在民國紀元前出生者將「國」字塗去、在民國紀元後出生者將「前」字塗去、數目字一律用大寫、例如、民國十四年九月十七日出生者、填註如下式。

民×國前
一四
九
十七

例如在民國紀元前五年八月十二日出生者填註如下式

民國前
伍
八
十二

十二、不知出生年月日者、以七月一日爲其出生年月日、僅知出生之月而不知出生日者、以該月之十五日爲其出生日。

十三、「本籍」填法如下：

（一）子女除別有本籍者外、以其父母之本籍爲本籍。

（二）棄兒父母無可考者、以發現人之報告地爲本籍。

（三）妻以夫之本籍爲本籍、贅夫以妻之本籍爲本籍。

（四）陸上無住所、而在船舶上居住者、以船舶之常泊地爲本籍。

（五）僧道或其他宗教徒無本籍、或本籍不明者、以所住寺院及所在地爲本籍。

（六）在救濟機關留養無本籍或本籍不明者、以留養機關之所在地爲本籍。

（七）僑居國外之我國僑民以未出國時之本籍爲本籍。

（八）本籍以省及其所屬之縣市局爲依據、院轄市僅塡市名。

（九）皆無本籍在一地居住三年以上者得設本籍。

十四、「寄籍」塡法如下：

（一）已有本籍而在他市縣局內有住所或居住一年以上者、即以該市縣局爲其寄籍。

（二）一人同時不得有兩寄籍。

（三）寄籍仍以省及其所屬之縣市局爲依據、院轄市僅塡市名。

十五、「居住本縣市開始時期」依其居住本縣（市）開始時期、分別註明、其註法依第十一項之說明。

十六、（一）「教育程度」欄塡學校名稱、及學科、其已畢業者並塡「畢業」二字、肄業者並塡年期、如「國立中山大學文科畢業」或「國立中山大學理科一年」之類。

（二）曾入私塾者、按其在塾年限分別塡寫、如「私塾五年」「私塾三年」之類。

（三）未入學校亦未入私塾而能識字者、視其識字之程度分別塡寫、如「私塾一年」、「私塾二年」之類。

（四）未在正式學校畢業、而在各種訓練班、講習會、速成所訓練畢業、或肄業者、將名稱分別塡明、並視其投考之程度、受訓之年限、及畢業後分發擔任之職務、分別比照各級學校之程度於其名稱後、加註如「同高中」「同大學」之類。

（五）未經學校畢業而取得各種考試及格之資格、視其應考之資格、分別比照各級學校之教育程度塡寫、如普通考試及格視同專科程度、高等考試及格、視同大學程度。

（六）不識字者（係指不能記載簡單賬目、或閱讀粗淺文字而言）即塡「不識字」字樣。

（七）未滿六歲者不塡。

十七、職業之定義。

職業係指直接間接以取得金錢或實物報酬之作業而言、凡從事作業而並未藉以取得報酬、或有報酬而非從事作業以取得者、均不能謂之職業、受救濟或刑罰時之作業、經有某種報酬、亦不得謂之職業。

曾經從事某種職業、有工作能力而暫時不能就業者、視爲仍從事於原有職業、老弱殘廢無工作能力者、雖曾從事職業仍視爲無業。

十八、職業之分類。

所謂職業依作業之經濟性質、分爲各種「行業」、依作業之社會性質分爲各種「職位」、行業分類依附表之規定、職位分類如左：

(一)「作業僱主」爲自已營利僱用職工、幫同工作、無論獨資經營、或吸收他人資金、以供自已經營者、均屬此類、例如農場場主、工廠廠主、商店店主、其他企業主人等是、公司組織之股東、受聘爲本營業組織之經理人，而領受報酬者不在此例。

(二)「自營作業者」爲自已營利、而獨自工作、或僅由家屬幫同工作、或兼僱用職工、而其數少於幫同工作家屬者、無論其土地或資本係自有、或租用者、均屬此類、例如自耕農、佃農、作坊主、家庭店、小販及其他獨立作業者。

(三)「幫同作業之家屬」、家屬幫助家長作業、以增加家庭收入、且未從事其他作業者、均屬此類。

(四)「職工」僅由工作而取得薪俸報酬、並非直接爲自已營利者、無論爲主管官、經理人、或普通職工、均屬此類。

十九、戶籍簿卡書證職業欄之填記。

行業應填記從事作業之詳細名稱。

有工作能力而暫時不能就業者、除填記其原有職業外、應註明「失業」、未滿十二歲人口、職業欄免予填記、但事實上有職業者、仍應填記、整理總計時應另行立表。

職業之填記依左例標準：

a公共事業之職工依法定名稱。

b僱用作業者、自營作業者、及私營事業之職工有法定名稱者依法定名稱、未有法定名稱者、依實際應用名稱或通用名稱、職位之上應冠以所屬事業組織之名稱、例如「商務印書館經理」「首都警察廳科長」

服兵役者依其入營前之職業填記、入營前未就業者填爲無業、職業欄填記舉例：

行業	職位
例1.農業	自耕農
例2.煤礦業	開灤煤礦工人
例3.棉織業	申新紗廠廠主
例4.木器業	木作學徒
例5.陸運業	人力車夫
例6.陸運業	京滬路局裝卸工人
例7.進出口業	太古洋行買辦（失業）
例8.攤販業	雜貨攤
例9.家事	傭工
例10公務	立法委員

例11	教育	中央大學教授
例12	新聞	申報記者
例13	漁業	海上捕魚
例14	鐵鑛業	鞍山鐵鑛工人（失業）
例15	煉鋼業	鞍山煉鋼廠工程師
例16	營造業	大華營造廠木匠
例17	郵電業	郵政局郵差
例18	水運業	上海港口引水人
例19	金融業	郵局儲金匯業局會計
例20	零售商業	雜貨店主
例21	娛樂業	舞女兼歌曲播音
例22	國防事業	國防部科長
例23	衛生事業	中央醫院院長
例24	自由職業	金石雕刻家
例25	其他職業	搜集廢物

行業分類表

綱目	說明
（一）農業 1.農作及園藝業	包括種子作物、纖維作物、球莖根菜作物蔬菜、茶葉烟草、果木花草之栽培。

2. 畜養業　包括畜牧、及養蜂、養蠶之類。

3. 林業　包括竹木採伐、及採取各種森林產品、如松脂、橡膠、棕皮之類、採取野生果實樵薪及燒製木炭等。

4. 狩獵漁業　包括漁業各種水產採取、養魚、及淺水魚介繁殖業。

（二）礦業

5. 金屬礦物開採業

6. 非金屬礦物開採業

7. 鹽業　海鹽、地鹽、井鹽、礦鹽、均應歸入本目、但鹽類加工業應歸入第15目。

8. 土石建築材料開採業

（三）工業

9. 飲食品製造業　包括碾米業、麵粉業、榨油業、製糖業、釀造業、豆製品業、糖果點心業、屠宰業、肉類牛乳水產水果菜蔬之加工及冷藏業、烟草製造業、茶及其他飲料素製造業、其他食品飲料製造業。

10 紡織及服用品製造業　包括棉紡織業、毛紡織業、繅絲業、絲織業、蔴織業、人造纖維業、漂染印花業、刺繡挑紗業、針織業、地毯業、油布漆布業、成衣業、繩索及其他編織業、其他以紡織材料製成之應用品業。

11 木材製造業　包括鋸木業、木器業、竹器籐器業、其他傢具業、「小木作」「歸入本目」，大木作」歸入第20目。

12 造紙印刷業　包括造紙業、紙製品業、印刷業、攝影業（包括雕版影印等等業）其他文化工業。

13 皮革及橡膠製造業　製革業、革製品業、豬鬃製品業、毛皮製品業、橡膠製品業、人造橡皮及橡膠代用品業。

14 水電煤氣業　包括自來水、電力煤氣之製造供應業。

15 化學工業　包括酸鹹淡素酒精等基本化學工業、化學肥料業、油脂工業、火藥火柴塗料、顏料、藥品、化裝品、木材樹指蒸溜、　膠質物品、　可塑質物品製造業。

16 非金屬礦產品製造業　包括煉焦及其他煤製品業、石油提煉及其他石油製品業、水泥、玻璃、石灰、磚瓦、及其他建築材料製造業、磁器石器（包括人造石）製造業。

17 冶煉機械及金屬品製造業　包括金屬溶煉業、金屬鑄鍛延壓業、軍械製造業機械製造業、（交通器具歸第18目）電器電料製造業、其他金屬用具製造業。

18 交通用具製造業　包括機車製造業、汽車及曳引機製造業、飛機製造業、造船業、腳踏車製造業、其他交通用具及零件製造業。

19 儀器工具鐘表物製造業　包括醫藥用具　眼鏡照相機、及其他光學儀器製造業、貴金屬品及其他飾物製造業、　鐘表製造業、　造幣業。

20 建築營造業　包括鐵路公路建造、房屋建造、水電煤氣供應管線之敷設、建築物之粉飾佈置、其他建築工程。

21 其他工業　玩具、音樂用具、運動用具、鈕扣骨角製品、及其他不能歸入本類其他各各種修理業分別歸入有關各目、均歸入本目。

（四）交通運輸業

22 鐵道運輸業

23 公路及其他陸上包括公路、駝運、挑負、及各種城市交通、運輸業。

24 水上運輸業　包括航運組織、船塢、碼頭、引水、貨物裝卸、駁渡、打撈等。

25 航空運輸業

26 郵政電信業　包括郵政電報、電話、無線電。

從事交通運輸之苦力依其業務關係分別歸入第22目第26目

（五）商業

27 販賣商業　包括進出口業、物產交易所、百貨商店、批發商行、零售商店、合作社、攤販等。

28 金融銀行信險業　包括銀行、錢莊、證券、交易所、典當業、信險業、（社會保險歸入第37目）

29 承辦業　包括報關行、包裝業、倉庫業、轉運業、房地產公司、拍賣行、旅行社、及其他承辦事業。

30 住宿及飲食品供應業　包括旅館、菜館、茶館、酒店等。

（六）人事服務業

31 財產之保管事業　包括貨物房屋田地之看守、汚物掃除、值夜、打更等。

32 人體之整潔事業　包括理髮、洗衣、擦鞋、浴室等。

33 家事管理業　包括僕役、車夫、廚司、園丁、私人書記、護士、衛生等。

34 娛樂及運動事業　包括音樂、戲劇、演奏業、電影業、馬戲及其他獻技業、伴舞嚮導業、體育場、游泳池、各種競技者。

（七）公共服務

35 國防事業　包括各種國防事務、國防工業應按其性質、歸入第13 17等目。

36 公務機關　包括國家機關、地方自治團體、公共事業、及政黨之辦事人員、公共事業之性質、凡可能歸入其他類別者儘先歸入其他類目。

（八）自由職業

37 衛生及社會事業　包括醫藥事業公共衛生事業、（包括防疫、檢疫、工業衛生檢查、殯葬、街道清潔、糞便處理）與醫託兒所、慈善及救濟事業、職業團體之辦事人員、職業介紹、社會保險、及其他社會事業。

38 教育學術研究及大衆知識供應業　包括學校、圖書館、博物館、新聞事業、陸地測量、地質調查、氣象觀測及其他學術研究事業。

39 宗敎及其他自由職業　宗敎團體（敎會辦理之學校醫院應按其本身性質歸入其他類目）不屬於前列各目之獨立作業者如文藝家、樂譜作家、畫師、雕刻家、律師、會計師等。

不能歸入其他類別、或其行業性質不明者、歸入本目。

(1)不從事任何作業僅恃財產孳息而生活者、如地主高利貸者。

(2)恃迷信事業爲生者、如卜筮星相堪輿等是、僧道以募化爲生者視爲無業、其以誦經爲生者歸入39目。

(3)恃罪惡行爲生者、如妓院、賭場等是。

(4)監獄囚犯及救濟機關所收容者。

(5)在校肄業之學生。

(6)專事料理家務、並不直接增加家庭收入者、填記時先填「無業」再填實際活動性質、如地主、妓女、囚犯、學生、料理家務等。

(九) 40 其他行業

(十) 41 無業

說明：

一、自營作業者兼營兩種以上之行業時、以其所費工作時間較多之作業爲其主要職業。

二、小規模企業兼營兩種以上之行業、而並無各自獨立之組織時、以雇用職工較多之作業爲職業。

三、大規模企業如航業公司兼營造船業、倉庫業、保險業、並設有職工消費合作社職工子弟學校等組織、應依各部份之性質、分別歸入各細目。

二十一、『婚姻狀況』按婚姻實際狀況填寫、已婚者填『有配偶』。未婚者填『未婚』。配偶死亡者填『喪偶』。離婚者填『離婚』。

二十二、『殘疾』係指因生理上之缺陷而失去工作能力者、分別填寫如『右耳聾』、『雙目瞎』『左足跛』、『啞吧』等之類。

二十三、登記事由及日期欄、應將登記事由塡寫明白、並註明聲請時之年月日、如在三十五年二月十五日結婚、卽塡「結婚」、三五、二、十五之類。

二十四、各欄均應塡載明白、無事可塡、卽在空格內劃一斜線。

二十五、鄉鎭公所根據戶籍登記聲請書、登入戶籍登記簿正本後、核對無訛、卽於聲請書右上角加蓋鄉鎭公所鈐記、並於欄外註明年月日及所登入止本之號數、原聲請書應加製封面、用活頁分類裝訂、作爲戶籍登記簿分冊、共類別計有設籍、除籍、遷入、遷出、出生死亡、認領、收養、結婚、離婚、死亡宣告等、各成一冊、並將聲請書過錄一份、於每月月終彙呈縣政府。

二十六、縣政府根據戶籍登記聲請書、登入戶籍簿副本、經核對無訛後、於聲請書左上角加蓋縣政府印並於欄外、註明年月日及所登入副本之號數、共聲請書仍應分類裝訂活頁分冊、標明登記類別。

二十七、各種登記簿卡與聲請書相同之項目、均適用聲請書之塡註說明。

二、　戶籍登記簿部份

二十八、『編號』、戶籍登記簿每保一本、彙齊裝訂成冊後以鄉鎭名稱及保甲戶之番號、作爲編號區別、如虎溪鄉第二保四甲八戶編號爲「虎溪字第2.4.8.號」、如太和鎭第七保六甲三戶編號爲（太和字第7.6.3.號）

號碼一律用國際數碼如1234567890

二十九、『戶別』如係依親屬關係結合之共同生活戶、則將事業二字上劃一橫線、如非依親屬關係結合之共同事業戶則將「生活」二字上劃一橫線。

三　十、『名稱』按戶之種類、塡其實際名稱、如住戶、船戶、天資成銀樓、虎溪鄉公所、國立中山大學校之類。

三十一、親屬或同居人稱謂、填寫次序如下：

（一）戶長

（二）戶長之配偶填如「妻」

（三）戶長之直系尊親屬填如「父」「母」「祖父」「祖母」之類

（四）戶長之直系卑親屬及其配偶填如「子」子「媳」之類

（五）戶長之旁系親屬及其配偶填如「兄」「嫂」之類

（六）其他同居共住之人

共同生活戶親屬或同居人之填寫順序、以親等較近者爲先親等同者依其出生之先後、共同事業戶依職位或該戶習慣之順序填寫

三十二、『國民身份證號碼』欄填明身分證上某字第幾號『填發機關』填縣市政府或設治局名稱『填發日期』填國民身份證發給日期如三十五年八月十五日發給即填「三五、八、十五」。

三十三、戶籍登記簿封面、由縣市政府製發、加蓋縣市政府印、註明省市鄉鎮或區之名稱及保之番號、數字用正楷大寫。

三十四、戶籍登記簿封面、編號欄、於橫線上註明第一戶編號、橫線下註明末一戶編號、用國際數碼。

三十五、戶籍登記簿封面、保管人應由現任戶籍主任及現任戶籍幹事分別簽名、並應於每屆新舊任辦理清交點收時、辦理此項手續。

三、　戶籍登記卡片部份

三十六、編號按保甲番號及登記次序排列、如王長江係巴縣虎溪鄉三保七甲六戶內之第五口、用國際數

碼填如下式：
編號 3.7.55. 如係該戶戶長（即第一口）編號方式如下。
編號 3.7.51.
三十七、卡片上端浮標內應註明保甲番號及戶數、其式如下 3.7.5.
三十八、（一）卡片反面共同生活戶之戶長卡片、須填全戶之姓名及登記卡之號數。
（二）共同事業戶之戶長卡片、於備考欄內、僅填全戶人數、不必分填姓名。
（三）非戶長之卡片、須填明戶長姓名、登記卡號數、及本人配偶、及直系親屬姓名、其餘人口不填。
親屬與同居人次序、與戶籍登記表同。
四、流動人口登記部份
三十九、『來住原因』（及他往原因）分別按其實際情形、填寫如『訪友』『接洽公務』、銷貨之類。
四十、原住址即填原來住所省市縣之街路名稱及門牌號數、現在住址即填現在住所之街市名稱及門牌號數。
四十一、來住日期及他往日期、如三十五年四月六日來住即填三五、四、六。
四十二、表左應分別註明省縣鄉鎮名稱及保之番號、年月日註明本頁填寫之日期。
五、國民身份證部份
四十三、國民身份證根據戶籍登記簿過錄、其項目戶籍登記簿所無者、應由受領人向所在地鄉鎮公所以書面或口頭陳明。
四十四、『公職候選人資格』欄應將取得甲乙種公職候選人資格、於類別欄內註明、並將證書文號、於號

四十七

碼欄內註明。

四十五、公民宣誓地點及日期、應分別將宣誓時所在之鄉公所名稱塡明、並塡明宣誓年月日。

四十六、家屬欄僅塡配偶及直系親屬姓名。

四十七、有照片者粘用照片、並加蓋鋼印或其他印章。

四十八、無照片及未實施指紋辨認區域、暫以箕斗代替、箕用「△」符號斗用「○」符號。

四十九、標準指紋不分男女、均以右手食指紋以三面捺印法捺印。

五　十、分析號碼凡在實施指紋辨認地區按指紋分析方法、將分析結果塡明。

五十一、役歷欄應分別依照「徵役」「退役」「退伍」「轉役」「停役」「回役」「延役」「除役」等實際情形、分別註明。

五十二、保甲番號及住址如有變動、應隨時予以更正並註明更正日期。

四十八

戶籍登記表解

類別	聲請義務人	當事人	關係人	說明	參考法規
設籍登記	本人或家長寺院主持人教堂機關主管人	設籍者	隨同設籍者	出生者因結婚離婚而轉籍者因被認領收養或其關係終止而轉籍者無本籍而在一縣內居住三年以上者由他縣市遷入有久住之意思者外國人取得中國國籍或中國人回復國籍者死亡宣告撤消者因其他原因致無本籍者居住滿一年得設寄籍	戶籍法十八條三七條五一條施行細則十七條十八條二一條二二條二三條

除籍登記	本人或家長寺院主持人救濟機關主管人	除籍者	隨同除籍者	死亡或受死亡宣告者喪失中華民國國籍者遷往他縣有久住之意思者因結婚離婚而轉籍者因被認領收養或其關係終止而轉籍者因其他原因應除籍者	戶籍法十九條三七條五一條施行細則十七條十八條二一條二二條二三條
遷出登記	本人或家長寺院主持人救濟機關主管人	遷出者	隨同遷出者	遷出原戶籍管轄區域在一個月以上不變更所屬之籍者	戶籍法二七條五一條五二條施行細則十七條十八條二一條二三條
遷入登記	本人或家長寺院主持人救濟機關主管人	遷入者	隨同遷入者	由他戶籍管轄區域遷入在一個月以上不變更所屬之籍者	戶籍法二八條五一條施行細則十七條十八條二一條二三條
出生登記	父母家長同居人醫生助產士分娩時照領人醫院院長監獄長官公共場所管理人棄兒發現人	出生者	父母非婚生子女未經認領者其母棄兒之發現人領受人或領受之救濟機關	嬰兒出生及發現棄兒應向出生所在地戶籍機關聲請登記	戶籍法二〇條三八條三九條四〇條五一條施行細則十七條十八條二一條二二條民法六條

四十九

認領登記	認領人遺囑執行人（依遺囑爲認領者）	認領者被認領者	被認領人之母認領人之家長	生父認領非婚生子女者	戶籍法二一條四一條五一條施行細則十七條十八條二一條二二條二三條民法一○六五條至一○七○條
收養登記	養父母	收養者被收養者	被收養者之本身父母養父或養母收養時其養父棄見受領養人	收養他人子女爲子女者	戶籍法二二條四二條五一條施行細則十七條十八條二一條二二條二三條民法一○七二條至一○八三條
結婚登記	結婚者男女雙方當事人	結婚者	雙方父母家長證人因結婚而取得身份者其子女再婚者前妻前夫	向結婚所在地戶籍機關聲請登記	戶籍法二三條四三條五一條施行細則十七條十八條二一條二二條二三條民法九八一條至九九九條

離婚登記	死亡登記	死亡宣告登記	監護登記
離婚者男女雙方當事人	家長同居人死亡者死亡時所在之場主或土地管理人經理喪葬之人監所長管警察長官	聲請死亡宣告者	監護人
離婚者	死亡者	受死亡宣告者	受監護者
雙方父母家長證人	配偶父母家長	配偶父母家長	委託或指定監護人者受監護者之同居親屬及家長
向離婚所在地戶籍機關聲請登記	應向死亡者死亡地戶籍機關聲請登記	失蹤滿十年經法院判決者失蹤爲七十歲以上者滿五年失蹤人遭遇特別災難者滿三年	代未成年人或禁治產人（心神喪失者或精神耗弱者）處理事務者爲監護人應向受監護人所在地戶籍機關聲請登記
戶籍法二四條四三條五一條施行細則十七條二一條二二條民法一〇四九條至一〇五八條	戶籍法十九條二五條四四條四五條四六條四七條五一條施行細則十七條二一條二二條二三條民法六條	戶籍法十九條二五條四五條五一條施行細則十七條二一條二二條二三條民法8條9條	戶籍法二六條四八條四九條五一條施行細則十七條二一條民法十四條一〇九一至一一一三條

繼承登記	繼承人或其法定代理人	繼承者被繼承者	家長代理人	提出繼承證明書類向被繼承人住在地戶籍機關聲請登記	戶籍法二六條四九條五一條施行細則十七條二一條民法一一三八條至一一四四條
變更登記	原聲請人利害關係人	原當事人	原關係人	戶籍登記事項有變更時應爲變更登記因登記發生訴訟者仍應先爲聲請登記俟判決確定後再聲請爲變更登記	戶籍法三○條三一條五一條施行細則二三條
更正登記	原聲請利害關係人	原當事人	原關係人	戶籍登記事項有錯誤或脫漏時應爲更正之登記	戶籍法三二條五○條五一條施行細則二三條
撤銷登記	原聲請人利害關係人	原當事人	原關係人	戶籍登記事項消滅時應爲撤銷之登記	戶籍法三三條五○條施行細則二三條

河北省治蝗委員會工作計劃大綱

甲、組織

（一）省治蝗委員會由左列機關組織之

一、河北省政府二、救濟分署三、農林部中央農業實驗所北平農事試驗場四、冀平農業善後推廣輔導委員會五、棉產改進處北平分處六、河北省農業改進所七、機械廠八、綏署設計委員會九、農推會代表十、農林部治蝗總副督導十一、農林部河北墾業農場十二、其他治蝗專家。

（二）省治蝗委員會常務委員會設主任委員一人副主任委員二人常務委員三人由與會各單位互相推選之（第二次治蝗委員會議通過主任委員爲建設廳長副主任委員爲分署長農改所長專家常宗會陳善民王桂五爲常委）。

（三）常務委員會下設左列各組

一、總務組設組長一人幹事五人掌理文書會計庶務等事項（第二次委員會議通過由農業改進所担任）。

二、技術組設組長一人技術專員三人掌理治蝗技術指導宣傳等事宜（治蝗總副督導担任）。

三、情報組設組長一人幹事三人掌理治蝗情報事宜（建設廳担任）。

四、貯運組設組長一人幹事三人掌理治蝗物資貯運事宜（救分署担任）。

（四）縣治蝗總隊由左列人員組織之。

一、總隊長由縣長兼任二、副總隊長由縣黨部書記長警察局長兼任三、指導員若干由建設科長縣農業推廣所主任縣農會理事長各中小學校校長及地方熱心公益之士紳担任。

乙、工作實施

（一）情報網——各鄉村公所書記各甲甲長一律編爲情報員負調查通訊之責遇有蝗卵蝗蝻飛蝗發生立即報由鄉保長鄉保長於六小時內報告縣治蝗總隊長總隊長接到報告後於四小時內報告省治蝗委員會並於每日由各保報縣一次每三日由縣報省一次至肅清爲止。

二、防治辦法

一、村捕蝗捕蝗治虫應以人力爲主藥劑爲副村中發現蝗虫後一面報告縣總隊一面由保長按蝗虫之種類與災區之大小召集全村人民商定捕治方法將村中十歲以上之男子分三十人或五十人編爲一小隊指定領導人携帶應用器具赴地實施捕治（不必等待縣府命令）各災區廣大並應將村中兒童與婦女編隊協助捕打並每日將蝗虫爲害及捕打情形報告縣總隊一次

二、縣督辦——縣總隊接到各村發現蝗虫報告應儘先處理立即條諭（不必照普通行文手續以期迅速）村保長照治蝗淺說規定方法捕治並派指導員馳往指導一面電省治蝗委員會報告並請領治蝗藥械各災區擴大應令其他各（由近及遠）編組治蝗分隊協助倘災情嚴重可責由警察局長率領警士學生等下鄉督打總隊長須親自到村督辦每三日將捕治情形報省治蝗委員會一次至全縣肅清爲止。

三、獎懲

一、能按時報告認眞防治如期肅清者獎勵。

二、因循延誤敷衍辦理致成災害者懲辦。

獎懲辦法另定之

丙、購置器材及經費來源

（一）關於治蝗需用之器材以應用救濟物資之病虫藥劑爲主如救濟物資不敷應用或救濟物資內所無者由省籌辦。

（二）由省治蝗會呈請行政院補助并函請救濟分署發給物資以工代賑或由省籌撥。

丁、經費另定

修正各縣治蝗辦法

第一條　各縣治蝗事宜由各省政府嚴飭各縣政府負責辦理並督促鄉鎮公所縣農業推廣機關及縣內其他有關機關團體協同辦理之。

第二條　蝗虫發生各縣應舉辦之事項如左：

一、依保甲單位組織治蝗隊督促農民即時捕滅蝗蝻以免至成飛蝗蔓延他處飛蝗降落時應從速捕殺以防產卵及遷移如飛蝗降落面積過大民力不足時得由縣長函駐境軍警團隊協助。

二、督促農民剷除蝗卵凡飛蝗降落地不論有無蝗卵統應挖掘或犁耕深度至少三寸並耙碎之地形特殊不便犁掘者於土表微凸或佈滿小孔處鑽杆之普通降卵以冬季行之至翌年一月底辦竣報省案辦

三、印發治蝗圖說宣傳治蝗知識及捐款收購蝗卵及獎賞蝗卵並推行發襲工作。

四、由縣發調查表調查境內蝗虫發生狀況爲害情形受害作物種類飛蝗降落地點留停種類面積業主姓名發生時期鄰縣有無製爲旬報月報呈省備核。

五、其他治蝗事項

第三條　蝗虫發生各縣應由縣長指派人員會同農業推廣人員或治虫技術人員分赴各鄉切實指導治蝗事宜

並由縣長親自下鄉督促捕滅之。

第四條　各縣境內之蝗虫須由各該縣政府負責捕滅不得驅入鄰縣以圖卸責蝗患發生地點如在兩縣或各縣邊境由鄰接各縣政府共同負責捕滅之。

第五條　在治蝗期間各縣政府應將每旬治蝗工作編製旬報呈報省政府轉送農林部查核。

第六條　凡縣長治蝗不力或縣境發現蝗蝻隱匿不報或將蝗虫驅入鄰縣以圖卸責經查明屬實者由各該省政府予以記過或其他適當之懲處縣長治蝗成績優異者由省政府酌予記功或其他適當之獎勵。

第七條　各市發生蝗虫時應參照本辦法之規定辦理。

第八條　本辦法自公佈之日施行。

姓名使用限制條例

民國三十年七月十七日
國民政府公布

第一條　凡中華民國人民之本名以一個為限登記戶籍上之姓名為本名使用姓名或別號者應表明其本名。

第二條　財政權之取得設定移轉或變更應使用本名或表明其本名。

第三條　共有財產使用堂名或其他名義者應表明共有人之本名共有人總額數超過二十人者得僅表明代表人之本名。

第四條　意圖避免納稅義務而不使用本名又不表明本名者處以漏納稅額一倍至十倍之罰金。

第五條　意圖避免統制法令之限制取得不法利益而不使用本名又不表明本名者處一年以下有期徒刑拘役或五百元以下之罰金。

第六條　對於公務員合法之調查應用本名報告其不使用本名又不表明本名者處拘役或一百元以下之罰金

第七條　本條例自公佈日施行。

天津縣政府辦理戶籍登記寔施程序

一、本縣爲確定人民屬籍公證人民身分保障公民權利建立自治基礎特遵照省令依據戶籍法規定寔施戶口調查舉辦戶籍登記其辦法依照本程序行之。

二、本縣序所謂戶籍登記爲戶籍法所規定之左列四種登記。

（一）籍別登記：1.設籍登記2.除籍登記。

（二）身分登記：1.出生登記2.死亡登記3.結婚登記4.離婚登記5.認領登記6.收養登記7.監護登記8.繼承登記。

（三）遷徙登記：1.遷出登記2.遷入登記。

（四）流動人口登記：居住不滿一月來去無定之臨時流動人口登記。

前項籍別身分及遷徙登記由鄉鎮公所辦理流動人口登記由保辦公處爲之。

三、辦理戶籍登記之前應先調查戶口本縣規定以本年十月一日爲全縣戶口調查標準日首自灰堆戶政示範總開始寔施其他各鄉鎮次第接續辦理調查期間均否得過十日然後依據調查結果先行完成設籍登記統限在一月內辦竣其他應行登記事項卽由聲請義務人陸續向各該管鄉鎮公所聲請辦理之。

四、辦理戶籍登記需用各項設備依照規定應由縣政府按照設置標準統籌製備發交各鄉鎮公所一律於期前設置齊全備用屆時并由縣府派員分區督導辦理之其設置標準如左。

（一）登記聲請書（二）戶籍登記簿（三）流動人口登記簿（四）登記聲請書櫃（五）戶籍簿冊櫃（六）戶籍統計月報表（七）戶籍統計年報表。

五、寔施戶口調查之前應先行整理保甲并按其性質分類編戶其戶之編造如左：

（一）共同生活戶：普通住戶及陸地無一定住所以船為家之船戶。

（二）共同事業戶：商店寺廟機關團體學校及其他公共處所。

六、保甲次序之編列如共同生活戶較多者以共同事業戶編列於後共同事業戶較多者以共同生活戶編列於後其不便區分者得混合編列船戶應分段編組就其常泊處所附隸於陸地之保甲鄉鎮。

保甲次序編定後應按戶發給木質或竹質之戶籤註明保甲之番號以資識別。

七、實施戶口調查時除由縣政府分派督導員前赴各鄉督導辦理外各鄉鎮公所應組織編查隊將調查人員分編若干編查小組負責實際編查工作并配備警察擔任警衛其編制辦法另定之。

八、實施戶口調查時使用之調查表以登記聲請書代替由調查人員按戶查填共同事業戶之調查得以登記聲請書發交被調查戶令其自行填報并由聲請義務人戶長及保長與負責調查人員分別簽名蓋章後依保甲次序活頁裝訂送交督導員點收審核無誤交由鄉鎮公所過錄戶籍登記簿正本同時繕寫聲請書一份呈送縣政府登錄戶籍登記簿副本并將申請書分類裝訂存備考查。

九、督導人員對收到之調查表應詳加審核如發現錯誤即在原表註明發還原調查員復查每日并須外出抽查注意漏戶漏口及調查人員之查詢方法與填表技術如發現錯誤應即立予糾正。

十、各鄉鎮於調查登記後應即依照規定編造初步統計呈縣彙編全縣戶口統計以後即隨時辦理各類聲請登記案件仍應將聲請書於每月月終彙呈縣府錄登戶籍簿副本并經常派戶政人員分赴各保巡迴查記按月造報戶籍月報表於每屆年終造報各種統計年報表呈縣彙轉。

十一、實施戶口調查及戶籍登記警察機關應指派員警協助辦理各學校員生均有協助戶政人員辦理戶口查記及代人民填寫登記聲請書之義務。

十二、在辦理戶口查記之前應廣事宣傳除由縣府將有關戶籍法令隨時刊登公報外各鄉鎮并應印製傳單標語分別散放張貼以使家喻戶曉一致協助推行。

十三、寔施戶口查記之前各鄉鎮戶政人員應由縣府召集施以短期講習并須參加戶政示範鄉戶口查記工作以資練習其召集講習日期及參加工作辦法另行規定之。

十四、凡爲結婚離婚出生死亡及遷徙等項登記得由各鄉鎮公所分別發給結婚離婚出生死亡及遷徙等證以資證明其式樣另定之。

十五、戶籍登記之聲請應於事件發生後十五日內爲之遷出登記應於事先聲請實施登記後凡有應行聲請登記而不依限辦理者得予催告經催告仍不聲請者得呈明縣府依法予以處罰其有意圖加害他人而爲詐僞之聲請者經査明後移送法院依法辦理。

十六、寔施登記後如發現登記有錯悞或登記事項消滅時應由聲請義務人依照規定分別爲「變更」「更正」或「撤銷」登記之聲請主管戶政人員不得擅予更改。

十七、本程序未行訂明事項均依照戶籍法規定辦理之。

十八、本程序自公布之日施行。

五十九

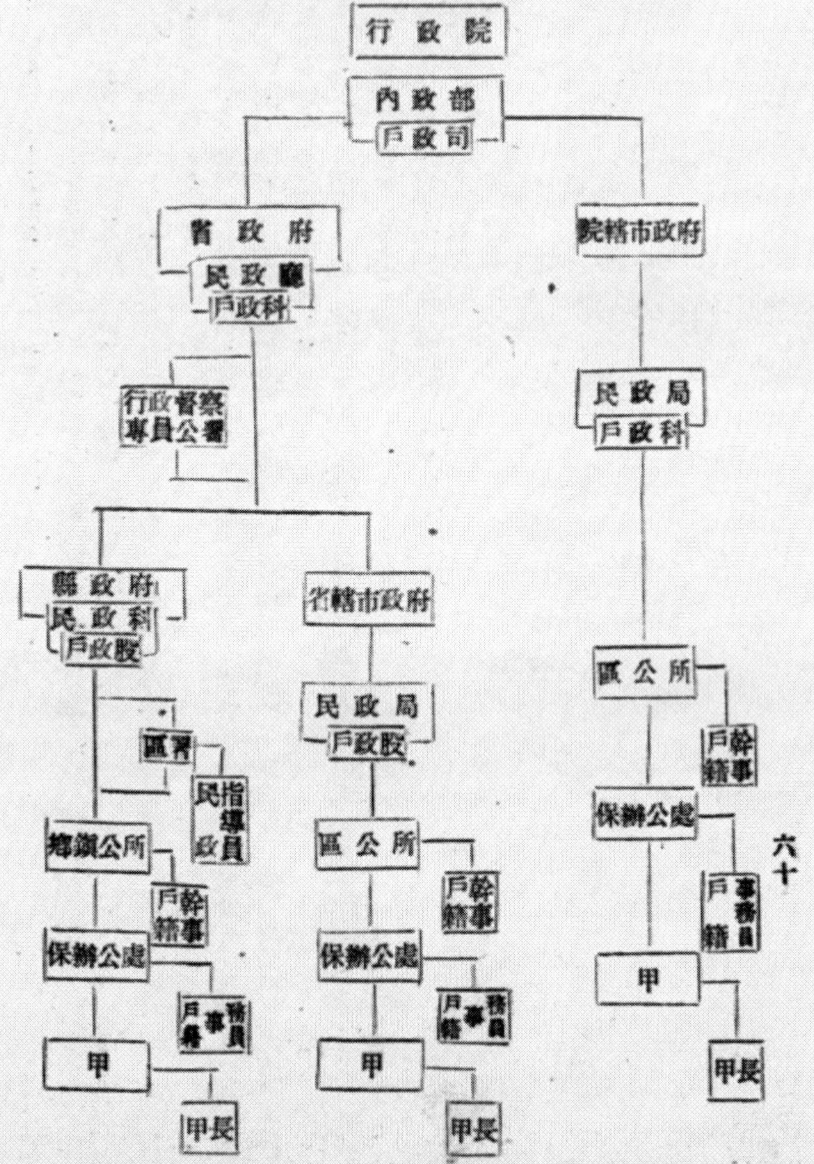
戶籍行政組織系統圖
行政院
內政部
戶政司
省政府
民政廳
戶政科
院轄市政府
民政局
戶政科
行政督察專員公署
縣政府
民政科
戶政股
省轄市政府
民政局
戶政股
區署
民政指導員
鄉鎮公所
區公所
戶籍幹事
保辦公處
戶籍事務員
甲
甲長
六十

戶籍登記程序表

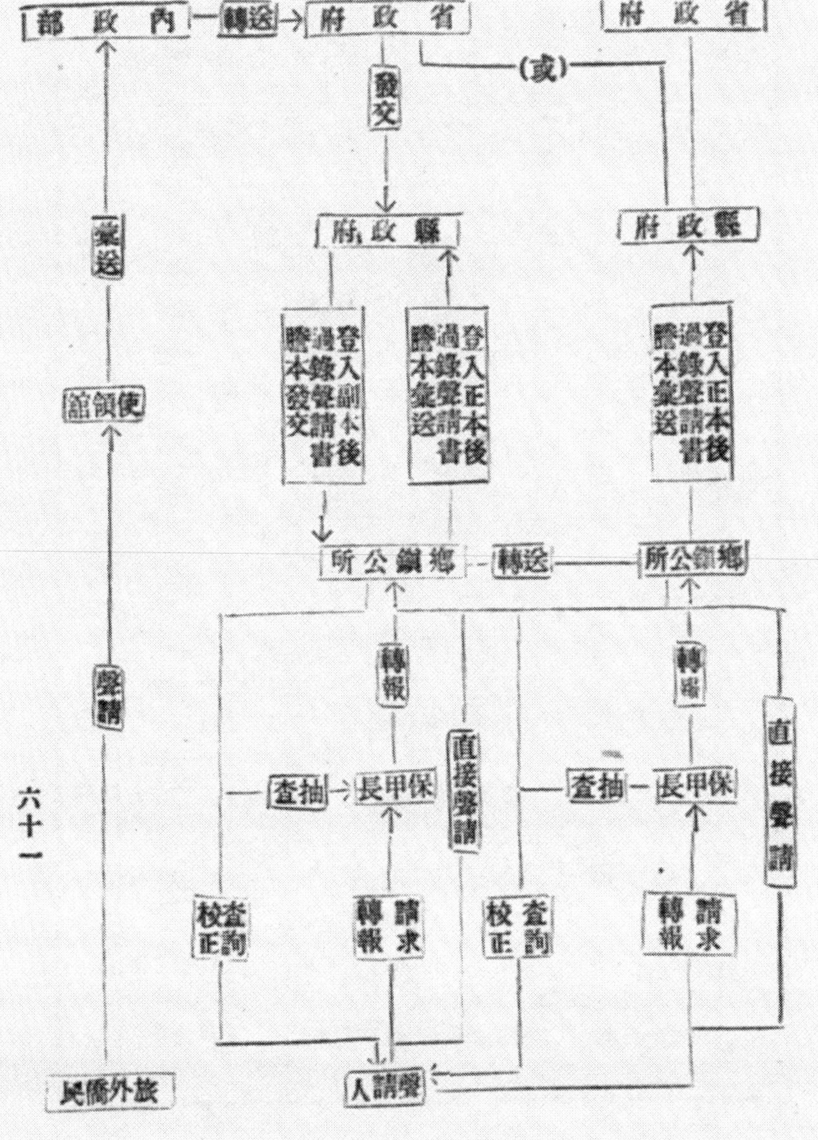

內政部
轉送
省政府
省政府
(或)
發交
縣政府
縣政府
登入副本後
過錄聲請書
謄本發交
登入正本後
過錄聲請書
謄本彙送
登入正本後
過錄聲請書
謄本彙送
鄉鎮公所
轉送
鄉鎮公所
轉報
轉報
抽查
保甲長
抽查
保甲長
直接聲請
直接聲請
詢查
校正
請求
轉報
詢查
校正
請求
轉報
聲請人
彙送
使領館
聲請
旅外僑民

年齡對照表

普通年齡	民國年份	普通年齡	民國年份	普通年齡	民國年份	屬(生肖)象	干支	民前年份	普通年齡	民前年份	普通年齡	民前年份	普通年齡	民前年份	普通年齡
12	二五	24	十三	36	一	鼠	子	十二	48	二四	60	三六	72	四八	84
11	二六	23	十四	35	二	牛	丑	十一	47	二三	59	三五	71	四七	83
10	二七	22	十五	34	三	虎	寅	十	46	二二	58	三四	70	四六	82
8	二八	21	十六	33	四	兎	卯	九	45	二一	57	三三	69	四五	81
9	二九	20	十七	32	五	龍	辰	八	44	二十	56	三二	68	四四	80
7	三十	19	十八	31	六	蛇	巳	七	43	十九	55	三一	67	四三	79
6	三一	18	十九	30	七	馬	午	六	42	十八	54	三十	66	四二	78
5	三二	17	二十	29	八	羊	未	五	41	十七	53	二九	65	四一	77
4	三三	16	二一	28	九	猴	申	四	40	十六	52	二八	64	四十	76
3	三四	15	二二	27	十	雞	酉	三	39	十五	51	二七	63	三九	75
2	三五	14	二三	26	十一	狗	戌	二	38	十四	50	二六	62	三八	74
1	三六	13	二四	25	十二	豬	亥	一	37	十三	49	二五	61	三七	73

六十二

附錄一　法規

（一）國籍法　十八年二月五日國民政府公布

第一章　固有國籍

第一條　左列各人屬中華民國國籍

一、生時父爲中國人者

二、生時父死後其父死時爲中國人者

三、父無可攷或無國籍其母爲中國人者

四、生於中國地父母均無可攷或均無國籍者

第二章　國籍之取得

第二條　外國人有左列各款情事之一者取得中華民國國籍

一、爲中國人妻者但依其本國法保留國籍者不在此限

二、父爲中國人經其父認知者

三、父無可攷或未認知母爲中國人經其母認知者

四、爲中國人之養子者

五、歸化者

第三條　外國人或無國籍人經內政部許可得歸化

呈請歸化者非具備左列各欵條件內政部不得爲前項之許可

一、繼續五年以上在中國有住所者

二、年滿二十歲以上依中國法及其本國法爲有能力者

三、品行端正者

四、有相當之財產或藝能足以自立者

第四條　無國籍人歸化時前項第二欵之條件專以中國法定之

左列各欵之外國人現於中國有住所者雖未經繼續五年以上得歸化

一、父或母曾在中國人者

二、妻曾爲中國人者

三、生於中國地者

四、曾在中國有居所繼續十年以上者

前項第一第二第三欵之外國人非繼續三年以上在中國有居所者不得歸化但第三欵之外國人其父或母生於中國地者不在此限

第五條　外國人現於中國有住所其父或母爲中國人者雖不具備第三條第二項第一欵第二欵及第四欵條件亦得歸化

第六條　外國人有殊勳於中國者雖不具備第三條第二項各欵件亦得歸化

內政部爲前項歸化之許可須經國民政府核准

第七條　歸化須於國民政府公報公布之自公布之日起發生效力

第八條　歸化人之妻及依其本國法未成年之子隨同取得中華民國國籍但妻或未成年之子其本國法有反對之規定者不在此限

第九條　依第二條之規定取得中華民國國籍者及隨同歸化取得中華民國國籍之妻及子不得任左列各款公職

一、國民政府委員各院院長各部部長及委員會委員長

二、立法院立法委員及監察院監察委員

三、全權大使公使

四、海陸空軍將官

五、各省區政府委員

六、各特別市市長

七、各級地方自治職員

前項限制依第六條規定歸化者自取得國籍日起滿足年後其他自取得國籍日起滿十年後內政部得呈請國民政府解除之

第三章　國籍之喪失

第十條　中國人有左列各款情形之一者喪失中華民國國籍者

一、爲外國人妻自請脫離國籍經內政部許可者

二、父爲外國人經其父認知者

三、父無可考或未認知母爲外國人經其母認知者

依前項第二第三款規定喪失國籍者以依中國法未成年或非中國人之妻爲限

第十二條　自願取得外國國籍者經內政部之許可得喪失中華民國國籍但以年滿二十歲以上依中國法有能力者爲限

一、屆服兵役年齡未免除服兵役義務尚未服兵役者

二、現服兵役者

三、現任中國文武官職者

第十三條　有左列各款情形之一者雖合於第十條第十一條之規定仍不喪失國籍

一、爲刑事嫌疑人或被告人

二、受刑之宣告執行未終結者

三、爲民事被告人

四、受強制執行未終結者

五、受破產之宣告未復權者

六、有滯納租稅或受滯納租稅處分未終結者

第十四條　喪失國籍者喪失非中國人不能享有之權利喪失國籍人在喪失國籍前已享有前項權利者若喪失國籍後一年以內不讓與中國人時其權利歸屬於國庫

第四章　國籍回復

第十五條　依第十條第一項之規定喪失國籍者婚姻關係消滅後經內政部之許可得回復中華民國國籍

第十六條　依第十一條之規定喪失國籍者若於中國有住所並具備第三條第二項第三第四款條件時經內政

部許可得回復中華民國國籍但歸化人及隨同取得國籍之妻及子喪失國籍者不在此限

第十七條　第八條規定於第十五條第十六條情形準用之

第十八條　回復國籍人自回復國籍日起三年以內不得任第九條第一項各款公職

第五章　附則

第十九條　本法施行條例另定之

第二十條　本法自公布日施行

(二) 國籍法施行條例

十八年二月五日國民政府公布

第一條　在國籍法及本條例施行前依前國籍法及其施行規則已取得或喪失或回復中華民國國籍者一律有效

第二條　依國籍法第二項第一款至第四款及第八條取得中華民國國籍者由本人或父或母聲請住居地方之該管官署核明轉報內政部備案並由內政部於國民政府公報公布之其住居外國者得聲請最近中國使領館轉報

第三條　依國籍法第二條第五款願取得中華民國國籍者應由本人出具左列書件聲請住居地

一、願書

二、住居地方公民二人以上之保證書

內政部核准歸化時應發給許可證書並於國民政府公報公布之

第四條　依國籍法第十條第一項第二款喪失中華民國國籍者應由本人或父或母聲請住居地方之該管官

署核明轉報內政部備案並由內政部於國民政府公報公布之其住居外國者得聲請最近中國使領館轉報

第五條　依國籍法第十條第一項第一款及第十一條規定願喪失中華民國國籍者應由本人出具聲請書呈請住居地方之該管官署轉請內政部核辦其居住外國者得聲請最近中華使領館核轉內政部核准喪失國籍時應發給許可證書並於國民政府公報公布之自公布之日起發生效力

第六條　依國籍法第二條第五款及第十一條取得或喪失中華民國國籍者內政部須指定新聞紙二種令聲請人登載取得或喪失國籍之事實

第七條　依國籍法第十五條至第十七條回復中華民國國籍者準用本條例第二條第三條及第六條之規定

第八條　取得回復或喪失中華民國國籍後發現與國籍法之規定不合情事其經內政部許可者應將已給之許可證書撤銷經內政部備案者應將原案註銷並於國民政府公報公布之

第九條　國籍法施行前中國人已取得外國國籍若未依前國籍法及其施行規則呈明者應依本條例第五條之規定辦理

第十條　國籍法施行前及施行後中國人取得外國國籍仍任中華民國公職有由該管長官查明撤銷其公職

第十一條　本條例所引之聲請書願書保證書及許可證書程式另定之

第十二條　本條例自公布日施行

(三) 內政部發給國籍許可證書規則三十五年十月廿五日內政部修正公布

第一條　內政部發給國籍許可證書依本規則之規定辦理

第二條　凡依國籍法第二條第五款歸化者暨依國籍法第十條第一項第一款及第十一條喪失國籍者暨依

第三條　國籍法第十五條及第十六條回復國籍者經內政部許可後均應發給許可證書
呈由國內各地方官署轉請歸化或喪失國籍或回復國籍者其許可證書由本部送經各該官署給領
其由駐外使領館轉請者其許可證書由本部咨送外交部轉發各該使領館給領

第四條　凡依國籍法第二條第五款歸化者暨依國籍法第十條第一項第一款及第十一條喪失國籍者每人應繳納國籍許可證書工本費國幣四百元依國籍法第十五條及十六條回復國籍者每人應繳納國籍許可證書工本費國幣二百元其有居住國外或居住所在地尚無中國法定國幣者應折合上列國幣數額繳納各項許可證書每張均另徵印花稅費國幣五十元

第五條　凡依國籍法第二條第五款歸化者暨依國籍法第十條第一項第一款及第十一條喪失國籍者暨依國籍法第十五條第十六條回復國籍者應於具聲請書時隨文呈送四寸半身像片三張
凡依國籍法第八條隨同歸化者暨依國籍法第十七條隨同回復國籍者亦應一併附呈像片一張

第六條　既領許可證書如有遺失損壞等情事准其呈明事由出具聲請書及原證書聲請原請核轉之地方官署或使領館轉請內政部補發程序及證書工本費印花稅像片等均應比照前三條之規定辦理

第七條　凡依國法第二條第一第二第三第四各款取得國籍暨依國法第十條第一項第二第三各款喪失國籍聲請備案者每人應於具聲請書時呈送像片一張由部註冊並抄登國民政府公報公布不另發給國籍許可證書
前項取得國籍者得由居住所在地之政府發給國民身分證其有居住國外者由該管使領館發給旅外僑民國籍證明書

第八條　凡依國籍法第八條隨同歸化人取得國籍者暨國籍法第十七條隨同回復國籍人取得國籍者僅於許可證書內附註姓名年齡等項不另發給許可證書

第九條　各種國籍許可證書工本費應由原核轉之地方官署或使領館依照「公庫法」規定作行政規費解繳國庫其有案經批駁者依照「收入退還支出收回處理辦法」規定全部發還

第十條　既領歸化或回復國籍之許可證書復聲請喪失國籍者或既領喪失國籍之許可證明書復聲請回復國籍者均須將原領證書繳請由原核轉地方官署或使領館轉部核銷

第十一條　本規則自公布日施行

天津市第七區
東南城角胡同內

祥記紙行

藥房胡同十二號
電話二局一五三三號

民國三十六年九月初版

營業科目

批發紙類

國產製紙・歐美紙張
南紙文具・新式名片
各種機器・各色油墨
印刷材料・定期不悞

印刷部類

各種戶籍表冊・各種戶籍手冊
國民身分證類・各種戶口紙類
西式各種賬簿・縣鄉表格單據

編輯者　天津縣政府
印刷者　祥記紙行
發行者　祥記紙行

戶籍、人事登記聲請書簿填寫說明

鉛印本

戶籍人事登記聲請書簿填寫說明

登記事項	當事人	關係人	聲請義務人	說明	參考法規
出生	出生者	父母 家長 發現人（棄兒） 領受人（棄兒） 證明人	父母家長同居人醫生或助產士分娩時照護人醫院院長（醫院生）監獄長（在監生）公共場所管理人（公共場所生）船長（船上生）發現人或警察官署（棄兒）受領人收養識別（棄兒）	嬰兒出生及發現棄兒應向出生所在地聲請登記如遇雙生每人各登記一張	戶籍法五十一至六十條修正細則第八九兩條（以下未註細則條文者同詞）
結婚	結婚者男女雙方	雙方父母家長證人子女（因結婚取得者）前妻前夫（再婚者）	結婚者男女雙方	向結婚所在地聲請登記結婚應得法定法代理人之同意者應附具同意之證明書類	戶籍法第七十二條民法第九八一條至九八二條
離婚	離婚者男女雙方	雙方父母家長證明人	離婚者男女雙方	向離婚所在地聲請登記離婚應得法定代理人之同意者應附具同意之證明書類	戶籍法第七十四條七十五條民法第一〇四九條一〇五〇條

人事登

死亡	死亡者	配偶（有配偶者） 父母 家長	家長同居人房屋土地管理人娃瑕殯葬人船長（船死）監獄管理人（在監死）調查員（災變死）警察署（無名死）行刑公務員（刑死）	應向死亡地或死亡者之本籍或寄籍地聲請登記	戶籍法第八十條至八十六條
繼承	繼承者 被繼承者	家長 代理人（未成年者） 母（胎兒） 監護人（胎兒）	繼承人 母或監護人（胎兒繼承）	須提出證明書類向被繼承人之本籍或寄籍地聲請登記	戶籍法第八十九條至九十二條 民法第一一三八條至一一四四條
認領	認領者 被認領者	被認領人之父母 認領人之家長	生父 遺囑執行人（依遺囑而認領） 起訴人（依判決為認領）	生父認領非婚生子女縣子埠自提出判決書謄本	戶籍法第六十二條至六十六條
收養	收養者 被收養者	養父母 家長 領養人 證明人（棄兒）	養父母	收養子女須向養父母本籍或寄籍地聲請登記	戶籍法第六十七

二

記表解

監護	死亡宣告	死產	終止收養關係
監護者 受監護者	受死亡宣告者		養父母 養子女
家長	家長	父母 家長	養父母 養子女 家長 證明人
監護人	聲請宣告死亡者	與出生同	養父母 養子女
代表未成年人或禁治產人（心神喪失或精神耗弱者）處理事務者為監護人應由監護人本籍或寄籍地聲請登記	失蹤滿十年經法院判決者失蹤者為七十歲以上者滿五年失蹤人為遭遇特別災難者滿三年聲請時須提出判決書謄本	出生時無氣息者為死產懷胎未滿六月而流產者不必聲請登記	因判決終止收養關係時以請求終止人為聲請人
戶籍法第七十六條至七十七條七十九條 民法第十四條至一〇九條至一一三條	戶籍法第八十九條 民法第八條第九條	戶籍法第六十一條	戶籍法第六十八條六十九條

三

撤銷結婚	結婚者男女雙方	同結婚	當事人 代理人 監護人 利害關係人 前配偶 前夫或其直系血親	因結婚無效而聲請撤銷登記者	戶籍法第七十三條 民法第九八九條至九九七條
監護關係終止	監護人 受監護人	受監護人之家長 證人	監護人	應由受監護人本籍或寄籍地聲請登記	戶籍法第七十八條及七十九條
死亡宣告撤銷	受死亡宣告者	原聲請宣告死亡者 家長 證人	原受死亡宣告者本人 家長 親屬 原證明人	死亡宣告之原因消滅時由聲請撤銷死亡宣告之人提出判決書謄本聲請登記	戶籍法第八十八條
變更登記	原當事人	原關係人	原聲請人	欲變更戶籍及人事登記者應附具許可書謄本或判決書謄本向原登記處聲請登記	戶籍法第一百一十五條一百一十六條
更正登記	原當事人	原關係人	利害關係人	須經監督官署或司法機關之許可或判決而更正登記者須附具判決書謄本	戶籍法第一百一十七條一百一十八條

變更姓名	請變更姓名人	家長證明人	變更姓名人	須先呈請內政部核准後再聲請登記	戶籍法一百十九條內政部修正更名改姓及冠姓規則

人事登記聲請書填寫說明：

一、頭「行」為「字下面填聲請的事項（存根也照樣填）如出生的就填「出生」兩字其餘的也照此類推

二、「性別」欄是記載男女的男性就填一「男」字女性就填一「女」字

三、「教育程度」欄應填明畢業或肄業學校的名稱沒有在學校讀過書進過私塾的就填私字沒有讀過書的就填「未」字等

四、聲請義務人「當事人」「關係人」的填寫方法見表解

五、「登記事由說明」欄內是記載登記的事由及其發生的年月日如在三十一年九月一日內發現棄兒而收養者即填「收養棄兒三一九一」之類如係登記死亡應填明死亡原因（照填表補充說明十九項

六、其他各欄都應填其如果無事可填的就劃一道斜線以明並非漏填比如只有本籍沒有寄籍的就在寄籍欄內劃一斜線其餘的也照此類推

五

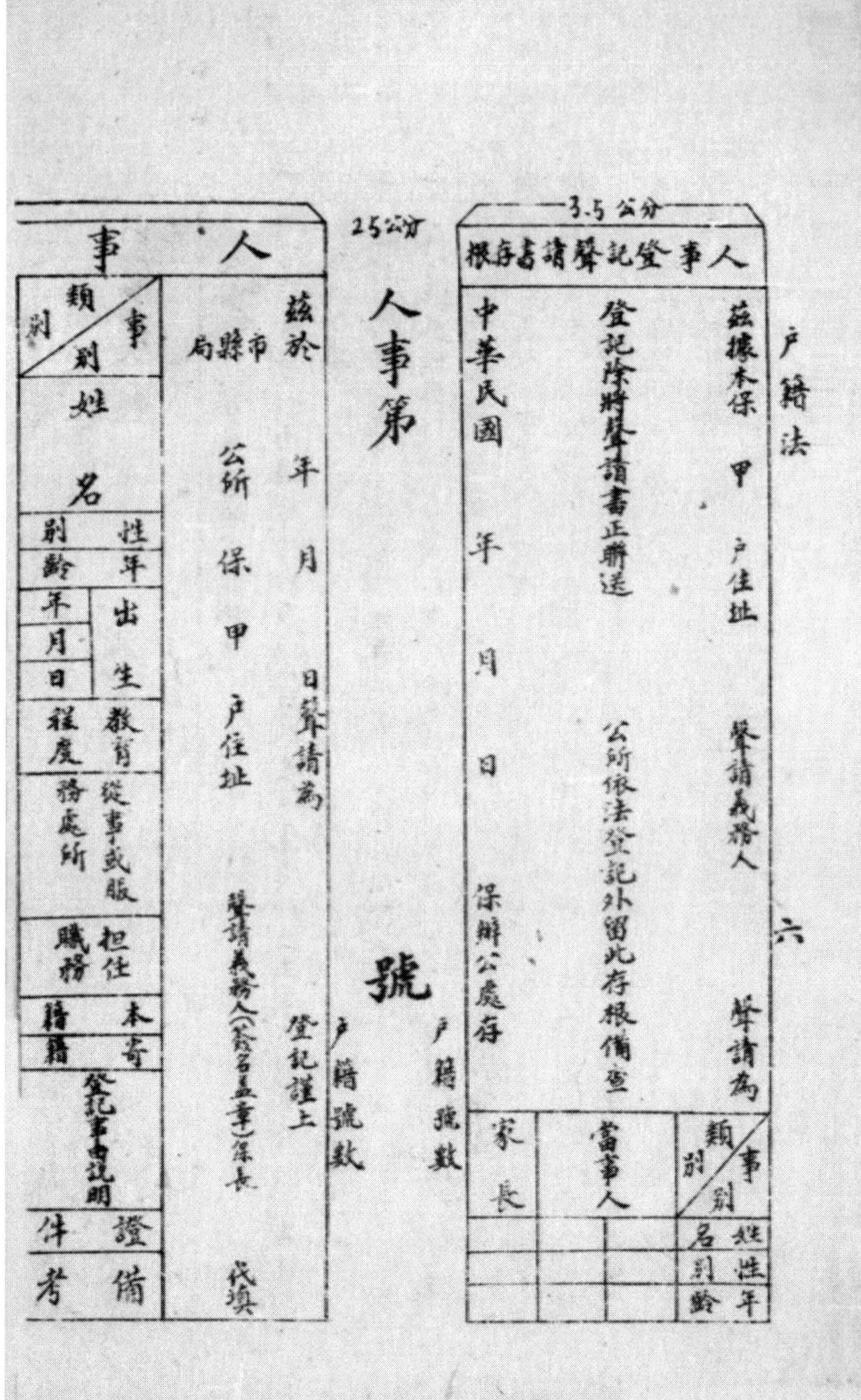
3.5公分
人事登記聲請書存根
茲據本保　甲　戶住址　聲請義務人　聲請為
登記除將聲請書正冊送　公所依法登記外留此存根備查
中華民國　年　月　日　保辦公處存
事別 類別
當事人
家長
姓名
性別
年齡
戶籍法　六
25公分
人事第　號
戶籍號數
人事
事別 類別
姓名
性別
年齡
出生 年 月 日
教育程度
從事或服務處所
担任職務
本籍
寄籍
登記事由說明
證件
備考
茲於　年　月　日聲請為　登記謹上
市縣局　公所　保　甲　戶住址
聲請義務人(簽名蓋章)保長　代填

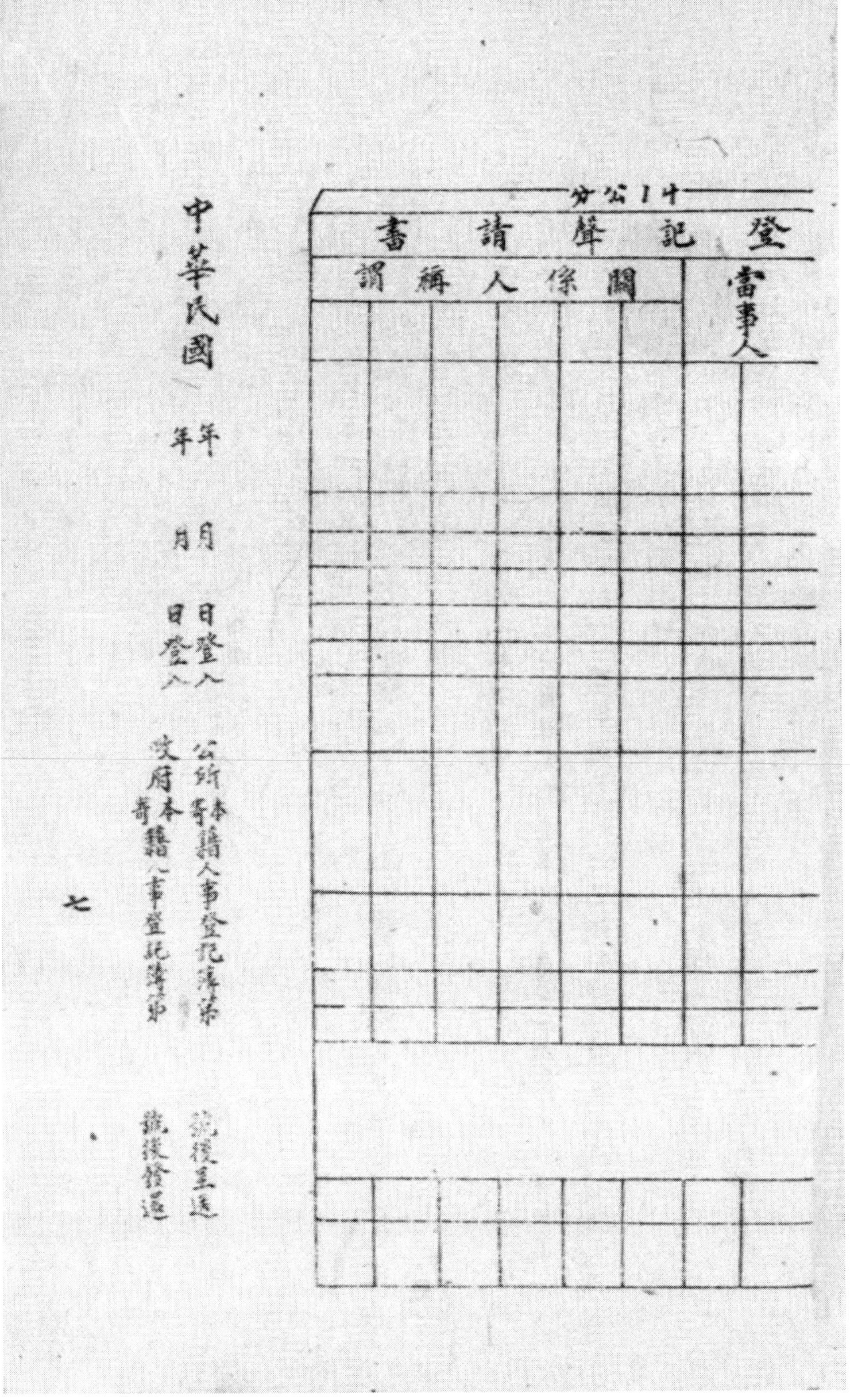

十1公分

登記聲請書

當事人	關係人稱謂					

中華民國 年 月 日登入 公所本寄籍人事登記簿第 號後呈送

年 月 日登入 政府本寄籍人事登記簿第 號後發還

七

八

人事登記簿填寫說明：

一、「號數」欄按聲請的次序填寫能寫國際號碼就填國際號碼（即阿拉伯數字）不能
寫國際號碼就用中國數字填寫

二、「性別」欄是記載男女的男性就填一「男」字女性就填一「女」字

三、教育程度欄應填明畢業或肄業的學校名稱沒有在學校讀過書進過私塾的就填
私字沒有讀過書的就填「未」字等

四、「當事人」「關係人稱謂」兩欄照表解填寫

五、「登記事由說明」欄內是記載登記的事由及其發生的年月日如在三十一年九月一
日因發現棄兒而收養者即填「收養棄兒三一九一之類如像登記死亡應填明死亡
原因照填表補充說明十九項字樣

六、「登記事項」欄內如像登記死亡應填明死亡原因照填表補充說明十九項

七、各欄都應填載如果無事可填就劃一道斜綫以明並非漏填比如只有本籍沒有寄
籍的就在寄籍欄內劃一斜綫其餘也照此類推

人事登記簿

鄉鎮

戶住址

第 號

事別 \ 類數	當事人	關係人稱謂			
姓名					
性別					
年齡					
出生 年					
出生 月					
出生 日					
教育程度					
從業或服務處所					
担任職務					
本籍					
寄籍					
登記事由說明					
聲請書號數					
證件					
備考					

20公分 × 30公分

九 第 頁

戶籍登記表解

項別	聲請人	說明	參考法規
設籍	家長	家長因聲請還籍者取得國籍者回復國籍者分戶者由他縣市轉來者	戶籍法第四條至第九條第四十六條四十七條四十九條五十條修正戶籍法施行細則第五條十一條十二條十四條
除籍	家長	家長發生喪失本籍者喪失國籍者全戶消滅者戶之全部或一部轉移他縣者	戶籍法第四十六條四十八條四十九條 修正戶籍法施行細則第十一條十二條十四條
轉籍	家長	一戶於一縣市移轉於他一縣市應分別向原籍縣(市)及移轉縣(市)聲請為除籍及設籍登記	戶籍法第四十四條 修正戶籍法施行細則第十四條
遷徙	家長	全戶由一鄉鎮遷往同縣市內之另一鄉鎮應分別向原管及新遷鄉鎮聲請為變更登記	戶籍法第四十五條 修正戶籍法施行細則第十四條

十

戶籍登記聲請書填寫說明

一、頭一行「為」字下面填聲請的事項（存根也照樣填）聲請設籍的就填「設籍」兩字

聲請「除籍」的就填「除籍」兩字

二、第二行「聲請義務人」下面填家長姓名。

三、性别欄是記載男女的男性就填一男字女性就填一女字。

四、「教育程度」欄應填明畢業或肄業的學校名稱沒有在學校讀過書進過私塾的就填私字沒有讀過書的填「不」字不識字的填「不」字自學有視同私塾

五、「家屬稱謂」欄填家長的親屬和對於家長的關係例如家長的配偶就「填一妻字」其餘的也照此類推

六、「登記事由説明」欄是記載設籍以後因人事變動而發生户籍或家内人口變動之事由後其年月日如在三十一年九月一日…………之推

七、各欄都應填載如果無事可填的就劃一道斜綫以明並非漏填比如只有本籍没有寄籍的就在寄籍欄内劃一斜綫其餘的也照此類推

八、户籍登記聲請書存根上「家屬人口」欄係將家長除外但「共計」欄内應將家長計入

十一

下原缺

十四

戶籍登記表解

項別	聲請人	說明	參考法規
設籍	家長	因聲請進海者取得國籍者回復國籍者分戶者由他縣市轉來者	戶籍法第四條至第九條第四十六條四十七條四十九條五十條 修正戶籍法施行細則第五條十一條十二條十四條
除籍	家長	發生復本籍者喪失國籍者全戶消滅者戶之全部或一部移轉他縣市者	戶籍法第四十六條四十八條四十九條 修正戶籍法施行細則第十一條十二條十四條
轉籍	家長	一戶於一縣市移轉於他一縣市應分別向原籍縣(市)及移轉縣(市)聲請為除籍及設籍登記	戶籍法第四十四條 修正戶籍法施行細則第十四條
遷徙	家長	全戶由一鄉鎮遷往同縣市內之另一鄉鎮應分別向原管及新遷鄉鎮聲請為變更登記	戶籍法第四十五條 修正戶籍法施行細則第十四條

户籍登記簿填寫說明

就填國際號碼

一、「號數」欄按聲請的次序能填寫國際號碼即寫國際號碼(即阿拉伯數字)不能寫國際號碼就用中國數字填寫

二、「性別」欄是記載男女的男性就填一「男」字女性就填一「女」字

三、「教育程度」欄應填明畢業或肄業的學校名稱沒有在學校讀過書進過私塾的就填私字沒有讀過書的就填「未」字若不識字的填「不」字自學者視同私塾

四、「登記事由說明」欄是記載設籍及以後因人事變動而發生户籍或家屬人口變動時之事由及其年月日如在三十一年九月一日設籍者即填「設籍三一九一」之類又如在三十一年九月一日因離婚而除籍者應一面為人事登記一面於本欄內填「除籍離婚三一九一」之類

五、「家屬稱謂」欄填家長的親屬和對於家長的關係比如家長的配偶就填一「妻」字其餘的也照此類推

六、各欄都應填載如果無事可填的就劃一道斜線以明並非漏填比如只有本籍沒有寄籍的就在寄籍欄內畫一斜線其餘的也照此類推

十五

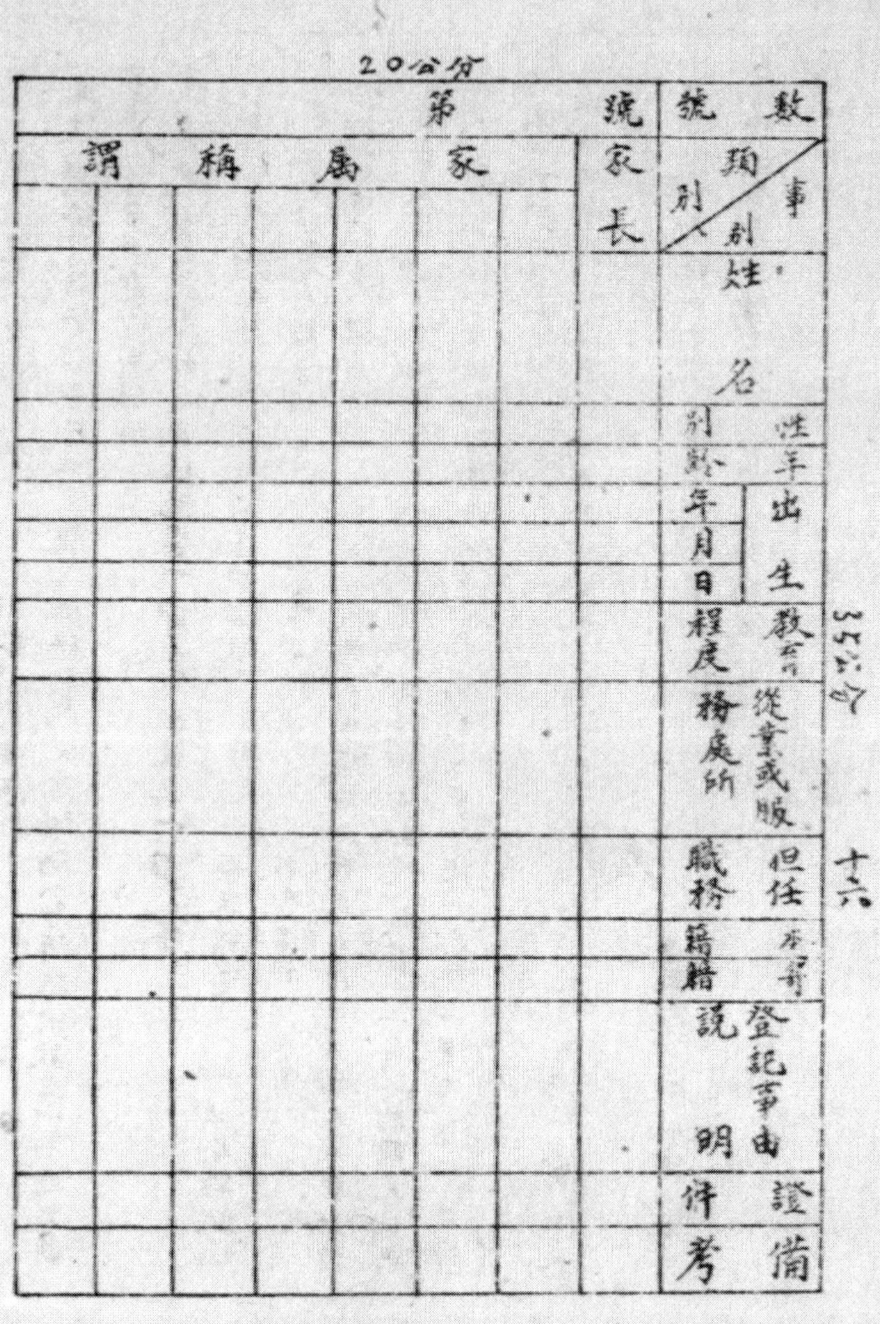

20公分

數 號	第 號						
事項 / 別	家長	家屬稱謂					
別 姓名							
性別							
年齡							
出生 年							
出生 月							
出生 日							
教育程度							
從業或服務處所							
担任職務							
本籍籍貫							
登記事由說明							
證件							
備考							

35公分

十六

修正填表補充說明 民國三十二年內政部戶政司編印

一、家長係指管理家務者而言不受性別之限制

二、未成年人為家長時應由其監護人為聲請義務人無監護人者由保長代為聲請

三、無監護人而能自立之未成年人獨立一戶者得編為一戶由其本人負聲請之義務

四、二人以上有永久共同辦事共同生活之意思者雖無親屬關係亦得為一戶其主持人之地位與家長同

五、一人而為兩戶以上之家長者須於備考欄內詳註之統計時務須注意以免重複

六、「家屬稱謂」次序及填寫方法依戶籍法第一百條之規定：

(一)家長

十七

(二)家長之配偶
(三)家長之直系尊親屬
(四)家長之直系卑親屬及其配偶
(五)家長之旁系親屬及其配偶
(六)其他家屬

七、直系親屬或旁系親屬間之次序以親等較近者為先親等同者依其出生之先後

八、親友寄居有永久共同生活之意思者列為其他家屬

九、隨母改嫁之子女亦填為其他家屬並於備考欄內註明「寄養」二字

十、童養媳應填為「養女」登記並於備考欄內註明「擬將來擇配某子」圓房之日再聲請為「結婚登記」

十一、婢女應填為「養女」

十二、妾在民國十八年五月二十三日民法公佈之前所納者填為「妾」在民法公佈之後所納者暫填為家屬

十三、姓名須照「姓名使用限制條例」之規定填在社會上通用名字不得填別號或堂名一人不得用兩個以上的名字

十四、年齡應一律大寫如四十五歲填「肆伍」

十五、「出生年月日」須用國曆如在民國十四年九月十七日生填如

在民國紀元前五年八月十二日出生者填如 不知出生月日者推定其為七月一日出生不知出生之日者推定其為該月之十五日

十六、「教育程度」凡學校畢業者先詢其所入之學校次詢其研究科別填註如大學畢業者填「文大」「工大」「理大」「農大」「法大」「商大」「政大」「醫大」「師大」「軍大」——專科或同專科畢業者填「農

十九

專」「醫專」「美專」「軍專」「警專」「體專」—高中初中或同高中
同初中之高初級之職業學校畢業者填如「高中」「初中」「高
農」「高工」「高商」「高師」「高護士」「高助產」「初師」「初農」—
中心小學畢業者填如「高小」保國民小學畢業者填如「初
小」學校肄業或曾肄業已輟學者詢其在校年期填「文
大一」「美專一」「高農二」「初小三」—曾入私塾者按在塾年
期填「私一」「私三」—未入學校及私塾而能識字者視其識
字之程度填如「私一」「私二」—等不識字者填「不」

十七、「從業或服務處所」從業應按其職業性質照附表填註。
服務處所應填「機關」「學校」「工廠」「商店」等名稱牌號未
滿十二歲者免填即在該格內劃一斜綫

附職業分類簡要說明表

(1)農業：（農作園藝林業漁業畜牧狩獵打柴其他農業）

(2)礦業：（金屬礦業非金屬礦業鹽業煤業石油業土石業其他礦業）

(3)工業：（木料及木器製造業土石製造業冶煉工業金屬製品業機械製造業交通用具製造業國防用具製造業建築工程業水電業化學工業紡織工業日用品製造業皮革毛骨及橡皮製造業飲食品製造業造紙及紙製品業印刷出版業飾物文具儀器製造業燒窯業做香業（非專供迷信之用者）其他工業）

(4)商業：（販賣業經紀介紹業金融保險業生活品供應業屠宰業非國家經營之銀行業其他商業）

(5)交通運輸業：（郵遞業電信業陸運業水運業空運業轉運業堆棧業挑挽業擺渡業其他交通運輸業）

(6)公　務：（党務政務軍警及國家銀行服務）
(7)自由職業（教育及學術研究事業醫師藥師律師業助產士業工
程師業會計師業新聞業文學及藝術事業宗教事業
社團事業其他自由職業僧道以誦經販貨者亦屬自由
職業
(8)人事服務：（家庭管理侍從傭役）
(9)其　他：（各種可歸之職業如洗衣修脚擦背理髮等是）
(10)無　業：（就學不事生產者非正當職業者囚犯慈善機關收容
者老弱殘廢及一切不能生產者僧道以募化為生者算命
看相風水師等）（惟就學即填就學服兵役即填服兵役）

十八、從業如同一場所兼營兩種以上業務者須斟酌下列標準定其
主業填註之

(1)有營業牌號者
(2)營業時間較長者
(3)從業人數較多者
(4)盈利收入較多者
(5)營業資本較多者
(6)加入某種職業團體者
(7)曾依法規登記其業務者

十九、同居不同職業者各填其主業

二十、「担任職務」應各就其業別之名稱填明無業者填無未滿十二歲者免填即在該格内劃一斜線

廿一、人民之職業及教育程度於第一次登記後遇有變更時可粘貼附簽於各該欄内如遇再有變更時則將原簽撕去再加新簽

二十三

廿一、於其上

設本籍者於本籍欄內填「本」字寄籍欄內劃一斜綫

廿二、設寄籍者於寄籍欄內填「寄」字於本籍欄填其本籍異省者

填某省某縣異縣者填某縣寄籍已住居三年而為本籍之變

更登記時須為聲請

廿三、無家可歸經常以傭工為生者仍應另列一戶以聲請時之所居

地為其居所如為本縣人可設本籍如為外縣人應按其居住時

間暫設寄籍或暫居無居所之遊民列入暫居戶口

廿四、「暫居」戶應於本籍欄內填其縣市名稱在備考欄內填暫居二字

廿五、設籍人他往者於備考欄填明他往住址及所任職務如有不明者

應證明

廿六、人事登記聲請書如為「出生」登記時在出生當事人之「從業」或

廿八、服務處所及「担任職務」欄不必填寫劃一斜綫

如為「婚姻」聲請登記時應男女各填一紙各填本人家長及其配偶於次以資參考

廿九、登記簿之號數應根據聲請書之號數填寫以便查對

三十、超過一頁之户口應另取單頁粘於其後加蓋騎縫印

卅一、「聲請義務人」如不能簽名蓋章時得捺印大拇指紋(男左女右)本人他往時得由其配偶或直系尊親屬代替惟須詳為註明

卅二、户籍登記聲請書存根聯家屬人口欄不包括家長在内但共計欄應併家長計算

卅三、聲請書與存根之騎縫號數上須蓋各縣市政府或設治局印

卅四、户之轉移由他縣市局遷入者為該籍登記遷往他縣市局者

、為除籍登記移轉於同一縣市局內之其他鄉鎮者由原居
之鄉鎮公所填發戶籍謄本并於登記簿內登記事由欄註
明新居之鄉鎮公所接到戶籍謄本後即為之登記移轉不
出本鄉鎮者只須填明遷移住址

廿五、戶籍登記簿共置一本其「除籍」「轉籍」者即於本戶登記
事由欄註明之

廿六、人事登記簿「出生」「死產」共置一本「死亡」置一本「結婚」「離婚」共
置一本「繼承」「監護」「認領」「收養」「死亡宣告」「終止收養」「監
護關係終止」「死亡宣告撤銷」共用一本凡共用之登記簿所有
應登記之「當事人」「關係人」「聲請義務人」可查照表解辦
理并於登事由欄內分別註明之

廿七、變更姓名之登記於戶籍登記簿行之戶簿及人事變更登

記於各關係之登記簿行之

廿八、同一事項應為兩種以上之登記時當事人雖僅為一種户聲請該管鄉鎮公所仍應為之分别登記如因「結婚」而設籍者當事人僅聲請為結婚登記該管鄉鎮公所仍應分别為結婚設籍兩種登記餘以類推

廿九、本説明如有未盡處得隨時補充之

二十八

户籍登記親屬順序表

1、直——直系　4、姻——姻親　7、數目字——親等數

2、旁——旁系　5、尊——尊親屬

3、血——血親　6、卑——卑親屬

1、男家長

2、妻——配偶尊、一

3、父——直、血、尊、一

4、母——仝右

5、繼母——直、姻、尊、一

6、祖父——直、血、尊、二

7、祖母——仝右

8、繼祖母——直、姻、尊、二

9、外祖父——直、血、尊、二

10 外祖母——仝右

11、曾祖父——直、血、尊、三

12、曾祖母——仝右

13、外曾祖父——直、血、尊、三

14、外曾祖母——仝右

15、高祖父——直、血、尊、四

16、高祖母——仝右

17、外高祖父——直、血、尊、四

18、外高祖母——仝右

19、子——直、血、卑、一

20、子媳——子之配偶、

二十九

21、女……………直、血、卑、一、
22、女婿…………女之配偶
23、継子…………直、血、卑、一、
24、継子媳………継子之配偶
25、義子…………直、血、卑、一、
26、義子媳………義子之配偶
（註：継子与義子現行親属法皆称子）
27、孫……………直、系、卑、二、
28、孫媳…………孫之配偶
29、孫女…………直、血、卑、二、
30、孫女婿………孫女之配偶
31、義孫…………直、血、卑、二、
32、義孫媳………義孫之配偶
33、曾孫…………直、血、卑、三、

34、曾孫媳………曾孫之配偶
35、曾孫女………直、血、卑、三、
36、曾孫女婿……曾孫女之配偶
37、従孫…………直、血、卑、四、
38、従孫媳………従孫之配偶
39、従孫女………直、血、卑、四、
40、従孫女婿……従孫女之配偶
41、兄……………旁、血、二、
42、嫂……………兄之配偶
43、弟……………旁、血、二、
44、弟婦…………弟之配偶
45、姉……………旁、血、二、
46、姉夫…………姉之配偶
47、妹……………旁、血、二、

48、妹夫……妹之配偶
49、伯父……旁、血、尊、三、
50、伯母……伯父之配偶
51、叔父……旁、血、尊、三、
52、嬸母——叔父之配偶
53、姑……旁、血、尊、三、
54、姑丈（姑之夫）……姑之配偶
55、舅父……旁、血、尊、三、
56、舅母（舅之妻）舅之配偶
57、姨……旁、血、尊、三、
58、姨丈（姨之夫）姨之配偶
59、姪……旁、血、卑、三、
60、姪媳……侄之配偶
61、姪女……旁、血、卑、三、

62、姪女婿……姪女之配偶
63、甥……旁、血、卑、三、
64、甥媳……甥之配偶
65、甥女……旁、血、卑、三、
66、甥女婿——甥女之配偶
67、伯祖父……旁、血、尊、四、
68、伯祖母……伯祖父之配偶
69、叔祖父……旁、血、尊、四、
70、叔祖母……叔祖父之配偶
71、姑祖母……旁、血、尊、四、
72、姑祖父……姑祖母之配偶
73、舅祖父……旁、血、尊、四、
74、舅祖母……外伯祖父之配偶
75、姨祖母……旁、血、尊、四、

76、姨祖父……姨祖母之配偶
77、堂兄……旁、血、四、
78、堂嫂……堂兄之配偶
79、堂弟……旁、血、四、
80、堂弟婦……堂弟之配偶
81、堂姊……旁、血、四、
82、堂姊夫……堂姊之配偶
83、堂妹……旁、血、四、
84、堂妹夫……堂妹之配偶
85、表兄……旁、血、四、
86、表嫂……表兄之配偶
87、表弟……旁、血、四、
88、表弟婦……表弟之配偶
89、表姊……旁、血、四、

三十二

90、表姊夫……表姊之配偶
91、表妹……旁、血、四、
92、表妹夫　表妹之配偶
93、姪孫（兄弟之孫）旁、血、卑、四、
94、姪孫媳……姪孫之配偶
95、侄孫女……旁、血、卑、四、
96、姪孫女婿……姪孫女之配偶
97、曾伯祖父……旁、血、尊、五、
98、曾伯祖母……曾伯祖父之配偶
99、曾叔祖父……旁、血、尊、五、
100、曾叔祖母……曾叔祖父之配偶
101、曾祖姑母……旁、血、尊、五、
102、曾祖姑父……曾祖姑母之配偶
103、堂侄 同祖兄弟之子 旁、血、卑、五、

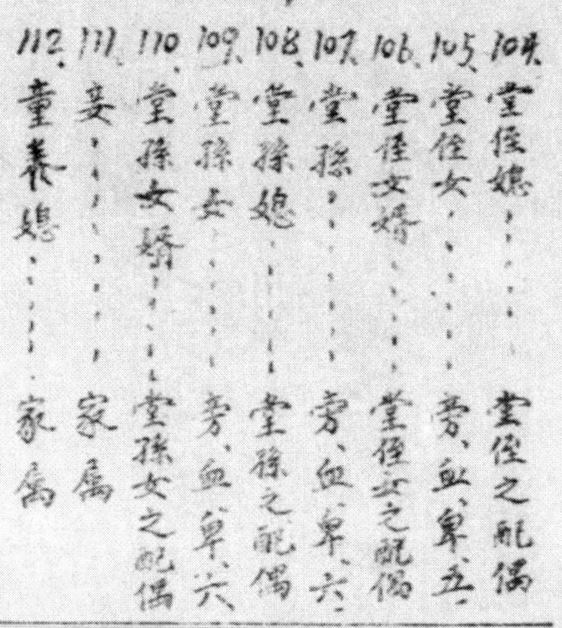
104、堂侄媳……堂侄之配偶
105、堂侄女……旁、血、卑、五
106、堂侄女婿……堂侄女之配偶
107、堂孙……旁、血、卑、六
108、堂孙媳……堂孙之配偶
109、堂孙女……旁、血、卑、六
110、堂孙女婿……堂孙女之配偶
111、妾……家属
112、童养媳……家属

戶籍行政綱要

一九四五年鉛印本

中央訓練團
台灣行政幹部訓練班 講演錄

戶籍行政綱要

民國三十四年一月印

戶籍行政綱要　目錄

戶籍行政綱要

一 緒論

（一）戶政之意義

戶政有狹義與廣義之解釋，狹義之戶政，專指戶口之查記而言，廣義之戶政則除戶口查記以外，並注重查記成果之運用以及戶口調節之籌劃。故前者可稱為戶籍行政，後者僅以戶口行政或人口行政稱之較為相宜。廣義的戶政範圍如左：

1.戶口查記　一為戶籍行政，依戶籍法實施戶籍及人事登記，所謂戶籍登記，乃確定屬籍及家庭組織之登記；所謂人事登記乃公證個人身分變動之登記。二為暫居戶口登記。三為遷徙人口登記。四為戶口調查（包括戶口普查及編查保甲戶口）。

2.戶口運用　如征兵、征用人力、國民工役（現改為國民義務勞動）、防止奸宄，維持治安，人民行使四權，國民物資之分配等，均須依據戶口查記之成果，而加以適當之運用。

3.戶口調節　如移民以均衡人口分布，獎勵生育以增加人口數量，均為戶口調節工作。人口為立國要素，中央近有建立人口政策擬議，人口政策應包括調整人口分布、增加人口數量及提高人口品質等大端，為今後國防建設之重要措施。

戶口運用與戶口調節兩項，因牽涉範圍較廣且多非內政部主管、故較詳之研究尚有所待，本編暫從簡略。

（二）戶政之演進

戶政非新興之行政，在歷史上早有相當地位，夏禹時即有民數統計，周代設司民為戶籍專官；在西洋方面，埃及、羅馬等古國曾有戶口調查之舉行，關於戶口登記工作，昔日歐洲均由宗教機關掌理，現則設有專管機關。中國歷代對於戶政向極注重，漢、唐、明三朝曾令天下造戶籍，報人數。清初五年編審戶口一次，清康熙二十五年改為每年年終造報，至清乾隆五十七年始詔令停辦戶口編審。中國古代之所以注重戶政者，蓋以秦漢以來，均有類似人口稅之征收，曹魏時戶口稅與地稅并重；唐初頒行租庸調法，庸即力役之征，乃變相之人口稅。中國歷代兵制，征兵必須根據人民之年齡，而兵額之分配又視人口之多寡以為準。征稅、征工與兵役既須依據於戶口，自不得不注重戶政之設施。清雍正以後制度變更，將丁銀攤入地畝，戶口不再作為征稅、征兵及征工之依據，自此戶政遂漸失其重要性，演成中國戶政史上之停頓混亂時期。民國二十年國府公布戶籍法，戶政之新生時代乃得開始，惟因各省多辦保甲，戶口編查未遑實施戶籍法，戶政之成績未著，三十一年內政部新設戶政司同年修正戶籍法施行細則，呈准行政院，全國各省一律辦理戶政，至此戶政乃由停滯不進之階段，進於統一展開之新時期矣。

（三）戶政之重要

戶政爲抗戰建國之基本工作，亦即爲實施憲政之必備條件，良以抗戰建國之積極工作必須依據戶口資料，始能措置咸宜，實施憲政必先厲行法治，此爲人所共知者。惟何人適用何項法律，須先明瞭各人之國籍、身分、年齡及家庭組成，始能正確適用。如果戶政辦理確實，一切施政以正確之戶口資料爲依據，然後抗建工作乃得推行無阻，而法治之實施，亦有健全之基礎。今試分析言之：

1.戶政爲抗建之基本工作　國父曾云：「政治爲管理衆人之事」，可見政治係以衆人之事爲對象，抗建時期之一切設施，首須明瞭人口狀況以爲設計及執行之根據；否則措施未臻確實，流弊勢必百出。試觀目前兵役義務之所以未能貫澈三平原則，人力財力動員，所以不克澈底，憑證購買及計口授鹽等辦法之所以易生流弊，地方自治條件之所以未能加速完成，其原因固不止一端，而戶政之未能辦理完善實爲主因。

2.戶政爲實施憲政之必備條件　方今朝野對於實施憲政問題均極重視，惟實施憲政非空言所能濟事，必須貫澈法治，始克實現。在法律之下何人享權利，何人盡義務，不容偏倚，不容規避，始足以言建設憲政，可見法律之正確適用，關係至爲鉅大。而法律之適用又須依據於國籍、身分、年齡、家庭組成及所在地。例如：戶籍法規定：居住一處地達六個月以上取得該地寄籍，此種人口依縣各級組織綱要規定即爲縣公民。可見公民資格之取得與否，當視已否取得寄籍（寄籍爲屬籍之一種）而定。有無繼承之資格，當以有無子女父母等身分而定。兵役之起役與除役根據於年齡，無同胞兄弟獨負家庭生計責任之人得以緩召，此係根據於家庭之組成；刑事訴訟法規定案件，由犯罪地或被告之居所或所在地之法院管轄，此係根據於所在地。其他在公私法上之實例甚多，不及一一列舉。法律之適用，既以屬籍、身分、年齡、家庭組成及所在地等爲依據。而欲獲得此種正確之資料以爲公證之依據，舍實施戶政外實無他法得以致之。是故憲政之靈魂在於法治，而法治之基礎在於戶政，戶政之重要可見一斑。

（四）各國戶政制度

各國制度依據於國情，以個人爲主體之歐美各國僅有人事登紀與戶口普查（國勢調查的一種），以家爲基幹之日本，除上述兩種外，尚有戶籍登記。玆分別略述如下：

1. 歐美方面

甲、英國　英國將英格蘭威爾斯分爲六百餘登記區，每區設分區，每分區有登記員，由自治機關委任辦理出生、死亡及結婚登記事宜。中央設總登記處於衛生部，內有直接命令各登記機關之權，採強迫登記制，違者受處罰。

乙、美國　美國人事登記亦甚普遍，登記成績較優之各邦隸邦統計局，方許編入登記區，（United States registration area）現在列入登記區者日趨增加，登記之種類有出生、死亡、結婚及疾病登記等，採強迫登記制度，並向登記員呈請登記不許入葬。結婚時證婚人員負請結婚登記之責任。

其餘如法國、蘇聯、荷蘭等國，均辦人事登記，尤以荷蘭辦理爲最善。

2.日本方面

日本戶籍及人事登記事務由市町村長掌理，東京、京都、大阪三市則由區長掌理戶籍事務，由司法機關監督之。日本爲著名之「警察國家」，在本土警察不執行戶籍事務，而以自治人員——市町村長——執行；在台灣警察官吏始同時爲戶籍人員，此點深可資吾人注意。

以上係指戶籍及人事登記方面言，在戶口普查（Census for Population）方面，最先辦理戶口普查者，在歐爲瑞典，在美爲美國，迄今世界各國，均已陸續施行。

二　我國現行戶政制度

（一）戶政機構人事及經費概要

1.機構　現行制度，中央於內政部設戶政司，省於民政廳設戶政科，縣在民政科設戶政股，鄉（鎮）以下依照縣各級組織綱要之規定，每鄉（鎮）由鄉（鎮）長兼任戶籍

[illegible]任另設專任戶籍幹事一人；保有設戶籍幹事或戶籍員者。院轄市於警察局設戶政科，自三十一年七月內政部戶政司成立後，督促各省市依照上述規定組立各級戶政機構，截至三十三年十一月止除完全淪陷之遼、吉、黑、熱、察、冀、魯七省及京、滬、平、津等市未管設置應於戰後復員計劃中另行規劃外，其餘各省及重慶市均已按照規定大體設置完全。

2.人事　各省、市、縣戶政人員之配備，應以各該省、市、縣人口之多寡爲標準，全國安全縣份估計縣級委任以上之戶政人員爲四、四七八人，鄉鎮戶籍主任及幹事共爲五八、九五六人，保戶籍員爲三四八、三〇一人，其中已受戶政業務之訓練者，截至三十三年底止，縣級二、九八六人，鄉鎮二四、六四二人，保五〇〇〇人（湖北）連同三十三年調訓人數已訓者約爲全部人員五分之一。

3.經費　戶政事業重在地方，除督導訓練費外，其餘如簿册費、戶籍櫃設備費，鄉鎮保人員之訓練費督導費均應列入地方預算，然過去各省地方歲出預算所列此項經費，爲數極微，據內政部統計三十三年度戶政經費無一省曾達地方歲出總數額百分之一者，戶政設施未能推行盡利，殆由於此。

（二）戶口調查

戶口調查關於戶口靜態調查，其目的在於調查某一地方某一時刻之戶口靜止狀况，藉以編製各種戶口統計，作為推進一般庶政之根據。以現行有關戶口調查法規而言，有「戶口普查條例」及「縣保甲戶口編查辦法」兩種。玆分述於後：

1、戶口普查條例

戶口普查條例係於民國三十年二月十三日由國民政府公布，凡二十五條，其目的為調查基本國勢，健全地方自衛與自治組織，奠定戶政基礎而設。其所謂戶口普查，乃謂普遍查記全國或一地域內全部戶口在指定時刻之靜態而言，此在本條例第一條第二條已有明白規定。至於戶口普查之時期，各國因國情之互異有每三年舉行一次者，有每五年舉行一次者，亦有每十年舉行一次者。我國戶口普查之時期，依照本條例第八條之規定，至少每十年舉行一次。惟各級政府得就其所轄地域各別舉行，其在全國戶口普查之年，省、市縣不得單獨舉行。全省戶口普查之年，省內各縣、市不得單獨舉行。此種戶口普查，動員人力甚鉅，需費甚多，衡以國當今情勢，不論在戰時或戰後俱難順利推行，且本條例之施行細則，尚未公布，目前已試驗實施者，僅有四川省嘉陵江三峽鄉村建設實驗區及四川省成都等九市縣，西康雅安縣亦在試辦中結果尚未報部。

2、縣保甲戶口編查辦法

縣保甲戶口編查辦法，係於民國三十年九月十八日由內政部公布，凡二十二條。本辦法依「縣各級組織綱要」第五十八條之規定制定，凡同一處所同一主管人之下共同生活或共同營業或共同辦事者爲一戶，至其戶外計有普通戶、船戶、寺廟戶、公共戶、外僑戶、特種戶及臨時戶七種。本辦法同係依據「縣各級組織綱要」制定，故其內容不免偏重於編組保甲；惟以保甲之編組，端賴戶口調查，故本辦法仍附有戶口調查表式一種，其項目計有稱謂、姓名、別號、性別、年齡、出生年月日、本籍、寄籍、住居、婚姻狀況、教育程度、從業及服務處所、殘疾等，對於靜態戶口所需調查之項目足資運用。各省依據本辦法第二十一條所制定之施行細則及各種表冊等式樣，均經咨報內政部備案，實施以來尚稱順利。

（三）戶籍及人事登記

我國目前戶籍行政以實施戶籍法爲中心，即全國普遍（除淪陷區外）實施戶籍及人事登記。蓋一國之人民對國家有其應享之權利，應盡之義務，故需有屬籍之公證，以確定人民於公法上行使權利、履行義務之依據；個人在家庭親屬間亦有其應享之權利與應盡之義務，故必有身分之公證，以確定人民個人在私法上行使權利履行義務之對象。戶籍登記與人事登記即所以公證人民之權利義務，並由統計結果，以明瞭一國人民之質與量，以作國家施政之依據。

實施戶籍與人事登記以戶籍法爲根據。戶籍法公佈於民國二十年十二月十二日，其內容計凡八章一百三十二條：

第一章「總則」　說明戶籍係指戶籍登記及人事登記兩種登記而言。戶籍登記內分本籍及寄籍二種，登記時以有血統關係之戶爲單位，與歐美以個人爲單位之登記略有不同。人事登記計分九項：即1出生、2認領、3收養、4結婚、5離婚、6監護、7死亡、8死亡宣告、9繼承。人民對國家應享有之公權及對國家應盡之義務及人民私人間之權利義務，皆根據此種戶籍登記及各項人事登記而決定。又戶籍之編制以縣市爲單位，戶籍登記事務由鄉（鎮）公所辦理，以縣市政府爲監督機關。又爲確定人民之質量起見，規定「人口」、「年齡」、「職業」、「性別」、「教育程度」、「死亡原因」、「死產」、「國籍」、「外僑」等，皆須辦理各項統計，分年報及季報兩種，彙轉中央最高監督機關——內政部。關於辦理戶政之經費，規定由縣市政府稅收項下支出，不得向人民攤派。

第二章「登記簿」　規定登記簿分戶籍登記簿及人事登記簿兩種，每種分正副兩本，正本存鄉（鎮）公所備用，副本存縣府備用，如遇天災、事變正本損毀時，得據副本所行補造，爲鄭重戶籍簿册起見，每册頁上均需經監督機關用印，平時不得攜出保管處所，戶籍簿册任何人均得依法納費請求閱覽或抄付謄本，以作證明身分、保障權利之用。法院因審判需要得命戶籍人員抄付謄本以作判決根據。

第三章「登記之聲請」　規定各項登記之聲請義務人及各項登記之聲請手續與程序

第四章「登記程序」　規定辦理戶籍人員對於辦理登記事務之各項手續與程序。

第五章「登記之變更與更正」　人民履行登記後發現錯誤，或因遺漏或因人事變動，皆得依照一定手續履行變更登記及更正登記。

第六章「訴願」　國家爲確實保障人民權益計，有行政訴願救濟之規定，戶籍登記與人民權益息息相關，國家爲防止戶籍員人不當或違法之登記，得由人民向戶籍主任之監督官署提起訴願及依法提起再訴願，對於違法處分並得提起行政訴訟，務使人民之合法權益有合理合法之保障。

第七章「罰則」　人民履行登記因有權益之保障，而國家使人民履行義務，亦以戶籍爲根據，使國家有強制人民履行登記之需要，是以對於人民應聲請登記而不爲聲請與不作確實之呈報以及戶籍人員怠於工作等情，皆有處罰罰鍰之規定。如有意圖便利自己或他人或妨害他人對戶籍作詐僞之聲請者，則由法院依刑法處罰徒刑及罰金。

第八章「附則」　規定施行細則由內政部制定，施行日期以命令定之。

惟檢討戶籍法公佈以來十有餘年，迄未施行，察其原因，雖由於國內軍事倥偬，地方自衞靡遑自治以及經費無着人才匱難，而法規內容繁複，與廣大之民衆教育水準脫節，亦不失爲其主要原因。現內政部除依據修正戶籍法施行細則督飭全國積極推行外，同

時遵奉　委員長指示對戶籍法作精審之檢討，重加修正，現正呈　院核定中，內容化繁爲簡，以期普遍推行全國，而奠定建國之基礎。

（四）暫居戶口登記

戶籍法中規定一縣市內有住所或居所滿六個月以上者始得登記爲寄籍人口（見看戶籍法第六條），居住未滿六月者，則不予登記，對實際人口仍不能求得準確之數字。內政部乃於三十一年九月七日公佈暫居戶口登記辦法，對居住未滿六個月之戶口施以適當之登記，以求得實際人口數字而補戶籍法之不足。全文共七條，其立法之精神，在於第二條居住滿一月以上而未取得該縣市之本籍或寄籍者爲暫居戶口，以及第三條未滿一月在他處另有住所或居住來去靡常之流動戶，亦由保甲公處或供人住宿之旅館宿之等登册登記，月終由保長彙報鄉鎮公所備查之規定，不僅使本寄籍之法定人口外加入暫居戶口以得實際人口數字，且使暫居戶口以外之流動戶亦登記無遺。

（五）遷徙人口登記

在戶籍法中僅注重人口之屬籍與身分，對於人口之遷徙登記，尙付闕如。除暫居人口之遷徙在暫居戶口登記辦法中已有規定外，他如在九種人事登記以外之人口變動以已辦戶籍之處，其人口之遷入、遷出，仍須加以規定，補其不足。爰於三十二年七月二十八日經內政部公佈遷徙人口登記辦法，凡屬不變更戶籍及暫居戶口登記之人口變動，祇予登記另設遷徙證以辦理之。其爲九種人事登記以外之人口變動，如娶童養媳、同居等，均可視其人口之增減分別併入遷入遷出項內。此項遷徙人口登記辦理以後，如可「不再另辦戶口異動登記。本辦法如與暫居戶口登記相輔推行，則戶籍及人事登記之不足處可補救，而所得實際戶口之數字亦較精確。

三、戶政實施之程序

（一）實施前之準備

1.關於機構方面

各級戶政機構之設立，應照設立一般行政機構之程序，先行呈請行政院核准，如省民政廳戶政科之員額編制，應於民政廳編制內予以規定；縣民政科戶政股，應於各省縣政府組織規程中規定之；然後人員之任用銓審，有所依據。收復地區、光復地區戶政機構之設立，一方地應利用原有組織，一方面應比照國內戶政機構之層級，予以厘定。

2.關於人員方面

各級戶政人員之設置，應於各級戶政機構組織法內規定之。戶政人員亦爲普通公務員之一，故其任免，適用一般公務人員之任免程序，惟戶政工作多少含有技術專門性質，先行予以專業之訓練，實爲必要。依照「各省市戶政幹部人員訓練辦法」之規定，省訓練團應設戶政組，調訓縣級以上之戶政人員；縣訓練所，應設戶政組，調訓鄉（鎮）

戶政幹部；市可於警察局設戶政訓練所，調集各局所辦理戶籍之人員訓練之。至長期培養戶政人員之辦法，自應由教育與考試二者爲之；關於教育方面，目前內政部正與教育部擬具計劃，擬於國立大學設立戶政專修科，培植戶政專門人材；考試方面，考試院曾於三十一年舉行戶政人員高等考試一次，成績良好，此後仍將視各方面需要情形，繼續舉辦。至於收復區、光復區戶政人員之儲備，內政部現正在徵求各方意見，積極籌劃中，各級地方政府，亦應就環境之需要，斟酌情形，及早準備。

3. 關於經費方面 舉辦戶政之經費，除行政經費而外，有訓練費、督導費、簿冊設備費等數種。依目前物價估計，縣級戶政幹部之訓練費每人約二千元；鄉（鎮）幹部之訓練費，每人約一千元；保戶籍人員之講習費，每人約五百元。簿冊印製費，應以人口爲標準，初辦戶政地方，因應用之簿書甚多，每人約爲八元四角，已辦設籍登記接辦人事登記地方，每人約爲二元。戶籍櫃設備費每甲約一千元。各省市可酌照上列標準，依據本地實有人口及鄉（鎮）數目，予以籌劃。

4. 關於設備方面

設備方面，除每縣縣政府，每鄉（鎮）各備戶籍櫃一具外，其餘最重要者爲登記、統計之簿籍表冊，其中如申請書、登記簿、統計表等，應照戶籍法及其所附之表式，先行置備。

（二）實施之程序

1，編查保甲戶口

在實施戶政之第一步，首須編查保甲戶口。此第一步工作之良窳，關係戶政之推行甚大，若在編查時籌劃未週，則嗣後繼續舉辦之戶籍登記及人事登記等俱難達到預期之效果。且在新縣制實施以後，保甲為鄉鎮之細胞，亦為推行地方自治能否收效之焦點所在，故「編保甲」工作更形重要。依照「縣各級組織綱要」第四十五條及第五十三條之規定，保之編制以十甲為原則，不得少於六甲多於十五甲；甲之編制以十戶為原則，不得少於六戶多於十五戶。惟在市編組保甲時，並不受此限制，即十三至三十戶為甲，十三至三十甲為保。其有依地方情勢變更之必要者，須呈經上級機關核准。至於「查戶口」工作實應與編組保甲同時辦理，戶口調查表亦應在此階段查填竣事，然後可將戶口調查表按保彙訂成册。此種手續完竣以後，戶籍及人事登記方可順利辦理。

2，辦理戶籍登記

縣市辦理戶籍及人事登記，以縣之鄉（鎮）為管轄區域，鄉（鎮）公所為經辦機關。在編查保甲戶口竣事後，保甲長應即根據保甲清册通知各該家長填具戶籍登記聲請書，經簽名蓋印後向鄉（鎮）公所為設戶登記。鄉（鎮）公所受理此項聲請，應須其是否合於戶籍法第四條第一款及第五條之規定，分別登記於本籍或寄籍相當之登記簿內，如本籍或寄籍有變更時，該家長應即通知關保鄉（鎮）公所爲本籍除籍或轉籍之登記。

3、辦理人事登記並接辦暫居戶口登記遷徙人口登記

戶籍登記開始之後，保甲長遇有戶籍法第三十四條規定之人事變更發生時，應即通知或代各該家長塡具人事登記聲請書，經其簽名或蓋押後送請鄉（鎮）公所爲人事登記。鄉（鎮）公所受理此項聲請時，應即登入相當人事簿中，並同時在關係戶籍簿中爲變更或撤銷之記載。保甲長遇有不合戶籍法第五條之規定，而居住滿一月以上之戶口，應即通知或代爲暫居戶口之登記，遇有九種人事登記以外之人口遷入遷出，應即通知或代爲遷徙人口登記，其辦理程序，在法規中，均有詳細規定。

4、抽查及考核

抽查之目的，在收辦理準確之功效，我國戶政，較諸歐美各國尙屬幼稚，經辦人員偶有不慎，則易發生錯誤或遺漏，故抽查工作，不可或少。抽查範圍，可以每省市爲二至五縣、市、局，每縣、市、局爲二至五鄉（鎮），每鄉（鎮）爲二至五保爲原則，由內政部、省市政府、縣市政府及設治局以及鄉（鎮）公所各派督導人員常川逐級抽查，以爲考核之依據。至每年終，以抽查成績予以適當之獎懲。遇有辦事人員辦事不力或有不正當行爲時，則應從嚴議處，庶幾錯誤減少，而收效較多。

（三）接收台灣辦理戶政之原則

查台灣澎湖羣島等隸屬問題，開羅會議既有宣言，戰後應歸還我國，則此種光復地區對於戶政之設施，自應配合整個接收計劃先事準備。內政部預定原則，擬儘先招考台籍或閩南籍青年，施以適當之訓練後，在台灣澎湖未收復以前，先派赴鄰近各地工作，一俟收復即隨軍前進，俾可立即設立戶政機構，配合軍警工作，鞏固光復地區。

對於台灣原有之戶籍制度及設備，應先詳加調查研究，在與我國現行法令不抵觸之範圍內，自應加以充分利用。其原有之戶政人員，亦須予以嚴格甄別，再加相當訓練後分別錄用。至台灣之特別區域（如番族區域）以及遇有特殊情形必須變通辦理時，亦可斟酌環境之需要，另定暫行辦法，以資應付，一俟恢復常態，仍當依照普通法令辦理，免致紛歧。

四　今後戶政工作之展望

（一）戶政法定表册之統一與簡化

今後之戶政工作，欲求積極開展，首須法規統一，手續簡便，俾得推行順利，以收事半功倍之效。新的戶籍法應注意下列各點：

1. 容納戶口調查　戶口調查或譯爲戶口普查或[illegible]爲戶口[illegible]查，與戶籍登記，名詞極爲紛歧，現有戶口普查條例，由統計機關主辦，不由戶政機關主辦[illegible]請，應視之人事登記缺乏聯繫，若將戶口調查訂入戶籍法內，則戶口普查條例即可[illegible]之[illegible]調查表代替戶籍及人事登記之聲請書，以期一舉兩得，互相呼應。戶口調查，猶如清理賬，與戶籍行政不可分離，將戶口調查訂入戶籍法內，似較為合理。

2.客納暫居戶口及遷徙人口　在理想的戶籍行政制度之下，不僅居住達相當時期，取得「籍」之人口，必須明瞭；即屬移動頻繁，居住時期極短之人口，亦當調查登記清楚。惟現行戶籍法規定，居住一地六個月以上，始得聲請設籍登記，在同一縣市內遷徙，方可聲請遷徙登記。依此規定，居住未滿六個月，或遷出本縣以外，即不在登記範圍之內，查考即有困難，顯與上述之理想不符。目前雖有暫居戶口登記及遷徙人口登記辦法為之補救，第以法令紛繁，簿冊較多，仍覺有所不便。今後之戶籍法似應規定：凡居住在一個月以上之來往人口，均須聲請登記，居住在一個月以下者不必聲請登記，由保甲長或治安機關自行登記，使法規簿冊歸併簡化，人口登記臻於周密。

3.手續力求簡化　現行戶籍法除本籍外，多一寄籍規定，手續甚感紛繁；且各種聲請登記之程序，亦多參差繁複，致滋不便，今後戶籍法當力求簡化。其法如次：

甲　廢除編戶規定　現行法規編戶太繁，在警察方面，有固定戶、流動戶等；在保甲方面，有普通戶、船戶、公共戶、外僑戶等；在統計方面，有普通戶、營業戶、公共戶等；如新訂戶籍法對於各種戶別，悉加容納，將使人民無法了解，故不如廢除編戶定籍制度，以個人為登記對象，使戶之性質及其名稱，附記於調查表中，較為簡明。

乙　禁止寄籍　使一個人僅有一個戶籍，以期行使權利義務之空間，得以確定。

丙　竭力減少統計表數目

丁　減少聲請手續　例如以調查表代替聲請書聲請時，向聲請人所在他鄉(鎮)公所為之，不必向本籍地或寄籍地鄉(鎮)公所聲請，應具備聲請書二份者減為一份。其餘如登記項目之減少，條文儘量採取概括方式等，俱以簡化為主。

(二)完成戶籍法之實施

自戶籍法公布以還，迄今十有餘年，尚未能普遍實施，以致行政設施，發生種種困難。現中央為適應實施憲政之需要以及提早完成地方自治之條件起見，乃決心修訂戶籍法，俾成為一種完備簡化之法規，並於最短期限內完成實施。內政部承此重大任務，業經擬定各種實施方案，對於戰時及戰後應辦之戶政事項，詳加規劃，俾能逐步推進，以求戶籍法徹底之實施。在三十三年度曾擬定「三十三年度戶政實施計劃草案」，對於機構之設置、人員之訓練、事業之推動、經費之籌措等，均擬為具體實施方法，並曾照主席「戶籍人員應由內政部統籌訓練」之手令，擬定訓練計劃，計全國所需戶政人員薦任一級約二百人，委任一級約四千餘人，鄉(鎮)戶籍主任及幹事約五萬餘人，保戶籍人員約三十餘萬人，此項大批戶政人員均須加以嚴格訓練，以期增進行政效能。且爲免除此項人員改就別業起見，正在規劃擬具戶政人員待遇及保障辦法，用以提高其待遇，保障其工作。對於戰後實施戶政，亦正在復員計劃內規劃中。最近復規定各安全省（市）縣務於三十四年度完成設籍登記，接辦人事登記。三十四年內并由內政部招考淪陷區籍合格人員加以訓練，凡淪陷區一經收復，即照現行制度逐步推行。經費問題亦均有相當規劃，務使經費有着，辦事順利。此項問題，爲多年來所未能解決者，如經費既有辦法，則事業之推進自可蒸蒸日上矣。

總之實施戶政，已粗具規模，尚期中央與地方，同具信心，切實推行，則完成戶政之時，亦即爲抗戰建國成功之日也。

(三)人口政策之確定

人口爲立國三大要素之一，國父於民族主義遺教中，對於我國人口問題之嚴重，昭示甚明，抗戰以來，軍民死傷之衆，損失之大，令人怵目驚心。現今同盟各國，無不以積極增進人口，爲戰後重要工作，英國首相邱吉爾氏已宣佈：未來五十年內以一切之方法鼓勵人民增加生育，以保持世界上領導之地位。其以保衛自身抵抗外來之壓力爲目標之美國，亦由國家資源設計局擬就民族健康方案，以求增進人口，減少疾病。蘇聯戰後之重要計劃，在三十年內將須設法來增出生率，以補充戰時人口之損耗。反觀我國，人口彝號稱四萬萬五千萬，惟經過此次長期抗戰，人民士兵爲敵僞殺害者，死於流亡飢餓疾病癘症者，爲數甚鉅，若不急謀改進，則未來之國防建設，經濟發展均有莫大之隱憂，是以釐定人口政策，以求國家千萬年之安全，實屬刻不容緩之要政。惟實施人口政策，首應確定內政部爲主管人口政策之主管機關，凡屬有關人口政策之事務，應賦予全權統籌規劃，幷健全戶政機構，增進查記業務，以爲確定人口政策之依據。蓋國家之施政設計，應根據一國之實際人口數字。我國目前實際人口數字，至今尙未臻於精確，不僅推行人口政策無所依據，即實施一般國家行政，亦乏有力之依據。故確定人口政策，實爲今後推進戶政之一重大目標。

推行人口之重要，已如前述。現更就人口政策實施之內容一加分析。實施人口政策之目的，即在提高一國人口之素質，與一國人口之數量，故實施人口政策之前，首應決定基本方針如次：

1. 實施優生方法，提高文化程度，革新社會環境，以提高人口之素質。

2. 普及保健衛生，改善國民生活，推廣兒童福利，以增加人口之數量。

本此方針進而研究其實施方法如左：

積極方法

甲　注意人口質量之增進　推行人口政策，首應健全戶籍之行政。完成查記業務，以為確定人口政策之依據。如推行戶政、實施戶籍及人事登記，則舉辦結婚登記時，即可實施嚴格之婚前檢查，取締劣種之流傳。同時頒發婚育津貼，以鼓勵優秀青年之結婚。戶籍統計辦理精確以後，進而可作人口分析之工作。其人口出生率，人口死亡率，人口增殖率，而普及婦嬰衛生，及改進兒童保育；更因人口病死亡病因之統計，而普及醫藥衛生，及防止災害疫癘。故提高人口素質，增進人口數量，實為戶籍行政之最大效用。

乙　辦理婚姻介紹　我國目前社會，尚係在新舊蛻化過程中，男女社交不能完全公開，且又極不普遍，以致社會上及齡婚娶之男女而不為婚娶，影響人口之繁殖至鉅，故國家應一面鼓勵青年結婚，辦理婚姻介紹；一面制定法律限制青年男女逃避婚姻，而青年獨身主義之傾向，應予以有效之破除。

丙　實施婚育津貼　抗戰八年來，物價增高，生活費用日增，致一般青年有結婚之需要與結婚之可能，而不敢結婚。其原因在結婚時之費用與結婚後生育子女之費用，無法負担。國家為增加人口數量，應設法津貼結婚青年結婚時之費用，及結婚後生育子女之費用，使青年無因結婚而增加負担之後顧憂慮。

丁　普及婦嬰衛生　國家因醫藥設備不甚普遍而婦嬰體魄較弱，每年死於疾病者為數頗多。為減少婦嬰死亡率，應普及婦嬰衛生。中央及各省衛生機關應特別增設產科及小兒科之設備，免費助產，免費為嬰兒治療。蓋有健康之產婦，方有健康之嬰兒，有健康之嬰兒，方有將來健康之國民，是以國家對於婦嬰保健自應特別重視。

戊　改進兒童保育　兒童有可塑性，有如無色之白紙，欲求健全之國民，自應注意兒童之保育。故兒童在家庭應有良好之家庭教育，在學校應有良好之學校教育，以保持兒童之人格，發展兒童之創造天才，一切衣食住行，皆須有為兒童預備特殊之設備，用以培養國家之元氣，增進國民之素質。

己　改良國民營養　人身猶如機器，賴以活動者，惟在營養之得宜。今日我國國民或因智識之缺乏，或以物力之不足，多無適當營養，以致身體孱弱易染疾病。故改良國民營養，亦係當今急要之務。

庚　推行國民體育　我國社會囿於勞心者治人、勞力者治於人之陳腐觀念，文弱之風，仍盛行於社會之間。近年以來，雖經提倡體育，惟僅限於一般學校，及少數選手，不足以轉移社會風氣，及改善國民體格。今後自應推行國民體育，普及體育於一般民衆，使男女老少，皆參加體育活動。各地遍設體育場，提倡集體競賽，蔚成風氣，以求改善國民之體格。

辛　普及衛生教育　衛生之道，在疾病之前，加以預防，故保健重於治療。尤須人人均能，遵守衛生規則，以養成公共衛生之習慣。而保健智識之普及，自非偏重於教育不可。尤須家庭教育、學校教育、社會教育三者同時進行，方可奏效。

2. 以上八項爲實施人口政策之積極方法，今更就消極方法，說明如次：

甲 徹底禁絕烟毒　鴉片危害中國，已有百餘年之歷史，不僅喪我國權，辱我國格，且更斷喪我民族之生機，損害我人民之道德，滅絕我億萬世之子孫，爲實施人口政策最大之敵人，自　委員長實施六年禁烟計劃以來，禁政已有劃時代之進展。抗戰軍興後，日寇在淪陷區實施毒化政策，强迫人民種烟，普遍毒品吸售。數年來之努力，幾至全功盡棄。是以戰後實施人口政策首先剷除此人口政策實施之大敵。應具最大之決心，作徹底之肅清。

乙 嚴禁墮胎溺嬰：我國內地各省，重男輕女之陳腐觀念，仍未根絕，往往將女嬰溺斃，旣屬乖離人類天性，益具斲喪民族生機。抗戰以後，因生活之艱難，墮胎溺嬰之事，更所常見，考其原因，實由於經濟之壓迫。故國家一方面應嚴禁墮胎溺嬰，同時對孕婦嬰兒加以補助與津貼，解除墮胎者，溺嬰者實際之困難與痛苦。

丙　防止災害疾病，普及醫藥衛生　我國科學落後，人民智識程度低落。自然界之災害疫法，無法克服，災害所至，人民所受之犧牲甚大。今後自應講求有效方法，防止靈害疫癘，普及醫藥衛生，務以科學之力量，征服自然界之侵害。

總之，實施人口政策，已爲當今急要之務，國家自須以最大努力，積極進行，奠定民族永久生存之基。惟人口政策，各項方法之實施，關係於各部會之職掌甚多，非有一強有力之聯絡設計及統籌機構，不足以赴事功。內政部自三十一年奉准成立戶政司，爲主管全國戶政之機構，不僅辦理之狹義戶政如戶口查記工作，且應着重廣義的戶政如人口調節，人力運用以及發生諸問題。故實施人口政策，由內政部負統籌聯繫推動之責，實爲一合理且必要之需求也。

附有關法規

各省市辦理戶籍及人事登記實施程序

三十二年二月二十五日公布

甲　總則

一　凡安全之縣市局應一律於三十二年度內辦理戶籍人事登記，最遲須於七月一日開始辦理；但因情形特殊呈請核准者不在此限。

二　在戶政機構尚未充實、訓練尚未完成之處，應於卅二年度上半年內一律充實完成。

三　尚未成立鄉鎮公所之處，戶政事項由聯保主任辦公處辦理，其承辦戶政人員，准比照鄉鎮公所設置。

四　初次辦理戶籍登記之縣市局應依修正戶籍法施行細則第七條先編查保甲戶口其保甲經編查完竣者，則祇辦戶口調查，戶口調查計劃另定之。

五　各縣市局在開始辦理登記以前應利用各種機會擴大宣傳，使民衆普遍瞭解，其辦法另定之。

六　各縣市局在開始辦理登記以前，應照規定式樣，將應用書表簿等製成木版印刷備用，縣市政府或設治局及鄉鎮公所並應製備戶籍櫃應用（附式）。

七　各省市政府應於開始辦理登記以前將所屬辦理戶籍之縣市局名稱開始辦理日期暨其

造冊列表送內政部備查。

乙　登記

八　戶籍及人事登記聲請書聲請義務人得委託保長或當地小學教員代塡，受委託人不得託辭拒絕。

九　人事登記事項應依法分為出生、死亡認領、收養、結婚、離婚、監護、死亡宣告繼承九種，但開始時得先舉辦出生結婚離婚死亡四種。

十　已辦人事登記之處不再辦保甲戶口異動登記關於徙入遷出入口之登記，其辦法另定之。

十一　戶籍及人事登記聲請書應呈送縣市政府或設治局謄入登記簿發還鄉鎮公所後得轉發各保存查。

十二　全縣市局戶口初次登記完畢後，各縣市政府或設治局應就調查材料用條紙法整理編製本寄籍及暫居戶口之統計呈送省政府彙製全省市統計送內政部備查（附條紙整理法說明）。

十三　各甲得製備戶口異動遞查牌於月初交由各戶將上月戶口變動事項塡寫牌上自第一戶起遞傳至最後戶一轉交甲長查明後塡寫聲請書彙送保長覆核後轉呈鄉鎮公所（附遞查牌式）。

丙　督導考核

十四　戶口登記開始後，應由縣市政府或設治局派員前往各鄉鎮督導，省市政府派員前往各縣市局督導，內政部派員前往各省市督導。

十五　各縣市政府或設治局應按月派員至各鄉鎮保抽查一次，各省市政府應按季派員至各縣市局抽查一次，內政部於每年派員至各省市抽查二次。

十六　戶籍人事登記之及抽查每省市爲二至五縣市局，每縣市局爲二至五鄉鎮，每鄉鎮爲三保，每保之爲三甲，甲須挨戶詢查。

十七　各甲長應於甲長會議時向保辦公處報告甲內戶口變動情形，各保長應於保長會議時向鄉鎮公所呈報保內戶口變動情形，各鄉鎮長應利用會議機會並不時派戶籍幹事前往各保查詢戶口變動情形。

十八　各級戶政人員及其主管官長辦理戶政成績於每年年終由上級官署考核一次，分別獎懲，其辦法另定之。

十九　在尚未辦理國民身份證之處，關於身份之證明，得聲請鄉鎮公所填發戶籍或人事登記謄本蓋用鄉鎮公所鈐記交聲請人收執以資證明，鄉鎮公所不得拒絕。

二十　各縣市局於年度終了以前應將辦理戶籍及人事登記情形暨困難問題編製報告書呈送省市政府彙製全省戶政報告書送內政部備查。

二十一　本程序自公布日施行。

條紙整理法說明

(1)準備物品：

(一)條紙：式樣如圖一至圖八，暫分黃白兩色白者缺左角黃者缺右角，紙質須堅厚。

(二)符碼表：式樣如十一至圖十八，大小不拘。

(三)符碼表：式樣如圖十六至圖十九大小以人口多少爲定，最好備做成木格，或以竹片爲格，否則以鐵釘釘起纏以麻繩亦可惟須堅穩不致移動。

(四)鉛筆鋼筆抽屜橡皮圈等。

(五)開始工作：

(一)條紙作用

1.圖一二年作籍貫職業教育程度統計用，圖三四作出生統計用，圖五六作死亡統計用，圖七八作婚姻統計用。

2.以調查所得(卽戶籍及人事登記簿所載)各項材料用各種數字符碼代替然後再將數字符碼塡入條紙(每一符碼代替一個調查項目)每人一紙男性用白紙(缺左一女性用黃紙)(缺右角)

(二)塡法：

1、條紙中間空格係填某人住某鄉某保某甲某戶如圖九爲第三鄉十四保五甲七戶。

2、如保本籍則在「籍」欄填「本」字，寄籍則填「寄」字如圖九。

3、如某人年齡四十先查符碼表（圖十一）屬四十至四十五一組則填10業商查圖十二填4高中畢業查圖十三填3如圖九。

4、出生統計填出生者父母之年齡職業仍照符碼表依男白紙女黃紙填如圖十係女孩之父母年齡職業。

5、死亡統計填死者之年齡職業見圖十八餘同前。

6、婚姻統計填結婚（離）婚者男女各一紙結婚在「婚」欄填「結」離婚填「離」餘同前見圖十九。

7、每人一紙至全部人口填畢後即作校對工作。

（三）校對：

1、妥填後彼此互作校對即甲填者交乙乙填者交丙。

2、第一校對每隔五張或十張一對。

3、第二校對每隔二張一對。

4、校對時注意符碼有無錯誤數目有無遺漏。

（四）入表：

1、校對無訛後按照各種分類逐項歸入分類木表如計算教育程度時以圖一二所有條紙入圖十六中男女分開各別爲之。

2、條紙收入木表後就分別將理每格所有條紙每一條紙卽代表一人按條紙數塡入統計報告表中。

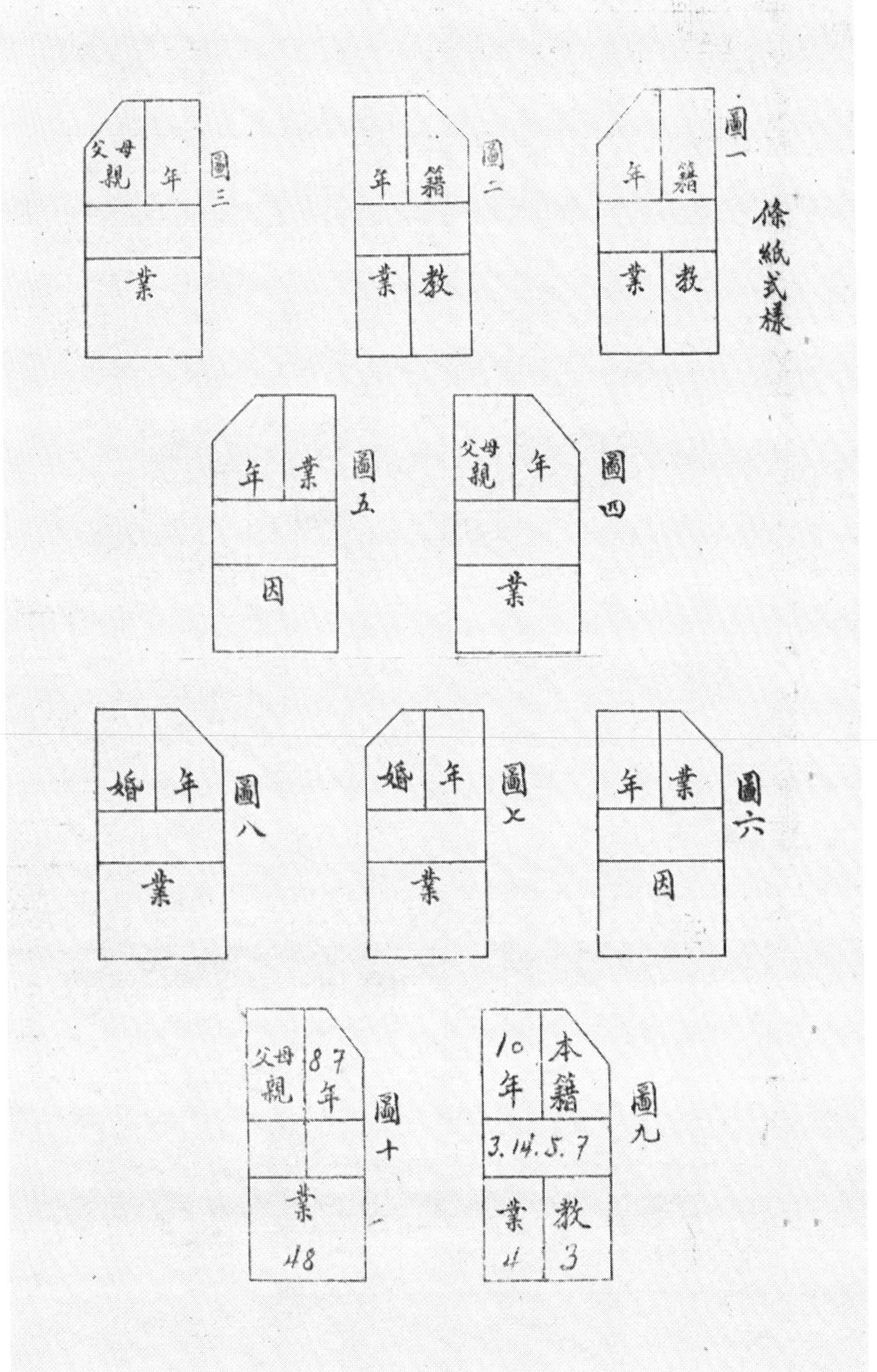

條紙式樣
圖一
籍
年
教
業
圖二
籍
年
教
業
圖三
年
父母
親
業
圖四
年
父母
親
業
圖五
業
年
因
圖六
業
年
因
圖七
年
婚
業
圖八
年
婚
業
圖九
本
籍
10
年
3.14.5.7
教
3
業
4
圖十
87
年
父母
親
業
48

年齡　　圖十一

年齡	不滿1	1 5	6 11	12 17	18 19	20 24	25 29	30 34	35 39	40 45	46 59	60 79	80以上
符碼	1	2	3	4	5	6	7	8	9	10	11	12	13

職業　　圖十二

職業	農	礦	工	商	交通	公務	自由	人事	其他	無
符碼	1	2	3	4	5	6	7	8	9	10

圖十三

教育程度	高等教育		高中教育		初中教育		高小教育		初小教育		私塾	不識字
	畢	肄	畢	肄	畢	肄	畢	肄	畢	肄		
符碼	1	2	3	4	5	6	7	8	9	10	11	12

出生者之父母及結婚離婚者用之　　圖十四

年齡	不滿18	18—34	35—45	46以上
符碼	1	2	3	4

疾病死因用

圖十五

符碼	死因
1	傷寒或類傷寒
2	斑疹傷寒
3	赤痢
4	天花
5	鼠疫
6	霍亂
7	白喉
8	流行性腦脊髓膜炎
9	猩紅熱
10	麻疹
11	瘍毒
12	其他發熱及發疹病
13	狂犬病
14	抽風症
15	產褥病
16	肺病
17	其他癆病
18	呼吸系病
19	腸傷及腸炎
20	其他腸胃病
21	心腎病
22	老衰及中風
23	初產產弱及早產
24	中毒及自傷
25	外傷
26	不明
27	其他

教育程度分類木表

籍別	符碼	1	2	3	4	5	6	7	8	9	10	11	12
本籍	男												
	女												
寄籍	男												
	女												

圖十六

出生男女之父母年齡分類木表

	父(母)	男				女			
		父(母)之年齡				父(母)之年齡			
		1	2	3	4	1	2	3	4
父(母)之職業	1								
	2								
	3								
	4								
	5								
	6								
	7								
	8								
	9								
	10								

圖十七

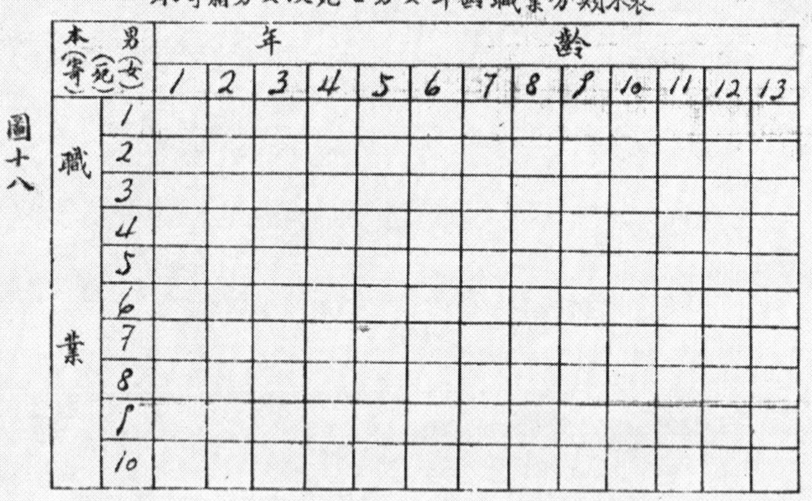

本寄籍男女及死亡男女年齡職業分類木表

本（寄）	男（死）（女）	年						齡						
		1	2	3	4	5	6	7	8	9	10	11	12	13
職	1													
	2													
	3													
	4													
	5													
	6													
業	7													
	8													
	9													
	10													

圖十八

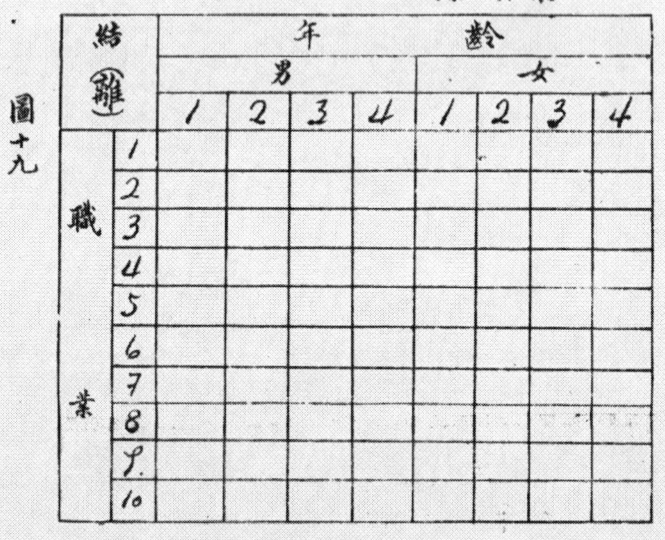

結婚離婚之性別年齡職業分類木表

結（離）		年				齡			
		男				女			
		1	2	3	4	1	2	3	4
職	1								
	2								
	3								
	4								
	5								
	6								
業	7								
	8								
	9								
	10								

圖十九

○○縣○○鄉鎮○保○甲○戶口變動調查牌（正面）

戶別	第一戶	二戶	三戶	四戶	五戶	六戶	七戶	八戶	九戶	十戶	十一戶	十二戶	十三戶	十四戶	十五戶
變別															
性別															
年齡															
出生年月日															
教育程度															
從業或服務處所															
擔任職務															
本籍															
寄籍															
暫居															
發現事由及年月日															
人口變動數															
備攷															

遞查牌反面

填寫說明

一 「當事人」欄是記載該戶變動者的姓名

二 「教育程度」欄應填明畢業或肄業的學校名稱，曾入私塾者按其在塾年期填「私一」「私二」之類不識字者填「不」字

三 「從業或服務處所」應按其職業性質填寫「服務處所」應填「機關」「學校」或「工廠」「商店」等的名稱「担任職務」應各就其業別填明如「商店」之「經理」或「會計」等是

四 「登記事由及其年月日」欄是記載戶口變動的種類及其日期如在三十一年十月一日結婚者即填「結婚參壹拾壹」并於備考欄內註明娶入或嫁出人如同時徙入者即填「徙入參壹拾壹」於備考欄內註明原遷出地址

遞查方法

一 每甲製一長三十公分寬五十公分之木質白色油漆牌將所屬各戶番號及應行登記事項列入以便查填

二 每月一日由甲長將遞查牌交給第一戶就上月份戶口變動情形填入牌內換戶傳遞限於

二日內遞傳至最後一戶交還甲長登記

三　戶內人口如無變動應於備考欄內填「無」字如係全戶變動應由近鄰之戶於遷出之戶內證明再甲徙入新戶加入遞查

暫居戶口登記辦法

三十一年一月七日公布
三十二年七月八日修正

一 本辦法依修正戶籍法施行細則第二十二條之規定制定之

二 在現居之縣市居住滿一月以上而未取得該縣市之本籍或寄籍者爲暫居戶口

三 在他處另有住所或居所而來去無常之流動戶由保辦公處或供人住宿之旅館宿舍等設冊登記月終由保長彙報鄉鎮公所備查但在一處繼續居住滿六個月有再繼續居住之意思依法取得該縣市之寄籍者應一面於暫居戶口登記簿內爲遷出登記一面於寄籍戶籍登記簿內爲設籍登記

四 暫居戶口之遷入遷出登記準用修正戶籍法施行細則所附之戶籍登記申請書及戶籍登記簿暫居戶口之人事登記準用人事登記申請書及人事登記簿但應於封面註明「暫居」字樣不得與本籍或寄籍戶口合用一簿

五 暫居戶口之統計報告準用修正戶籍法施行細則所附之戶口統計報告表式將其寄籍欄改爲暫居欄填入暫居戶口並於封面註明「暫居」字樣不得與本寄籍戶口相混

六 本辦法所未規定事項依修正戶籍法施行細則之規定辦理

七　本辦法自公布日施行

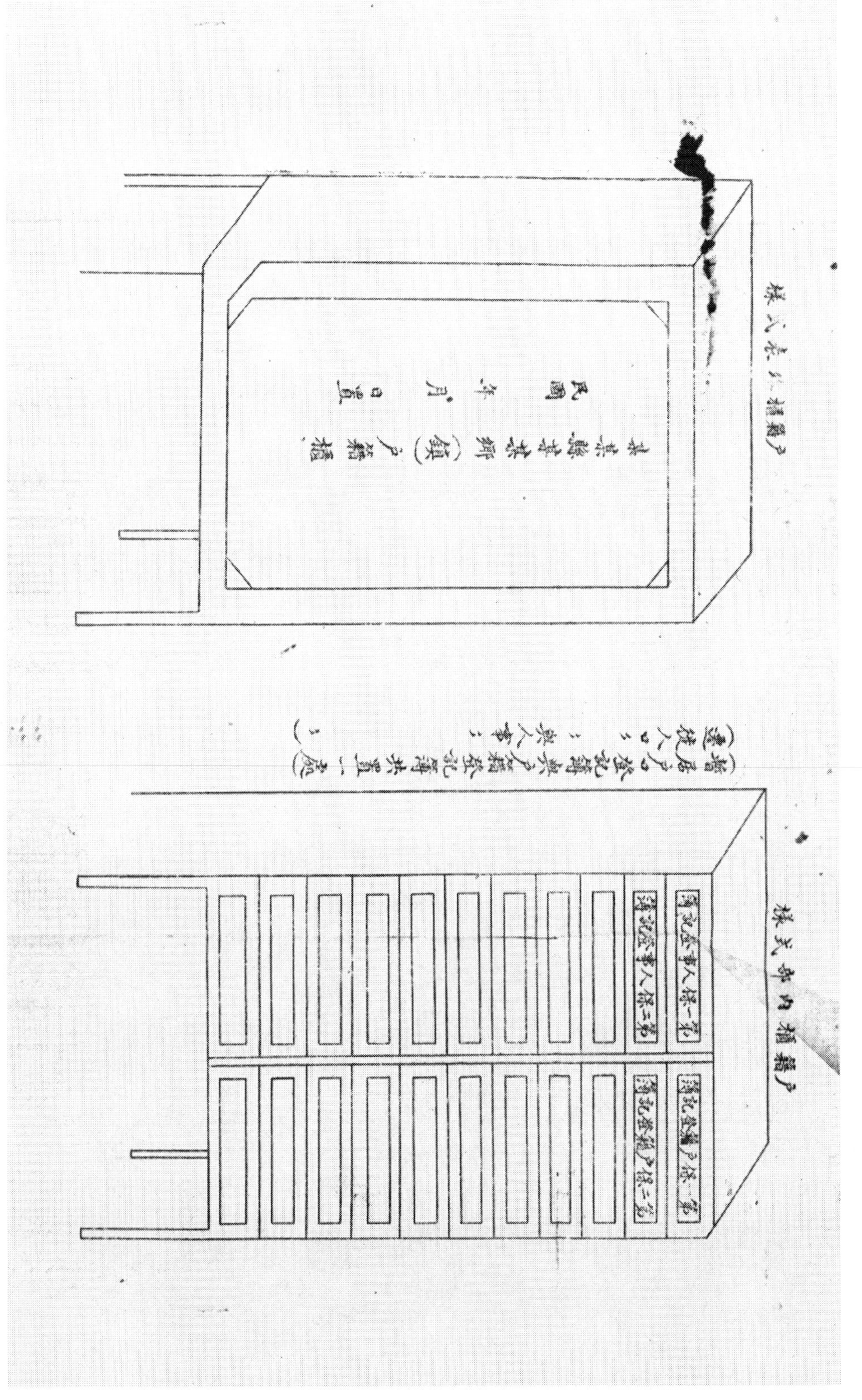
某某县某某乡（镇）户籍柜
民国　年　月　日置
（暂居户口登记簿与户籍登记簿共置一处）
（寄住人口〃〃与人事〃〃　〃）
第一格人事登记簿
第二格人事登记簿
第一格户籍登记簿
第二格户籍登记簿

遷移人口登記辦法

中華民國三十二年七月二八日公布

一　已辦戶籍之處其遷入遷出人口之登記悉依本辦法辦理不另辦戶口異動登記。

二　本辦法所稱遷入遷出人口惟不變更戶籍及暫居戶口登記之往來人口而言。

三　凡九種人事登記以外之人口變動均視其增減性質分別併入遷入遷出項內。

四　因人口遷徙而發生戶籍或人事變動時應分別爲戶籍或人事登記其合于暫居戶口之條件者應爲暫居戶口之登記爲不適用本辦法之規定。

五　遷徙人口應由家長隨時報請保甲長轉報鄉鎮公所登記並由該管保甲長隨時調查轉報以免遺漏其遷徙在十日以內或不出本鄉鎮者得由該管保甲長設册登記月終彙報鄉鎮公所備查。

六　遷出本鄉鎮以外者得請求鄉鎮公所塡發遷徙證（附式）。

七　遷徙人口之登記書用人事登記聲請書及登記簿但應於封面註明遷徙字樣不得與人事登記合用一簿。

八　各鄉鎮公所應於每季開始五日內將上季遷徙人口統計表呈送縣市政府或設治局彙製全縣市局遷徙人口統計表於十日前呈送省市政府彙製全省市遷徙人口統計表於月終以前送內政部（附統計表式）。

九　凡遷徙不出本區域之人數統計時應予剔除在鄉鎮遷徙人口統計報告表內不列遷徙不出本鄉鎮之人數在縣市局遷徙人口統計報告表內不列遷徙不出本縣市局內之人數在省市遷徙人口統計報告表內不列遷徙不出本省市之人數

十　本辦法所未規定事項依修正戶籍法施行細則辦理。

十一　本辦法自公布日施行。

遷徙証存根

茲據本鄉(鎮)○保○甲○户居民○○○聲請於○年○月○日遷往○縣○鄉(鎮)除發給遷徙証外留此存根備查

○○鄉(鎮)公所填發

年 月 日

同遷人	共計

遷字第（此處蓋鄉鎮公所騎縫圖記）號

遷徙證

遷徙人○○○	
性別	
年齡	
出生年月日	
教育程度	
從業或服務處所	
担任職務	
本籍	
寄籍	
原遷出地	
新遷入地	
遷出日期	
同遷人數	
備考	

○縣○鄉(鎮)長○○○

年 月 日

說明

一、本証只限一人使用如同遷者有二人以上應每人各發一張。

二、本証由遷徙人於到達新住所時呈報當地鄉鎮公所。

三、備考欄内應記遷徙事由。

遷徙人口統計報告表

遷徙人口年齡性別

材料時期　　民國　　年第　　季

年齡別		遷入										遷出									
		共計	本籍			寄籍			暫居			共計	本籍			寄籍			暫居		
			共計	男	女	共計	男	女	共計	男	女		共計	男	女	共計	男	女	共計	男	女
總計																					
未滿六歲	共計																				
	外鄉鎮																				
	外縣																				
	外省																				
	外國																				
六歲至十一歲	共計																				
	外鄉鎮																				
	外縣																				
	外省																				
	外國																				
十二歲至十七歲	共計																				
	外鄉鎮																				
	外縣																				
	外省																				
	外國																				
十八歲至二十四歲	共計																				
	外鄉鎮																				
	外縣																				
	外省																				
	外國																				
二十五歲至三十四歲	共計																				
	外鄉鎮																				
	外縣																				
	外省																				
	外國																				
三十五歲至四十四歲	共計																				
	外鄉鎮																				
	外縣																				
	外省																				
	外國																				
四十五歲至五十四歲	共計																				
	外鄉鎮																				
	外縣																				
	外省																				
	外國																				
五十五歲以上	共計																				
	外鄉鎮																				
	外縣																				
	外省																				
	外國																				

說明　1.本表外鄉鎮欄係指同一縣市局內之其他鄉鎮而言外縣欄係指同一省內之其他縣市局而言。

2.本表只適用於鄉鎮公所有省市縣各級統計表均依照本表式填報惟縣市局之統計表應刪除外鄉鎮欄及其人數省市統計表並應刪除外縣欄及其人數。

縣保甲戶口編查辦法

三十年九月十八日本部公布

第一條　本辦法依「縣各級組織綱要」第五十八條之規定制定之凡未編查各縣依本辦法編查已編查各縣依本辦法整理

第二條　保甲以戶爲單位其編制依「縣各級組織綱要」第四十五條第五十三條之規定

第三條　編查保甲戶口全縣應同時舉辦其期限及區域由各省省政府以命令定之呈內政部備案

第四條　保甲戶口之編查以縣政府爲主辦機關並就縣境各機關團體遴員協助辦理由縣政府於開始編查前召集編查人員講習保甲戶口法令及編查手續前項編查人員所需之必要經費應由縣政府編造預算呈省政府核定支給不得由地方供應

第五條　凡同一處所同一主管人之下共同生活或共同營業或共同辦事者爲一戶其區分如左

一　普通戶凡住戶鋪戶等均屬之

二　船戶凡在陸上無一定住所以船爲家者均屬之

三　寺廟戶凡寺院菴廟宮觀叢林洞刹教堂教會清眞寺均屬之

四　公共戶凡公署兵營監獄學校工廠祠堂會館公所及其他公共處所均屬之

五　外僑戶凡外國人住戶均屬之

六　特編戶凡屆一編查區內五里以內不滿一甲十里以內不滿一保之畸零居戶等均屬之

七　臨時戶凡流動靡常之戶均屬之

前項所列各戶內如另有不同性質之戶附居者應依其性質分別主戶其在辦理戶籍及人事登記之區域並應將合於戶籍法第八九兩條所規定之戶另加註明

第六條　各保應就各村街之自然習慣規定或併合數村街編爲一保但不得分割本村街之一部編入他村街之保

第七條　編戶時應設定標準起點順序按戶編組發給門牌除普通戶外門牌上應註明各該戶之性質

第八條　畸零居住在鄰近五里內無甲可併時三戶以上不滿六戶者得編爲特編戶二戶以下附隸於鄰近之甲內在鄰近十里以內無保可併時三甲以上不滿六甲者得編爲特編保二甲以下附隸於鄰近之保內

第九條　船戶應就其常泊之縣境內河湖海面分段編查不滿六戶者附隸於常泊處之地

之甲不滿六戶者附隸於常泊處陸地之保已編成保者均附隸於常泊處陸地之鄉鎮

第十條　臨時戶均編為臨時保甲不滿六戶者附隸於所在地或鄰近之甲不滿六甲者附隸於所在地或鄰近之保已編成保者均附隸於所在地或鄰近之鄉鎮（鎮）

第十一條　宅內原有居民暫時他往者應保留其甲戶之番號

第十二條　無家游民應召列冊並分別設法收容管理不許游移無所歸屬

第十三條　寺廟戶公共戶及外僑之局附屬所在地或鄰近之甲內或另編為甲

第十四條　船戶、依地方情形視屬普通戶者除外寺廟戶公共戶外僑戶外僑戶特編戶及臨時戶附於編組保甲內之數量得不受限制但各該鄉鎮保甲內之原有戶數仍應編足法定數目

第十五條　保甲編定後新增之戶暫附於所在地或鄰近之戶內編為臨時戶俟保甲重新編整時依法辦理

第十六條　保甲之名稱以數字定之並得定以他名　各保就全鄉或鎮之區域依序編稱各甲就全保之甲數依序編稱各戶就全甲之戶數依序編稱

第十七條　編組保甲應同時調查戶口填寫戶口調查表（如附式）按保彙訂成冊並另繕

一送給鄉鎮公所由鄉鎮公所彙編成冊並另繕一份呈送縣政府由縣政府編製全縣戶口統計表呈送省政府由省政府彙製全省戶口統計表咨送內政部

第十八條　保甲戶口編查完竣後鄉鎮公所應依戶籍法及其施行細則之規定賡續辦理戶籍與人事登記及暫居戶之異動登記

第十九條　保甲戶口編查後各保應繪製所管區域略圖填明本區域內之村或街原有名稱及戶口總數呈報鄉鎮長轉報縣政府備案並揭示於保辦公處

第二十條　保甲戶口編查後如遇戶數增減至超過或不法定之數字應於每年度開始將變動部份依照規定重加編整但以盡量保持原有（鄉鎮）保界址為原則

第二十一條　本辦法之施行細則及各種表冊證等式樣均由各省政府參酌地方情形訂定咨內政部備案

第二十二條　本辦法自公佈日施行

縣　　鄉（鎮）戶口調查表　　調查員

戶別　　保　　甲　　戶　　住址　　居住年月

戶別稱謂	姓名	別號	性別	年齡	出生年月日	本籍寄籍	婚姻狀況	教育程度	從業及服務處所	廢疾	備考

合計	男　女　口口	現住	男　女　口口	他往	男　女　口口

說明

1. 戶別欄就編查辦法第三條所規定之戶分別填入
2. 稱謂欄戶長以下各行填戶內人口加戶長之妻即填"妻"字餘以類推
3. 婚姻狀況欄填未婚已婚鰥寡等
4. 教育程度欄填畢業或肄業學校名稱及識字不識字或能作能寫等
5. 廢疾欄有者應填明廢疾名稱無者填"無"字

中華民國　　年　　月　　日戶長　　　蓋章或簽押　　　第　　頁

各省市戶政幹部人員訓練辦法

三三年十一月二十日內政部公布

第一條　各省市戶政幹部人員之訓練除法令別有規定外依本辦法之規定

第二條　左列戶政部人員均依本辦法訓練之：

一　省政府及院轄市委任以上之戶政人員；

二　縣市政府委任以上之戶政人員；

三　鄉鎮（市之區）戶籍主任及幹事；

四　保辦理戶籍之人員；

五　警察局及所屬分局所辦理戶籍之人員。

第三條　前條戶政幹部人員依左列規定訓練之：

一　省政府及所屬市縣政府委任以上人員由省地方行政幹部訓練團設戶政組訓練之；

二　鄉鎮戶籍主任及幹事由縣地方行政幹部訓練所設戶政組訓練之必要時得由行政督察區訓練班集中訓練；

三　保辦理戶籍之人員得由縣地方行政幹部訓練所會同縣政府派遣曾受戶政訓練之人員分區講習

市得於市政府所在地設立戶政幹部訓練班或於警察訓練所附設戶政組訓練全市辦理戶籍之人員。

第四條　戶政幹部人員訓練期間如左：

一　省市縣委任以上戶政人員兩個月；

二　鄉鎮（市之區）戶籍主任及幹事一個月；

三　保辦理戶籍之人員十五日。

前項訓練期間必要時得延長或縮短之。

第五條　戶政幹部人員訓練除精神訓練政治訓練軍事訓練及訓育實施應照各級訓練機關之一般規定外并增授左列有關業務課程：

一　戶籍法詳解；

二　戶口調查概要；

三　戶籍及人事登記制度；

四　卡片運用；

五　指紋辨認；

六　戶籍統計實務

七　圖籍行政要論

八　兵役法

九　警察學大意

前項各課教材必要時得由內政部編定之

第六條　各項訓練時間依左列標準定之：

一　精神訓練百分之十

二　政治訓練百分之十

三　軍事訓練百分之十

四　訓育實施百分之二十

五　業務訓練百分之五十

第七條　省及院轄市訓練班各項課程應學理與實施問題幷重縣市訓練班應側重實施問題

第八條　各級戶政人員及警察人員之訓練應取得密切聯繫

第九條　訓練經費應列入省市縣訓練經費預算內由省市縣訓練機關統籌支配

第十條　各省市政府應會同訓練機關擬具完成各級戶政幹部人員訓練實施方案及分

期調訓計劃杏送內政部備查

第十一條　內政部對於各省市實施戶政幹部人員調練得派員視察幷督導之

第十二條　本辦法自公佈日施行

各省安全及淪陷縣市數一覽表

省別	安全縣市數	淪陷縣市數	附註
四川	一四四		
西康	四九		
雲南	一二九		
貴州	八一		
廣西	一〇一		該省最近淪陷縣市尚未據報到部
廣東	一〇一		
湖南	七六	二	該省最近繼續淪陷縣市尚未據報到部
湖北	六八	四	
福建	六五	三	

浙江	五二	二五	
安徽	二五	三七	
江西	六九	一五	
河南	六九	四二	
江西	八三	一一	
甘肅	七二		
寧夏	一五		
青海	二五		
新疆	七〇		
總計	一二九四	一三九	

行政院新聞局 編

人口行政

南京：行政院新聞局，一九四七年鉛印本

行政院新聞局惠贈 卅七 十二月九日

人口行政

中華民國三十六年十一月

行政院新聞局印行

人口行政

人口行政目錄

人口行政

第一章 人口行政簡史

國家者人民之組合也，政治者管理衆人之事也，故人口之調查登記，可謂一切政治組織最基本之事務。政治組織發展至於一定階段，即發生查記人口之需要。徵諸古代典籍，如巴比侖、埃及、希伯來、中國、希臘、羅馬、遠在二千年乃至五千年以前，即已有調查人口之事跡。周禮司民之官，掌登萬民之數，所謂「三年大比」，且已具定期調查之意味。此種記載，足徵中國之人口行政，一如中國整個之文化發展，至遲在春秋之世，已粗具規模矣。

考漢書地理誌，漢平帝時（第一世紀），已有按照行政區域而編製之人口統計，彼時全國人口數量，已近六千萬人（五九、五九四、九八七人）。此後中國社會之發展，長期停滯，人口行政制度，亦乏根本進步。歷代舉行人口查記，始終以定賦役爲目的。賦役之名稱，雖幾經改變，但根本性質，則不外三種：一爲丁稅，二爲力役，三爲田賦。丁稅與力役，均以戶口爲徵課之對象，編審戶口，釐定簿籍，遂成定賦役必經之步驟。田賦雖以土地爲徵課之對象，但納稅人亦必有所稽考，且自北魏以至唐代中葉，曾行均田之制，計口授田，故田賦之徵課，仍須以戶籍爲根據。因此，歷代官制，人口行政與財務行政，向歸同一機關掌管，吳設戶部，後周及隋設民部，唐以後復改稱戶部，維持至於清末。

此種以戶口爲徵課對象成根據之制度，流弊至爲顯著。人民爲避免負擔，多所隱匿，官吏又復緣以爲奸，登記結果，自難確實。歷代史書，雖多載有戶口統計，但以近代的標準衡量之，則無多大價值。漢代人口分布，集中北方，自晉以後，南方漸次開發，然而隋、唐、宋、明、統一之世，人口總數，始終不過六千萬人之譜。在宋代統計中，每戶口數，不足二人，實難以令人置信。前清康熙五十一年（一七一二年），詔以該年錢糧冊丁數，永爲定額，以後所生人丁，不再加賦，自此丁役攤入田賦，不再直接以人口爲徵課之對象，地方官吏爲迎合帝王好大心理，又多虛造浮報，乾隆初年以後（十八世紀四十年代以後）每次編審，民數大增，至該世紀末葉，全國人口已近三億。戶籍制度既不再爲財政上之必要手段，亦不再爲統治者所重視，不久即歸於廢弛。惟中國社會組織，以宗族爲基礎，宗族多有譜牒，登載生死婚嫁等事實，此種紀錄，極爲確實，實際效用，遠在官方簿籍之上。惜過於散漫，不能如歐州教會登記之演進而爲現代制度耳。

歐州自羅馬帝國瓦解，文化進步亦幾停滯。中古時代，教會勢力極盛，人之一生，洗禮、婚禮、喪禮，均由教士主儀，身分登記事務，遂由教會掌管。十八世紀以來科學進步，工業發達，致教會勢力衰落，民主政治抬頭，身分登記遂由教會改歸政府掌管，其主要作用，亦有證明身分關係，變爲觀測生命現象。一七九〇年美國爲辦理選舉而實行人口普查，自十九世紀至二十世紀初年，歐美日本及若干歐洲國家之殖民地，先後實行此種制度，世界人口狀況，遂得大體測知。惟中國迄未舉行普查，人口確數無從明瞭，成爲世界人口統計之懸案。

中國自清代中葉（十八世紀八十年代）停止定期編審以後，人口行政，久已廢弛。至清代末葉（二十世紀初年），始有舉行戶口調查之議，民國前四年制定調查戶口章程，令飭各省辦理，此次調查，分爲查戶查口二步，但查口未竣，而清室覆亡。民國初年，內亂不息，無從舉行全國人口普查。民國十七年，國民政府曾令各省辦理戶口調查，但並不能及於全國，中外學者，及郵局、海關、教會等等機關，曾以種種方法，估計中國人口數量，所得結果，自三四二百萬至五四七百萬不等，衆說紛紜，莫衷一是。

民國二十年國民政府制定戶籍法，然以自治組織尚未建立，地方經費極度困難，遂延未施行。當時剿匪區域辦理保甲戶口編查，頗著成效，其後各省相繼仿行，辦理頗稱切實。民國二十八年中央改訂縣制，保甲編組與人口查記，分爲二事。內政部爲加強動員，支持戰爭，推行自治，準備行憲，遂決定於民國三十二年實施戶籍法。至實施情形，則容於第四章述之。

第二章 人口行政之設施

一、建立戶政機構

（一）中央：我國人口行政，向歸內政部民政司掌管，後因辦理征兵，推行自治，人口查記工作，亟需積極展開，乃於三十一年七月在內政部增設戶政司，掌理人口調查、人口登記、人口政策等項事務。三十六年度又將戶政司改組爲人口局，以適應業務開展之需要。

（二）地方：

一、省級：省級戶政機構，內政部於民國三十一年呈請各省於民政廳設戶政科，至三十二年度，後方各省均已設置完成。三十四年抗戰勝利以後，收復區各省市，亦均先後設置。至三十五年年底止，除東北五省尚未收復外，全國已有三十七省市設置戶政科。省級戶政人員，合計六六九人。

二、縣級：「戶籍法施行細則」第三條規定縣政府應於民政科設戶政股，事務繁劇之縣，得設戶政室。現在全國已有二一〇三縣設置是項機構，計縣級戶政人員，共有六八七九人。

三、鄉鎮級：戶籍法第六條規定「戶籍登記以鄉鎮爲管轄區域鄉鎮長兼任戶籍主任」。戶籍法施行細則第四條規定「鄉鎮設置戶籍幹事一人至三人，每保得設戶籍事務員一人」。依此計算，全國鄉鎮級戶籍人員應爲一〇七九三八人，保級戶籍人員應爲六五七八八二人，惟因地方財政困難，尚有若干省市，未能依照法定標準設置，有待繼續籌設。

此外各市戶政，在戶籍法修正前，多由警察局辦理，戶籍法修正後，規定於市政府或民政局設戶政科辦理，警察機關立於協助地位，嗣經內政部訂定「調整各市戶政機構原則」六項，呈奉行政院核准施行，原由警察機關辦理之戶政業務，限於三十六年一月前移交民政機關辦理，現已先後移劃竣事。

二、訓練幹部人員

（一）中央：內政部於三十二年舉辦「戶政幹部人員訓練班」調訓各省市戶政人員四十人，結業後仍回各省市工作，近年各省市戶政推行，多以此項人員爲主幹。民國三十五年復經訂定「內政部各省市戶政幹部人員訓練辦法」，籌設訓練班，調訓各省市現任委任以上戶政人員，預定每年調訓三期，三年調訓完畢，嗣經商得中央訓練團同意，於該團設班訓練，第一期已於三十六年舉辦，共結業學員五十二名。

（二）地方：關於省級以下戶政人員之訓練，內政部曾於三十三年訂有「各級戶政幹部人員訓練辦法」，該辦法規定：一、縣級委任以上戶政人員由省地方行政幹部訓練團訓練之。預計全國縣級戶政人員應行訓練者，共六、八七九人。至三十五年年底止，各省已訓人數，累計已達七、四〇五人，超出預定數目，蓋因已訓人員中，有死亡或轉業所致。二、鄉鎮辦理戶籍人員，由各行政區行政幹部訓練班或縣行政幹部訓練所訓練之，估計應訓人員爲一〇七、九三八人。至三十五年年底止，已訓七四、一三四人。佔應訓人數百分之六九。三、保級戶籍人員，由縣行政幹部訓練所施行講習，估計應受講習人數共爲六五七、八八二人。至三十五年年底止，已訓二三三一、五一四人，佔應訓人數百分之三十五。細加分析，在共匪盤據或竄擾地方，根本無法辦理訓練、在安全省份，則大部份已受訓練。

戶政幹部人員訓練狀況統計

	縣級人員	鄉鎮級人員	保級人員
估計應訓人數	六、八七九	一〇七、九三八	六五七、八八二
已訓人數	八、五一七	七四、一三四	二三二、五一四
已訓人數佔百分比	一二五%	六七%	三五%

除訓練現職人員外，並經建議在各大學中設立戶政科系，供給專門人才，樹立學術基礎。此

事經內政部與教育部洽商結果，決定自三十四年起，在國立十七大學及獨立學院設立人口行政課程，惟均列爲選修科，現經請改爲必修科，定名爲「人口學」。戶政人員高等考試，亦經舉辦二次，各省亦有舉辦戶政人員普通考試者。

三、籌措戶政經費

戶籍法規定辦理戶籍經費，應列入各級政府預算。惟初辦戶籍登記，所需經費甚鉅，地方財政困難，無力全部負担。內政部曾盡最大努力，解決此項問題，茲將歷年辦理情形，分爲財政收支系統改變前後兩節（即民國三十五年六月以前七月以後），略述如左。

（一）財政收支系統改變以前，內政部最初擬請指定財源或徵收簿冊費，均未奉獲准。三十二年乃參照戶籍法規定所定簿冊及當時物價情形，訂定各省市年度預算應列戶政經費標準，呈奉核定，通飭遵行，當時所列標準如下：（1）簿冊費：初辦戶籍登記縣市，按每人五元計算（用卡片者，每人以十二元計算），已辦戶籍登記縣市補充費用，按每人一元計算。（2）訓練費：省級以每人二千元計算，縣以每人一千元計算，鄉鎮講習以每人五百元計算。（3）督導費：以每縣一萬元計算。（4）設備費：每鄉鎮設置戶籍櫃一具，縣政府按所屬鄉鎮數各設置一具，每具以一千元計算。上項標準，實爲最低限度之需要，但各省市均感籌措困難，內政部復呈請指定增撥分配縣市國稅，補助各省戶政經費（當時田賦營業稅均屬中央稅收，而以一部分配縣市，並以物價高漲，田賦徵實折價提高，各省收入均有溢額，營業稅分配縣市成數，亦有增加。）當奉　行政院核准，並通令各省市自行確計戶政經費不敷之數，在增撥分配縣市國稅款內劃出保留備用。三十四年後方各省市獲得中央增撥國稅款爲三、五五〇、四三九、七四〇元，得此挹注，各省舉辦戶籍登記縣份，普遍增加。三十五年上半年度，仍照此項辦法辦理。

（二）三十五年七月，財政收支系統改變，上項財源，不復存在，惟改制以後，地方財源較前充裕，戶政經費應能自行列支，且抗戰勝利後各地方物價高低不一，不宜硬性規定預算標準。乃由內政部規定各級戶政機關設備標準，責成各省市政府將戶政經費充分列入預算。惟各省市仍感困難，一再呈請中央補助。當經呈奉　行政院核准，於三十六年度國家總預算「縣市建設補助費」項下劃出三十億元，補助各省市戶政經費，並由部擬定分配標準，發支各省市備用。

四、加強督導考核

（一）督導：民國三十三年，　主席手令內政部，飭即派員前往各省督導戶政，內政部當即組織戶政督導團，前往各省，宣達　主席意旨，指示進行方針，並分區舉行戶政督導會議，陝、甘、寧、青四省於民國三十三年十月在蘭州舉行，滇、黔二省於三十四年在昆明舉行，川、康二省，於同年七月在成都舉行。其後內政部又呈准設置戶政督導專員，逐年派赴各省市，督促進行。並建立分層督導制度，由省政府派員督導縣市，每年一次，由縣政府派員督導鄉鎮，每年至少二次。自此地方政府對於戶籍行政，漸趨重視，各級政府意見，亦得隨時溝通。近年戶籍行政能順利推行，加强督導，實爲一重要之因素。

（二）考核：自民國三十二年起，全國各省市辦理戶政成績，內政部歷年會作詳盡考核，呈報國民政府。三十四年十月，並奉　主席手令各級地方政府政績考核，應以戶口之虛實爲標準，當經內政部呈准行政院，辦理戶政成績，應佔縣長考績總分百分之二〇——二五，由各省政府訂入總標準內。鄉鎮以下戶籍人員，由縣政府依地方自治人員獎懲條例考核，並將考核情形報部，其成績特別優異者，由部傳令嘉獎，以資鼓勵。

第三章　戶口普查之設計

一、前言

全國戶口普查，乃普遍查記全國戶口在指定標準時刻之靜態，其目的在由普查之結果，編製全國戶口靜態統計，從而明瞭基本國勢，俾憲政立一基礎。世界各國舉辦全國戶口普查，均已有相當悠久之歷史，如美國第一次戶口普查在一七九〇年舉行，嗣後每十年一次，從未間斷，最近於一九五〇年即將舉辦第十七次之普查。英國自一八〇一年開始辦理，亦係十年一次，至一九五一年即將舉辦第十六次之普查。其他如德國自一八七一年開始辦理，蘇聯日本均於一九二〇年開始辦理，迄今世界各國，已先後舉辦科學的全國戶口普查，惟我國以客觀環境之種種困難，迄未舉辦，以致全國戶口統計，未能達到理想之程度，藉供各方面之研究參考。茲者戶口普查法業經國民政府於三十六年三月十二日公布施行，內政部已在積極規劃，擬有第一次全國戶口普查計劃草案一種，先送請國內人口專家徵詢意見後，即可呈院核定，付諸實施。

二、普查日

討論全國戶口普查計劃，第一個問題，即以何年何月何日為普查日。關於年份，世界各國所採用者，可分三類：第一為零年制，即每逢西歷末尾零字之年，如一九三〇年，一九四〇年等，舉辦戶口普查，可以美國為代表。第二為一年制，即每逢西歷末尾之年，如一九三一年，一九四一年等，舉辦戶口普查，可以英國為代表。第三為不定年制，即舉辦戶口普查之年份，並無一定，按照需要，隨時辦理，可以蘇聯為代表。以上三種制度，其本身并無優劣可言，惟以採零年制的國家最多。再國際統計學會為謀世界各國人口資料統一起見，曾建議各國舉辦戶口普查，應採零年制，以便比較研究，故我國擬定一九五〇年即民國三十九年舉行第一次全國戶口普查。

年份既定，其次應訂普查日。理想之普查日，以一年中間之一日，即七月一日爲最合標準。因該日之人口，統計學專家認爲可以代表當年人口的中數。但事實上此時適值暑期，氣候酷熱，不便工作，採爲普查日，並不相宜。世界各國之普查日，各有不同，一年之中，自一月一日起，至十二月三十一日止，各國均有採用。如希臘、瑞典等國，採用一月一日，荷蘭、比利時、挪威採用十二月三十一日，其餘各國，則又另有規定，我國之普查日，擬採十月一日。選擇此日，曾經詳愼考慮，第一，此日適在北方嚴寒之前，南方雨季之後，全國雨量亦漸漸減少，氣候適宜。第二，我國以農立國，農民人數特多，故舉辦普查，必須在農閑之時，始能順利進行。十月一日適爲秋收後農閑之時，人口漸趨穩定。第三，在十月一日前後，并無重大節日，故人口流動性較小，便於調查。普查日之選擇，乃一基本問題，如果選擇失當，足以影響普查之結果，普查日選定後，須指定標準時刻，即以普查日標準時刻下之人口爲準，作爲查記之對象，此一問題，比較簡單，世界各國，均定爲普查日之零時零分，亦即前一日午夜爲標準時刻。誠以此時人口流動性最小，幾成靜止狀態也。

三、機構與人員

全國戶口普查，擬以集中事權之方式辦理之。普查日既定爲二十九年十月一日，估計準備工作，需時二年，整理統計工作，需時三年。揆諸英美各國歷次普查情形，上述時間，並不爲長，因此吾人擬以民國三十七年七月一日起至四十二年十二月三十一日止，爲戶口普查辦理時期。在戶口普查辦理時期內，中央應依法設全國戶口普查處，受內政部之指揮監督，省市級設省市戶口普查分處，受全國戶口普查處之指揮監督，縣市局級設縣市局戶口普查所，受省戶口普查分處之指揮監督。設立程序如下：

（一）全國戶口普查處，應於戶口普查辦理時期開始時設立，至戶口普查辦理終止時結束。

（二）省市戶口普查分處，應於戶口普查日前一年設立，於普查日後六個月內結束。

（三）縣市局戶口普查所，應於普查日前六月設立，於普查日後三月結束。

全國戶口普查處置普查長一人，由內政部長兼任，綜理全國戶口普查事務，副普查長若干人，其一由國民政府主計處統計局局長兼任，專任普查資料整理統計技術之指導事項，餘由各省政府主席及院轄市市長兼任，承普查長之命，指揮督導各該省市戶口普查分處事務，并置全國戶口普查總監一人，副監二人，總監由內政部人口局局長兼任，副監共一人由人口局副局長兼任，承普查長之命，辦理全國戶口普查事務。至於省市戶口普查分處的負責人，在省爲民政廳廳長，在市爲民政局局長兼任，另置副處長一人，協理各該省市戶口普查事務。縣市局戶口普查所，則由各該縣市局長負責，并設副主任一人，負調查與監督之實際責任。

戶口普查基層工作人員，擬分爲執行人員與聯絡人員。執行人員爲督導員，普查員，助查員，聯絡人員爲聯絡主任，聯絡員，執行人員負實際調查之責，聯絡人員負協助完成調查之責。此等基層工作人員，極爲重要，均須加以訓練，并予以實習之機會。

四、普查區劃

舉辦戶口普查，應將各縣局劃爲若干督導區，其下分轄若干普查區，以普查區爲調查之基本單位，督導區爲調查之直接管理單位。劃分普查區之目的，在求普查工作分配之妥當，及有效之管理。英美等國辦理戶口普查，均自劃分普查區域着手。

普查區之劃分，以一保所佔面積爲一普查區，保之過大者，得分爲數普查區，但不得與他保混淆，並參酌下列各點辦理之：（甲）應與縣史及地理環境相配合，其原屬同一地區者，不宜強爲分割。（乙）在人口集中之區域，每一普查區以包括一千人口爲原則，在人口散居之區域，應依其密度而定，密度大者，普查區小，密度小者，普查區應稍大。（丙）應以一普查員於普查期限內，可能調查完竣爲限，每一普查區置一普查員，但在普查區過小者，可由一普查員担任兩個普查區調查工作。此外在人口集中而且流動性較大之普查區，倘可將一普查區劃分爲兩個普查分區，由助査員協助調査，藉以縮短調査之時間，并以一督導員能於四日內巡迴境內各普査區一週原則，卽可以一鄕鎭爲一督導區。鄕鎭之過大者，得劃分爲兩個督導區，以一督導員擔任一督導區之戶口普査監督管理之責。

五、調查事項及表式

戶口普査所應調査之事項，世界各國多少不等。少者不足十項，多者可達二三十項，我國第一次全國戶口普査所應調査之事項，擬定如左：

（一）姓名。

（二）稱謂。戶長卽塡戶長，其餘塡寫與戶長之關係。

（三）性別。

（四）年齡。計算年齡，普通有四種方法：（甲）上次生日法，（乙）下次生日法，（丙）較近生日法，（丁）習慣年齡法，就中以較近生日法與事實最爲近似，但各國多採上次生日法，我國舉辦全國戶口普査時，關於査塡年齡，亦擬採用此法，出生月不詳者，以七月論，出生日不詳者，以十五日論。

（五）本籍。

（六）婚姻狀況。註明未婚，有配偶，喪偶或離婚。人口學家認爲十五歲以上的人口爲可婚人口，故十五歲以上的人口，始填此項。其未滿十五歲而已有婚嫁情事者，應於備註欄註明。

（七）教育程度。應就滿六歲的人口填列，識字者應註明所受學校教育的程度。不識字者應填不識字。但不識字之定義，各國寬嚴不同，吾人擬以不能記載簡單賬目或閱讀粗淺文字者爲不識字。

（八）職業。分爲行業與職位兩欄，前者表示作業之經濟分類，後者表示作業的社會分類。行業分爲九大類，即農、礦、工、商、交通運輸、公務、自由職業、人事服務及其他，另外尙有無業一類。填列職業以滿十二歲的人口爲限，其未滿十二歲而已有職業者，應於備註欄註明。

（九）殘疾。即盲、啞、聾、四肢不全、精神病及其他不治之病。

（十）在本縣居住是否滿六個月。

至於戶口普査的表式，通用者計有三種：即集體表，分戶表，及單人表。我國爲配合國情及實際需要，擬採分戶表，即以一戶用一表，一表不足者，可接用續頁，并於必要時，加用單人表式。

六、調查方法

全國戶口普查之調查方法，由調查之手續而言，可分爲直接調查法與間接調查法，由調查之時間而言，可分爲臨時查報法及預查復核法。

直接調查法，即由普查員親持調查表格按戶查詢，並將查詢結果，記於調查表上。間接調查法即由普查員預先將調查表送至各戶，由各戶自行塡寫，再定期將表格收回。以上二法，各有所長，美國採用前法，英國採用後法，我國則擬採直接調查法。良以我國人民教育程度不高，多數人民缺乏塡表能力，惟機關，工廠學校，部隊等人數衆多之戶，可採用間接調查法，以節省調查之時間。

臨時查報法，世界各國除印度外，均採用之，此法即於普查日起，由普查員開始調查人口，於一定期限內查報完竣，并由督導員抽查，如有錯誤，發還復查，印度則採預查復核法，即於普查日以前先行預查，至普查日即將預查結果，加以核對。我國擬採用預查復核法，擬於民國三十九年九月一日開始編戶，於一週內辦理完竣。自九月八日開始預查人口，至同月二十二日辦理完竣。自九月二十三日起，至三十日止，由督導員審定預查記錄。十月一日開始復核，於當日辦理完竣。但在比較偏僻的鄉村，復核時間，得予延長。預查時，查記當時之常住人口，復核時應就戶口普查標準時刻下之現在人口，將預查結果，加以核對。此外，爲使人口成爲靜止狀態，并便於調查起見，擬於戶口普查標準時刻前，自九月三十日上午十時至十月一日上午六時，全國舉行宵禁，并於普查日卽十月一日，全國休假一日，停止集會，娛樂及其他促使人口流動之動作。

七、整理統計

戶口普查全部資料之整理分析，爲求準確迅速起見，決定採用機器法集中統計，整理的程序分爲：(一)校核普查表，(二)編定符碼，(三)卡片打孔，(四)卡片分類，(五)機器製表。所需用之機器，全部租用。第一次全國戶口普查總編製之統計，爲人口數量及分佈之統計，及人口性質之統計兩類。全部統計，需時三年，預定於民國四十二年總辦理完竣。但初步統計，擬在普查日六個月內編製完成。先行公布。

第四章　戶籍登記之推進

全國戶口普查，在我國尙屬創辦，茲僅就計劃要點，略加說明，尙希海內專家，多所指正。

一、戶籍法之公佈與施行

、戶籍法公佈於民國二十年，至民國二十三年，並經國民政府明定於該年七月一日施行。惟其時各省正在辦理保甲戶口調查，而舉辦戶籍所需人員經費，又無充分準備，故事實上迄未施行。民國二十八年縣制改變，保甲成爲自治組織之一部，內政部遂於民國三十年修正戶籍法施行細則，公佈各種補充法規，爲實施戶籍法之準備，至民國三十二年，由行政院通令各省，於是年七月一日開始辦理。

二、戶籍法之修正及其要旨

惟當時戶籍登記與戶口普查，分由內政部及國民政府主計處主管，兩者以外，復有保甲戶口編查及警察戶口調查，支離複雜，窒礙難行。而戶籍法本身。又以偏重常住人口，不合實際需要，所定手續過繁，人民難於遵行，辦理亦易疏漏，且簿冊繁多，需費甚鉅，亦足以增加推行之困難。內政部遂於民國三十三年呈請修改戶籍法，並提出修正案，費時一年有餘，完成立法程序，於民國三十五年一月由國民政府公佈，嗣由內政部擬訂施行細則，呈奉核定，於同年六月公佈。

依該法之規定，戶籍登記分爲三種：一爲籍別登記，每一人民應有一本籍，籍別以縣爲單位，已有本籍而在他縣有住所或居所在一年以上者，得以該縣爲寄籍。二爲身分登記，包括出生、死亡、結婚、離婚、認領、收養六種，必要時並得辦理監護及繼承之登記。三爲遷徙登記，遷徙在一個月以上，不歸所屬之籍者，應爲遷出或遷入之登記，遷徙未滿一個月，不變更所屬之籍，並往來靡常者，應爲流動人口之登記。辦理戶籍登記，得先辦戶口調査。在戶口調査開始前，應先編組或整理保甲。戶之編造，以在同一處所，同一主管人之下，共同生活或營共同事業者，編爲一戶。已辦戶籍登記地方，得製發國民身分證。

新戶籍法之基本精神，略有左列三點：

（一）査記行政之一元化　戶口普査與戶籍登記同以內政部爲主管機關，除此以外，不得另辦他種戶口査記。其他機關所需用之戶口資料，以戶籍爲依據。

（二）査記法規之系統化　各種人口動態登記，一概訂入本法，省縣戶口靜態調査，一併訂入，作爲辦理登記前之一種程序。全國性之戶口靜態調査，則另訂戶口普査法。

（三）査記手續之簡單化　登記以現住地爲準，藉使人民易於遵行，除人民聲請外，並採査詢方式。登記簿冊與統計表報，力求簡化而效用則並不減少，藉以節省經費，易臻確實。

綜合戶籍法與戶口普査法，卽得我國現行戶口査記制度之槪要。（一）戶口査記分爲戶籍登記與戶口普査兩大部分：前者爲常年的人口動態登記，後者爲定期的全國人口靜態調査，至地方件的人口靜態調査，則作爲舉辦或整理戶籍登記前之一種程序。（二）戶籍登記分爲三種，以籍別登記記載每一國民之生活根據地，以遷徙登記記載每一國民之實際所在地，以身分登記記載人口身分之變動，其涉及籍別變動者，並爲設籍除籍登記。（三）所謂戶口登記簿，爲綜合各種登記結果而形成之戶口總册，不在普查年份，亦可瞭知全部人口靜態，及至普查時期，又可以代替預查之作用。

三、推行戶籍登記之經過

查戶籍登記雖於民國三十二年開始施行，但進行甚爲遲緩，民國三十三年一月奉軍事委員會委員長電令，限期完成戶籍法之實施，當時全國二千餘縣市中，約有一一六八縣市爲後方安全區域，其餘則一部或全部淪陷，爰經根據上述情勢，提出實施計劃：（一）所有安全縣市，應即一律舉辦戶籍登記。（二）所有淪陷縣市，應於收復後舉行戶口清查，接辦戶籍登記，預定戰後二年內辦理完成。

三十三年實施結果，舉辦戶籍登記地方，增至四八二縣市。其餘或以經費困難，或以政情特殊，未能辦理，該年戰局變化甚大，亦有若干縣市，業已辦理而又復淪陷。爰經檢討當時局勢，續訂三十四年實施方案，確定分區分期辦理原則如左：（一）川、康、滇、黔、陝、甘、寧、青八省未辦縣市，應再增辦半數以上。（二）鄂、湘、粵、桂、豫、晉、閩、贛、浙、皖十一省未辦縣市，得暫緩舉辦。（三）除已辦戶籍登記縣市外，一律應於該年度內舉行戶口調查。

三十四年實施結果，舉辦戶籍登記地方，增至八三〇個縣市。是年八月，抗戰勝利，又經另訂辦法，於收復區實施戶口清查，此係一種緊急措置，然同時亦爲收復縣市實施戶籍登記之一種準備程序也。

三十五年一月戶籍法修正公佈，已辦縣市，需要重加整理，未辦縣市，尤得督促舉辦，當經重訂分區辦理原則：（一）已依舊法辦理省市，應於六個月內改依新法整理完成。（二）已依舊法辦理但未全省辦竣者，其已辦縣市，應於六個月內整理完成，未辦縣市，應於一年內辦理完成。（三）未辦各省，應於第一年內舉辦半數以上縣市，第二年內部全部辦理完成。此即所以符合戰後二年內完成全國戶籍登記之預定計劃也。

民國三十五年各省均以大部份之力量，用於整理工作，故新辦縣市，爲數不多。至該年底止，全國已辦戶籍登記地方，增至九一二縣市及二院轄市，其原依舊法辦理縣市，均已改依新法重加整理。此外，收復區內有五〇七縣市，業已完成戶口清查，另有二〇四縣市，正在辦理之中。此等縣市，可謂業已開始戶籍登記初步工作。

民國三十六年繼續推行，業已開始或計劃舉辦者，計有四九七縣市及四院轄市。預計至三十六年年底止，全國已辦戶籍登記地方，將增至一四〇九縣市及六院轄市，已佔全國縣市總數三分之二以上。各省已辦戶籍登記戶口清查之縣市數，詳見附表。

各省市辦理戶籍登記概況表　三十六年五月

區域別	所轄縣市局數	辦理戶籍登記縣市局數：合計	已冊五年辦理	冊六年計劃辦理	備註
總計	二、〇一〇	一、四〇八	九一二	四九六	
	六市	六市	二市	六市	
江蘇	六三	二七	—	二七	江北各縣收復未久擬先辦戶口清查已電請接辦戶籍登記
浙江	七七	七七	一九	五八	全省舉辦
安徽	六三	三七	一八	一九	原計劃未列詳確數字本年辦理數係已報戶政示範縣總數
江西	八四	八四	八四	續辦	全省舉辦
湖北	七二	七二	二六	四六	漢口市仍列本年辦理縣市數內
湖南	七八	七八	八	七〇	全省舉辦
四川	一四四	一四四	一四四	續辦	各省舉辦

西康	五二	三七	一九	一八	東屬西部一五縣局情形特殊無法辦理
河北	一三二	—	—	—	該省目前情勢特殊計劃先期辦理戶口清查
山東	一一〇	一九	—	一九	原計劃[illegible]區已報示範鄉鎮一[illegible]縣市六月[illegible]開辦後目前情勢恐難如期舉辦
山西	一〇六	六〇	—	六〇	原計劃本年七月起開辦依目前情勢恐難如期舉辦
河南	一一一	二三	一一	一二	原計劃本年第四季全省辦理但該省目前情形仍屬特殊本年辦理數係列已報示範鄉鎮之十二督察區縣數
陝西	九四	八一	八一	續辦	已辦縣市數包括西安市又陝北一三縣局已收復正督促辦理
甘肅	七三	七三	三八	三五	全省舉辦
青海	二一	一四	一	一三	玉樹等七縣係蒙藏游牧區域暫緩辦理
福建	六八	六八	六八	續辦	全省舉辦
台灣	一七	一七	一七	續辦	同上
廣東	一〇三	一〇二	六九	三七	廣州市仍列本年辦理縣市數內
廣西	一〇一	一〇一	一〇一	續辦	

雲南	一三一	一三一	一一八	一三	全省舉辦
貴州	八〇	八〇	八〇	續辦	同上
遼寧	二五	一四	—	一四	本年辦理數係已報戶政示範縣鄉數瀋陽市包括在內
安東	一六	—	—	—	該省收復未久計劃先期完成戶口清查已電接辦戶籍登記
遼北	一一	一一	—	一一	本年辦理數係已報戶政示範縣鄉數
吉林	三一	一一	—	一一	同上
熱河	二〇	一一	—	一一	該省已接收十五縣局本年辦理數係已報戶政示範縣鄉數
察哈爾	一九	—	—	—	該省收復未久計劃先期完成戶口清查已電請接辦戶籍登記
綏遠	二三	二三	—	二三	本年第三季全省舉辦
寧夏	一四	一四	一四	續辦	全省舉辦
新疆	八一	—	—	—	該省情形特殊原計劃未列辦理戶籍已電請注意辦理
南京市	一	一	一	續辦	

省市別	共轄縣市局總數	所屬收復區縣市局數	已調查完竣縣市局數	正調查縣市局數	尚未舉辦縣市局數	備考
上海市	—	—	—	續辦		
北平市	—	—	|	—		
天津市	—	—	|	—		
重慶市	—	—	|	—		
青島市	—	—	|	—		

說明：一、松江合江黑龍江嫩江興安五省及哈大二市尚未接收西安設四院轄市尚未正式成立西藏地方情形特殊故均未列入

二、浙川晉甘粵桂滇遼熱九省填報所轄縣市局數與中央案數略有出入

收復區各省市實施戶口清查概況表

六年三月編

省市別	共轄縣市局總數	所屬收復區縣市局數	已調查完竣縣市局數	正調查縣市局數	尚未舉辦縣市局數	備考
南京市			全市已完成			
上海市			全市已完成			

廣東省	一〇三	三七	三五	二		
安徽省	六二	三八	二五	一三		
湖北省	七二	四六	四六			
山西省	一〇六	九九		四二	五七	未調查五七縣因奸匪竄擾或盤據
湖南省	七八	五五	五五			
河北省	一三九	一三五		五二	八三	未調查各縣尚未收復
遼寧省	三四	三四	一四	二〇		
福建省	六八	二	二			
廣西省	一〇一	七五	七五			
北平市			全市已完成			
天津市			全市已完成			
江西省	八四	一五	一五			

青島市			全市已完成			
河南省	一一一	九八	八四	一〇	四	未調查各縣均被奸匪盤據
台灣省	一七	一七	一七			
江蘇省	六三	六三	三五	二三	五	未調查各縣尚未收復
浙江省	七七	六六	六六			
山東省	一一二	一一二	二	一六	九四	未調查各縣或為奸匪竄擾或係全部尚未收復
綏遠省	二五	一五	一一	四		
吉林省	二五	二五	一一	一	一四	未調查各縣尚未收復
雲南省	一三一	八	四	四		
遼北省	一九	一九	一〇	四	五	未調查各縣尚未收復
安東省	一七	一七		一三	四	未調查各縣尚未收復
總計	一四四一	九七六	五〇七	二〇四	二六六	

四、國民身分證之製發

戶籍登記原為證明人民身分而設，但人口有流動性，而戶籍卡即應保存於一定之處所，因而不能隨時隨地顯示其作用。戰時為適應辦理徵兵維持治安之需要，各地多已製發身分證，惟名稱格式，則各不相同。戶籍法修正時，乃定名為國民身分證，並規定格式。已辦戶籍登記地方，得由縣市政府統籌製備，發交鄉鎮公所填發，一縣市製發者，其效力及於全國。嗣奉　主席手令，國民身分證應就公務員先行製發，當經另訂辦法，通行各省市辦理。至三十五年年底止，京、滬、平、渝四市，已全部製發，其他省市，或已製發一部，或正在製發，或尚在籌備之中。

五、實施經過之檢討

檢討已往推行戶籍登記經過，除合格幹部缺乏，經費籌措為難外，辦理之初地方政府未能全力推行，多數人民不明登記作用，亦足為重大之阻力。嗇以推行戶籍登記之初，抗戰方殷，地方政府集全力於徵兵徵糧等項事務，對此基本工作，視為不急之務。嗣奉　主席手令以戶政為地方行政工作之一，並經建立督導制度，加強考核工作，設置示範區域，推行工作競賽，戶籍行政，逐漸為地方政府所注意。關於引起人民重視，養成聲請習慣，則經採取左列各種措施：（一）在戶口查記開始辦理時，由縣市政府會同當地機關法團學校，舉行適當之宣傳。(二)商請教育部將戶籍要義列入中學小學課本。(三)商請有關機關支持身分證之效用，如銀行付款，配售平價物品，選舉權之行使等等，概以身分證爲憑。

人口行政機關雖已竭盡所能，但全國戶籍登記，仍未能於民國三十六年辦理完成，此則全由匪黨叛亂所致。現在全國尚未舉辦戶籍登記地方，計七百個縣市，其中三百個縣市，迄爲匪黨盤踞。鄰接匪區縣市，亦常受其竄擾，局勢尚未穩定，無法舉辦戶籍。此外少數邊疆省市，亦因政情特殊，未遑辦理。按照目前情勢，欲使戶籍登記普及全國，關鍵所在，有賴於政治障礙之消除。如果匪亂戡平，邊省安定，則一年之內，戶籍法之實施，保證可竟全功。

第五章　戶口統計之編製

一、歷年編製戶口統計情形

人口爲國家生命之資本，數量多寡，品質優劣，於國勢盛衰，影響至巨。以是國家行政及經濟社會各種事業，無不需要精確之人口統計以爲依據。

我國人口，究有若干，未經普查，無從知其確數，但稽諸冊籍，乾隆末年，已有三億左右。

民國元年，前內務部根據民國前二年滿清民政部所辦戶口調查結果，統計全國人口爲四〇五、八一〇、九六七人。國府奠都南京之後，內政部曾於民國十七年七月制訂戶口調查統計報告規則及表式，通行各省，辦理戶口調查，截至十九年年底止，依照部頒規則調查完竣者，計有十三省，其餘十五省及蒙藏地方人口，經依據各該省區過去資料估計，合計全國人口總數爲四七四、七八七、三八六人。民國二十五年，內政部爲籌辦國民大會代表選舉，需要全國各行政區人口數字，曾通電各省市政府，查報所屬各縣局最近戶口實數，先後報部者，計有三十省市。資料來源，大部份係根據編查保甲戶口所得，其未報省區，均經以舊有資料補充。統計結果，全國人口總數，爲四六一、三六三、六四六人，此爲戰前最後一次之統計。抗戰勝利後，政府爲辦理復員建設，對於各地人口數字，需要至切，內政部除督促各省市舉行戶口清查，辦理戶籍登記外，並另訂鄉鎮保甲戶口統計表式一種，通電各省市政府，根據辦理戶口清查或戶籍登記結果，將每年一月及七月資料，彙編報部，彙編全國戶口統計，未據查報省市，則以舊有資料補充。最近一次全國戶口統計。係於本年七月十五日公布，其總數爲四六一、〇〇六、二八五人，內容當另節說明之。

二、現行戶口統計表式及資料整理方法

按照現行法規，戶口統計應由縣市政府編製，戶口調查結果之統計，分（一）性別、（二）

籍別、（三）年齡、（四）教育程度、（五）職業分配、（六）婚姻狀況等六種，均以現住人口爲準。戶籍登記結果之統計，分年報及月報兩種，每年應編上述（二）至（六）項統計，每月應編製戶籍登記月報，各項表式內容，除性別統計外：（一）籍別統計分爲本籍、非本籍兩項，後者並分本省他縣、外省、外國三目。（二）年齡分配原則上以五歲一組，但爲便於統計嬰兒（未滿一歲）、學童（六歲至未滿十二歲）、壯丁（十八歲至未滿四十五歲）起見，經將五歲以下，五歲至十歲、十歲至十五歲、十五歲至二十歲等組，各分爲兩個小組。（三）教育程度，依現行學制，分高等教育、高中、初中、高小、初小等項，每項分畢業、肄業兩目。此外另有私塾及不識字者兩項，均以滿六歲及以上之人口計算。（四）職業分配，內分農、鑛、工、商、交通運輸、公務、自由職業、人事服務、其他、無業等十項，以滿十二歲以上之人口計算。（五）婚姻狀況，內分未婚、有配偶、喪偶、離婚四項，以滿十五歲及以上之人口計算。（六）戶籍統計月報表，以遷入、遷出、出生、死亡、爲主要項目，統計每月人口增減，而以設籍、除籍、認領、收養、結婚、離婚等項爲次要項目，以明各地辦理戶籍登記情形。

人口統計資料之整理，在英美先進國家，大都採用機器，以其速度既高，結果復較精確。惟機器整理，必須應用特製之卡片，費用昂貴，更以管理機器，需要專門技師，凡此皆非我國現時各級地方政府所能負担。故過去各機關整理資料，大都採用劃記法，工作時，由一人將調查表內項目逐一讀出，另一人則按所讀者，在整理表內按欄分別記入，然後清算各欄，編爲統計。此法不特費時，且以一讀一記，錯誤機會甚多，所得結果，其差率常與項目之多寡繁簡成正比，不適於整理人口資料之用。現經內政部規定以條紙法整理，此法係馬爾氏所發明，亦係人工整理法之一種，印度勝屆人口普查及我國近年選縣普查，均採用此法，結果甚爲良好。此項條紙，係每口一張，男用白色，缺左角，女用黃色，缺右角，各長六公分，寬三公分。（見圖一：統計條紙）

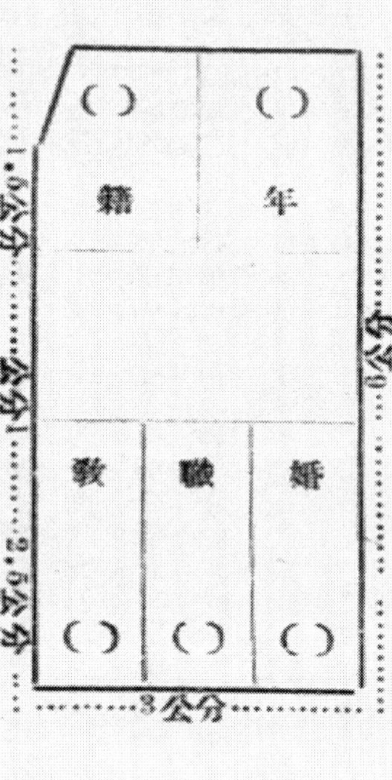

其使用步驟有三：（一）給予符碼，將戶口調查表或戶籍聲請書各欄，按照符碼表所規定，分別註以符碼，通常用數字代表。（二）抄錄，即將調查表內之符碼，逐項謄錄於條紙。（三）分類計數，全體條紙過錄完竣之後，按其項目，將各類符碼予以分組，然後清數各項目各組之條紙數，即得某組之統計數。（四）製表，即根據各組統計數，彙編爲統計表。此種方法，手續雖較劃記法爲繁複，但以每一步驟，均可抽查覆核，隨時可查出其錯誤，而予以校正，故結果較劃記法爲準確。現全國各縣市中，採用此法整理人口資料者，已達百分之八十以上。

三、三十六年上半年全國戶口統計之內容

三十六年上半年各省市報部之鄉鎮保甲戶口統計，業經加以審核整理，彙爲全國戶口統計，於本年七月十九日公布，其資料來源，四分之三以上之縣市，係辦理戶口調查及戶籍登記所得，資料時期，大部分爲三十六年一月份，即西藏人口，亦經根據最近資料，重行估計。此次統計，不但資料時期，極爲整齊，且以大部份資料，均係查記所得，可靠性較過去歷次統計均高。茲將該統計表之內容，略述於後：

（一）各省市人口比較　計次統計，全國人口總數，爲四六一、〇〇六、二八五人，各省中以四川人口四千七百餘萬人居首位，佔全國總人口數十分之一强。江蘇、山東、次之，均在三千五百萬以上，其餘各省人口，在二千五百萬以上者，有湖南、河北、河南、廣東四省，二千萬以上者，有安徽、湖北兩省，一千五百萬以上者，有浙江、山西兩省，一千萬以上者，有江西、福建、廣西、貴州四省，五百萬以上者，有陝西、甘肅、台灣、雲南、吉林、熱河、遼寧七省，百

萬以上者，有西康、青海、察哈爾、綏遠、新疆、安東、遼北、松江、合江、黑龍江、嫩江等十一省，不足百萬者，有興安、寧夏兩省，各市以上海市三百八十餘萬居首位，北平天津二市次之，均在一百六十萬人以上，南京、重慶、廣州、瀋陽四市，均在百萬以上，大連、哈爾濱、漢口、西安四市，均在五十萬以上。

（二）人口分佈情形　我國領域廣闊，地形氣候，差別均大，以是人口分佈，極不均勻，如將全域以蒙古高原邊際之大興安嶺、陰山，及西藏高原邊際之三千公尺等高線爲界，析爲西北與東南兩部，則東南人口甚密而西北極稀。因我國爲農業國家，人口分佈與農業環境之優劣，關係最切。東南半壁，不特地形，氣候、土壤，均適宜於耕種，且以交通便利，商業繁盛。密度每方公里平均近於一〇〇人。而以長江平原、華北平原、四川盆地之密度爲最大，平均每方公里在二〇〇人以上。江南丘陵地、閩粵山地、及兩粵丘陵地次之，平均每方公里在一〇〇人以上，西南高原、西北黃土高原、秦嶺區、東北區，平均每方公里人口在三〇至六〇之間，西北半壁，大部爲高原或沙漠、不適於植物之生長，其中雖有若干草原，亦僅能供少數民族游牧之地，平均密度，每方公里，僅一二人而已，大戈壁及藏北寒漠之大部份，實際並無定居人口。

（三）性比例及戶量　（甲）性比例：人類兩性比例，通常大致相近。世界各國人口男女兩性比例，每百女子所當男子數，約在一〇〇比一〇六之間。我國人口性比例，歷年統計結果，亦較上述大致相近。此次統計，全國人口平均性比例，爲一〇〇比一一〇人，各市人口之性比例，較省爲高，邊區較內地爲高，蓋以前者爲工商區域或文化政治中心，來自鄉村謀生就學之男子，頗多不偕眷屬。後者以地處邊陲，本地人口，原甚稀少，由內地前往戍邊、墾殖、經商營生者，多爲單身男子，性比例以是較高。興安嶺兩側，男子數常二倍於女子數，其性比例有高至三百以上者。內地各省人口性比例，則均在一一〇左右，惟山東、貴州兩省較低。(乙)戶量　戶量之計算，原在覘測一般家庭人口之多寡。根據歷年統計，全國人口每戶平均數，均在五人左右。此次統計結果，爲五·三四人。各省情形，大致相同，僅江蘇、浙江、江西、陝西、福建、察哈爾、新疆七省，及青島、重慶、瀋陽、西安四市較小，不足五口，安徽、青海、台灣、松江、嫩江、廣州、漢口較大，均在六人以上，黑龍江省，情形最爲特殊，每戶平均竟達九·九二人。

此外關於人口之年齡、職業、婚姻狀況、教育程度、及出生、死亡、遷徙等，因尚未舉辦全國性之靜態調查，戶籍法及其施行細則公布後，對於人口靜態及動態統計項目及表式，雖有詳細之規定，但因施行未久，各省報部資料不多，尚難作精確分析之用。

設就現有資料，對我國人口將來之趨勢，作粗淺之觀測，則知係屬於穩定式者。以現時全國人口年齡分配百分比，十五歲以下者，約佔百分之三十，四十五歲至五十歲，約佔百分之四十九，五十歲以上，約佔百分之十七，此項分配比例，與桑德巴氏所謂穩定式人口年齡分配百分比、極爲相似。

人口爲國家之生命資本，故人口統計，爲基本國勢之指標，精確與否，足以影響一切行政之設施，故世界各國對於人口調查統計，均極重視。我國以文化落後，民智閉塞，人民對於戶口之調查，動態之報告，向無習慣，更以各行政機關對於統計業務，並不重視，以是過去各級政府，對於人口調查統計，每多遺漏虛浮之弊。民國成立三十餘年來，迄未能獲得全國人口正確之數字，原因在斯。年來經中央積極推行人口行政之結果，各級地方政府，均能遵照法令，認眞辦理，且於調查方法統計技術，亦經研究試驗，力求改進，以是近年各省市査報之資料。其正確性已能與日俱增。惟因各省市調査時期，並不一致，戶籍登記，辦理未久。故欲求全國劃時期精確之統計，尚有待於全國戶口還査之舉辦。

全國戶口統計總表

行政區域	鄉鎮數	保數	甲數	戶數	人口數 共計	人口數 男	人口數 女	戶量 (每戶平均口數)	性比例 (每百女子所當男子數)
總計	53,969	657,882	6,668,436	86,262,337	461,006,285	241,485,555	219,520,730	5.34	110.01
江蘇省	7,607	66,418	694,160	7,532,448	36,052,011	18,745,652	17,306,359	4.79	108.32
浙江省	3,008	40,599	353,514	4,610,475	19,942,112	10,595,121	9,346,991	4.32	113.35
安徽省	2,148	29,536	227,618	3,412,482	21,705,256	11,501,405	10,203,851	6.36	112.52
江西省	1,967	19,459	189,078	2,655,398	12,725,187	6,585,263	6,139,924	4.79	107.25
湖北省	1,248	17,487	232,569	3,764,089	21,034,463	11,052,418	9,982,045	5.59	110.72
湖南省	1,556	20,515	261,549	4,778,559	26,171,117	13,693,880	12,477,237	5.48	109.75
四川省	4,516	62,869	657,917	8,532,758	47,107,720	24,151,127	22,956,593	5.52	105.20
西康省	414	2,789	24,547	320,898	1,651,132	831,554	819,578	5.14	103.25
河北省	4,087	46,361	464,775	5,101,941	28,529,089	15,375,365	13,153,724	5.59	116.89
山東省	6,115	72,569	723,584	7,311,607	38,671,999	19,192,467	19,479,532	5.29	98.53
山西省	2,739	85,995	459,895	2,985,107	15,025,259	8,220,320	6,804,939	5.03	120.80
河南省	1,395	24,370	304,486	4,782,449	28,473,025	14,632,363	13,840,662	5.95	105.72
陝西省	1,026	7,472	135,133	2,049,040	9,492,489	4,990,576	4,501,913	4.65	110.85
甘肅省	769	6,849	79,882	1,217,259	6,897,781	3,579,655	3,318,126	5.33	107.88
青海省	263	1,456	16,234	205,252	1,346,320	683,802	662,518	6.56	103.21
福建省	878	10,281	132,607	2,405,190	11,100,680	5,744,766	5,355,914	4.67	107.26
台灣省	357	6,257	78,790	1,206,073	6,126,006	3,077,606	3,048,400	5.09	100.96
廣東省	3,064	40,642	454,819	5,430,563	27,825,512	14,828,510	12,997,002	5.12	113.94
廣西省	1,802	18,954	203,712	2,800,609	14,603,247	7,627,763	6,975,524	5.21	109.35
雲南省	1,440	12,855	129,254	1,745,104	9,171,449	4,612,951	4,558,498	5.26	101.19
貴州省	1,412	12,226	137,997	1,888,790	10,518,765	5,247,129	5,271,636	5.57	99.54
遼寧省	664	8,969	113,463	1,700,637	9,992,387	5,142,613	4,849,774	5.88	107.58
安東省	238	3,065	31,396	544,516	3,163,911	1,715,614	1,448,297	5.81	118.46
遼北省	344	3,729	39,495	715,066	3,798,056	1,969,042	1,829,014	5.31	107.66
吉林省	400	4,761	93,620	1,211,893	6,981,277	3,787,574	3,193,703	5.76	118.60
松江省	396	3,587	47,810	714,003	4,535,092	2,561,014	1,974,078	6.35	129.73
合江省	206	2,174	26,835	350,403	1,936,000	1,009,500	926,590	5.52	108.96
黑龍江省	205	2,291	25,757	258,255	2,563,234	1,440,754	1,122,480	9.92	128.35
嫩江省	212	1,932	28,530	372,550	2,407,488	1,387,506	1,019,932	6.46	136.04
興安省	131	853	5,396	65,509	327,563	184,026	143,537	5.00	128.00
熱河省	560	5,938	66,007	1,068,038	6,109,866	3,217,455	2,892,411	5.72	111.24
察哈爾省	281	3,675	38,940	439,645	2,114,288	1,152,984	961,304	4.60	119.94
綏遠省	328	2,477	24,524	386,730	2,166,513	1,212,119	954,394	5.60	127.00
寧夏省	140	1,757	10,572	136,828	773,325	422,687	350,658	5.65	120.53
新疆省	784	9,351	64,463	904,598	4,012,330	2,118,705	1,893,625	4.44	111.15
西藏					1,000,000	650,000	350,000		185.71
南京市	13	407	7,402	188,436	1,037,656	609,391	428,265	5.51	142.29
上海市	30	1,056	25,164	762,217	3,853,511	2,162,119	1,691,392	5.06	127.83
北平市	16	336	5,499	312,574	1,602,234	925,249	676,985	5.12	136.67
天津市	10	311	9,463	326,796	1,679,210	970,591	708,619	5.14	136.97
青島市	12	228	6,480	152,668	752,800	423,438	329,362	4.93	128.56
重慶市	18	411	7,017	203,763	1,000,101	579,354	420,747	4.91	137.70
大連市	5	244	2,920	93,419	543,690	358,736	184,954	5.83	193.96
哈爾濱市	7	400	4,789	153,226	760,000	481,917	278,083	4.96	173.30
漢口市	14	284	5,130	122,336	749,952	397,886	352,066	6.13	113.01
廣州市	24	361	5,950	168,550	1,276,429	671,157	605,272	7.57	110.88
瀋陽市	17	1,688	12,981	254,618	1,175,620	645,447	530,173	4.62	121.74
西安市	12	165	3,222	109,974	523,183	319,074	204,109	4.76	154.32

內政部人口局編 三十六年七月

全國戶口統計總表說明

1,本表所列各省市鄉鎮保甲戶口數，除西藏係估計數外，餘均係各省市查報數。

2,江蘇省江南廿七縣，係三十六年一月數，揚中等十四縣市，爲二月數，連雲市爲四月數，餘因收復未久，戶口正在淸查中，暫以戰前數字補列。

3,浙江省杭州市，爲三十六年五月數，餘杭等四十六縣，爲一月數，於潛等三十縣，爲卅五年九月數。

4,湖南省爲卅五年十月總調查數，湖北省爲同年十二月總調查數，惟內有鄖城等七縣，因匪擾係以總調查前數字補充。

5,安徽、江西、西康、甘肅、青海、福建、台灣、廣東、廣西、貴州、綏遠、寧夏、及南京、上海、北平、天津、青島、重慶、瀋陽、廣州、漢口、西安、等省市，均係三十六年一月數，惟安徽省霍邱縣，江西省德興縣，廣東省台山等卅六縣，均係卅五年七月數。西康省寧靜等十三縣，爲本部統計處卅五年十二月統計數，廣東乳源等四縣鄉鎮保甲數，青海同德等六縣保甲數，綏遠省各旗人口，均係估計數。

6,山東、山西、河北、河南四省，原表說明，因匪患未平，尙未普遍舉行戶口調查，除一部份數字，係三十六年一月份資料外，其餘各縣市，係就舊有資料，參照現時人口消長情形編列。山西省鄉鎮保甲數，係治村閭鄰數。

7, 陝西省除米脂等廿四縣，係舊資料外，餘均爲卅五年七月數，雲南省除石屏等三十縣，係較舊資料外，餘均爲卅五年一月數。

8, 遼寧省除遼陽等七縣中，一部份村鎮，及復縣，金縣，旅順市，係參照僞滿資料填列外，餘均爲三十六年一月數。

9, 安東省除一部份未收復，及已收復後，復被奸匪攻佔之縣，係參照僞滿資料編列外，餘均三十六年一月數。

10 遼北省除開原等五縣，及各旗，係僞滿時期資料。長嶺縣戶數，及各旗鄉鎮保甲戶數，係照各縣平均數估列外，其餘各縣均爲三十六年一月數。

11 吉林省吉林、長春兩市，及永吉等七縣，係三十六年一月數，乾安等十一縣旗，係參照僞滿資料填列外，各縣鄉鎮數，係當時街村數，保甲戶數，係根據各縣平均數估列。

12 松江，嫩江兩省，及哈爾濱，大連兩市，均係東北行轅政治委員會三十六年四月報部數。松江省鄉鎮保甲數，即係原有之街區村屯牌數，戶數及男女數，係根據各該縣歷年平均戶量及性比例估列，綏陽等五縣市，鄉鎮保甲數，係根據各縣平均數估列，嫩江省鄉鎮人口數，係由省政府參照僞滿調査資料填列，保甲數係根據黑龍江，遼北，吉林三省平均數估列，戶數及男女數，係根據各該縣歷年平均戶量及性比例估列。哈爾濱保該市最近估計數，大連市係僞滿時期資料。

13 合江省戶口數，係該省根據地下工作人員報告，參照僞滿時期資料估計，鄉鎮保甲數，各縣係根據黑龍江，松江兩省平均數估計，佳木斯及安東兩市，係根據東北各省轄市，平均數計。

14 黑龍江省因尚未接收，表列數字，係該省根據僞滿東亞科學技術學會卅四年夏農業統計資料填報，再該省歷年所報資料，各縣平均戶量及奇克等縣性比例，均較其他各省爲高，經專案査詢，據復該省一般情形，十口之家，猶屬小戶，三四十口之家庭：比比皆是，故平均戶量較大，至奇克等縣性比例特高原因，則以各該地土著人口，原甚稀少，往往墾荒伐木狩獵者，多爲單身男子，兼以小興安嶺兩側，有地方性之特殊疫症發生，名克山病，女子死亡率特高，故兩性比差較大。

15 興安省係根據該省本年五月報部之興安省所轄縣市旗局人口總數統計表編製，原表說明，表列戶口數，係參照僞滿國勢調査資料，及現時人口消長情形填列，鄉鎮保甲數、係估計數。

16熱河省卅六年一月份實際控制人口數約二百七十萬人，表列鄉鎮人口數，係該省就各該縣
原有數塡列，保甲戶及男女數，係照實際控制區域平均數估列。
17察哈爾省因戶口尙未全部清查完竣表列係該省三十六年一月約計數。
18新疆省人口數，係該省卅五年三月調查數，鄉鎮保甲，係根據甘肅，青海兩省平均數估計
，戶及男女數，係根據各該縣歷年平均戶量及性比例估計。
19西藏人口，本部十七年估計數，爲三、七二二、〇六一人表列係根據最新資料重行估計之
數。
20旅外僑民人數八、七〇〇、八〇四人，未列入本表。

第六第　人口政策之釐訂

一、人口政策之範疇

人口行政之範圍，除調查登記統計外，並應包括人口政策之統籌規劃事項。所謂人口政策，即以行政手段，控制人口發展趨勢，包括數量的品質的，與數及質量兩方面之問題。

人口政策應與整個國策配合，即應根據基本國勢定之。故必先調知人口現狀及各種相關事實

，如自然資源，生產狀況，生活程度等，加以綜合研究，始能確定方針。在人口行政實施程序上，必先辦理人口登記，而後可定人口政策。至於各種相關事實之調查及方案確定後一部份事務之執行，須由相關行政部門爲之，惟統籌之責，則應由人口行政機關負之。內政部組織法所定戶政司之職掌，即有：「關於移民行政及人口政策之統籌規劃事項」一項，人口局組織條例內，並專設一處，掌理上項事務。目前主要工作，在於搜集有關資料，徵詢人口學家及有關機關意見，進行初步研究，擬訂具體草案，惟最多確定則有待於戶口及各種相關事實之詳盡調查。但根據各種已知事實，中國所應採之人口政策，已有若干基本原則可尋。玆分人口數量問題，人口品質問題，人口分布問題三項，略述如左：

二、人口數量問題

中國爲世界人口最多的國家，然自十九世紀以來，歐美各國由於經濟發達，公共衛生進步，人口增加甚速，而中國則呈停滯狀况，中華民族在世界人口總數中所佔之百分數，遂有日益降低之勢。人口爲國家之生命資本，人口之耗息，關乎國勢之盛衰，因此，國內一般人士主張採取積極之人口政策，以維持人口優勢。

惟中國經濟落後，自然資源未能充分開發，以目前之經濟發展程度而言，則現有人口，已感過剩，人民生活水準，抑至最低程度，於是社會不安而文化發展，亦隨之停滯。因此，另有一部人士主張採取消極之人口政策，提倡節制生育。歐美學者，以西方之生活標準衡量中國情形，無不持此主張。

人口自然增加，由於出生超過死亡。中國以出生率死亡率均高，總數遂呈停滯現象，此與法國之因出生率與死亡率均低而停滯者，性質大異。中國公共衛生事業如果稍有進步，而使死亡率相對減低，則人口可能迅速增長，一如十九世紀以來爪哇印度所發生之現象。

中國人民生活水準過低，阻礙社會進步，爲舉世公認之事實。提高國民生活水準之途徑，厥爲工業化與農業之科學化，惟此種發展在一二十年內所能獲得之成果，當有一定限度，故在此期間，中國之人口政策，宜應側重減低死亡率，但無須獎勵生育，以求過速之增殖。如此可使經濟進步之成果，不致完全爲新增人口所抵銷，至少可有一部分用以提高國民生活標準。至於節制生育，則不僅違背中國家族主義之觀念，一時決難收效，即世界各國，亦祇有此種社會運動，未聞有定爲國家政策者。

三、人口品質問題

中國現在人口，二倍於蘇聯，三倍於美國，但體格及知識水準，則相形見絀。故目前中國之人口政策，品質之改進，重於數量之增加。一部分科學家相信人口之品質，可以用優生方法改良之，但中國人民體格知識標準所以低於西洋民族，實由機會不足，決非種族低劣所致。改良中國之人口品質之迫切工作，當在發展教育，改良公共衛生，提高營養標準，使中國人民在知識與體格上，能達到西洋民族之水準，在世界生活中，始能爲有效之競爭。爲提高營養標準，即應限制人口增殖之速度，使常低於經濟進步之速度，至於優生方法，則宜採用社會運動之方式推廣之，以收效於將來，倘以行政手段爲之，則事實上極爲困難，至少在未發達以前，決不能有滿意之效果也。

四、人口分布問題

移民之作用，在調整人口之地理分布，爲人口行政之重要事項。中國之東南部，農業發達，爲世界人口最稠密的區域之一，生活壓迫，驅使大量人口外移。主要方向，一爲華北各省人口之移往東北各省，一爲東南沿海人口之移往東南亞洲。此種移民事業，全屬自然發展，惟東北移民之意義，不僅在減輕關內人口壓力，更重在充實邊防力量。東南亞洲與澳洲，天然資源豐富，除少數地區外，現有人口，均甚稀少，開放中國移民，不僅可以減輕中國人口壓力，並可促進當地富源之開發。中國西北部之農業發展，受自然環境之嚴厲限制，草地畜牧，絕難吸收大量人口，因此，對於西北移民，所望不能太奢，但在可能限度之內，則用應盡力經營。

非賣品

中央設計局臺灣調查委員會　編

日本統治下的臺灣戶政概要

中央訓練團，一九四四年鉛印本

中央訓練團
台灣行政幹部訓練班參考資料

日本統治下的台灣戶政概要

中央設計局台灣調查委員會編

中央訓練團印

——三十三年十二月——

日本統制下的台灣戸政概要 目錄

（終）

日本統制下的台灣戶政概要

第一章　沿革

台灣本是我國的藩屬，自一八九五年割讓日本以來，已經有了半個世紀，在半世紀以前的台灣戶口制度，當然就是我國前清的戶口制度，我國前清的戶口制度，原有兩種，一種是以征課租稅與賦役爲目的，其簿册名之爲「賦役册」，一種是以警察取締爲目的，其簿册名之爲「保甲册」，而當時所施行於台灣的，名義上僅有「保甲册」一種，唯實質上是兼有以上兩種簿册的作用的，不過施行的範圍並不普遍，僅及於幾處重要的地區而已。

當時台灣的保甲編制，以十戶爲一牌，十牌爲一甲，十甲爲一保，牌置牌長或牌頭，甲置甲長或甲頭，保置保長或保正，每隔二三年整理門牌一次，門牌上記載戶主戶家長及家屬的姓名，及其他必要事項，保甲的編組就是依照門牌順序而編成的。

日本自取得台灣以後，爲欲明瞭台灣的社會情形，利於統治起見，立刻着手整理台灣的戶口，於明治二十九年（一八九六年）八月，制定了一種台灣住民戶口調查規程，其規定的內容的大要如左：

一、戶籍上記載戶主及家屬的姓名，年齡，身份，命警察官與憲兵隊編成之。

二、戶籍不分本籍與客籍，完全依據本人所在地而編成之。

三、戶籍以一戶爲一份，每一街庄編爲一冊。

四、不時派遣各街庄之總理巡查管區內，命其作戶口異動之報告，根據報告，更正簿冊。

到了明治三十六年（一九〇三年）日本政府又在台灣公布了一個戶口調查規定，摘譯其重要內容如左：

一、調查各戶現住者之身份，職業，及其異動，且視察其性行，與生計之狀況。

二、命巡查巡查補執行之。

三、共同生活者即視爲一戶。

四、根據保正甲長及本人之聲請，或其他方法得知戶口有異動時，應予以實查，並更正戶口調查簿冊。

從這個規定內容看來，台灣的戶口制度，性質上沒有甚麼變更，仍然是一本「保甲冊」的延續，不過關於戶口調查的「權責」，由憲兵隊方面收回完全交給警察機關辦理口規則，不過是一個警察法命，而並不是戶籍法規，可是台灣人除此以外，則無戶籍，人身份的功用，明白一點說：仍不過是一本「警察簿册」而已，就因爲他們所根據的戶員的戶籍，遂得以實現，不過這種含有「本籍主義」色彩的戶口簿册，依然沒有公證個記於該戶戶口調査簿末尾所附之附箋上面編訂之，從此以家爲本位而登記家長及家屬全本居地之戶口調査簿上，不問是否爲現住人，統統都要登記，非家屬而同居的人，則登在「現住主義」之中加上了「本籍主義」的成份，以台灣人的主要住所爲「本居」，在在那一年十二月頒布了一個戶口規則，於第二年一月十五日施行，這個規則的特質，是

到了明治三十八年（一九〇五年）日本政府又計劃實行大規模的台灣戶口普查，就訓令，不是法律，所以當然不會有公證與確認個人身份的效力了。

義」的戶口編製，實際上並不能當作「戶籍」看，因爲他們所根據的不過是地方官廳的編造的戶口簿册，當然不會很完備了，此外，還有一點値得注意的，這種含有「本籍主取「聲請主義」的關係，居民因不明手續與懈怠等關係，多不履行聲請的義務，因此所口編製，但當時並沒有整個的統一計劃，所以各地所編製的方法也不一律，又因爲是採不能證明居民的身份關係，認爲有許多不方便的地方，所以就開始作「本籍主義」的戶

明治三十五年（一九〇二年）台灣的警察當局，感覺到「現住主義」的戶口簿册，

了。

所以那本非戶籍的戶口冊，也並不是完全沒有身份證明上的作用，這種情形與我國今日警察機關的戶口調查簿册頗相類似。

因爲台灣人沒有戶籍，所以日台人間的通婚就成爲法律上的問題了，這中間有三個原因：

1. 根據日本民法之規定，通婚事件必須聲請登記後才能發生效力，聲請手續與聲請表格是規定在戶籍法上面的，台灣沒有戶籍法，只有警察法規的戶口規則，根據戶口規則之聲請，是不發生身份上的效果的。

2. 依日本戶籍法規定，除籍者必須先辦入籍之手續，否則不予受理，因爲日本人認爲未先入他籍而准其除籍，有變爲無籍者之可能，假如有日本人於台灣人之戶，雖有戶口調查簿之登記，但如日本法律並不承認此種登記是戶籍上的入籍，欲向日本戶籍上去除籍是不可能的。這個問題經過很長久的期間沒有解決，日本政府有時主張在台灣頒布特別的戶籍法，有時主張將日本戶籍法施行於台灣，有時主張製定一個關於通婚的特別規定，一直到了昭和七年（一九三二年）日本政府與台灣總督才商決了一個辦法，就是：「把根據戶口規則所編製的戶口調查簿，當作戶籍簿使用」，在同年十一月，日本政府頒布了一道律令，「關於台灣的戶籍暫依台灣總督之所定」第二年台灣總督府又頒布了一道府令「關於本島人之戶籍暫依本府所布之戶口規則之所定」，那個戶口規則也加以幾度的修正，今日所施行者爲昭和十年台灣總督府第二次所修正公布施行的，這麼一來，向來是警察法規的戶口規則變成了警察法規與戶籍法規的雙料性了，原來是保甲册的戶口調查簿，也變成了警察簿册與戶籍簿册的雙重作用了，從此台灣人才算有了戶籍，日台人間之通婚問題也得到了一個解決，所以後來一般人就把昭和八年台灣總督府所發的那一道府令稱之爲「共婚法」，這個共婚法在台灣的戶籍史上，是占有極重要的地位，因爲牠是促成台灣戶籍制度建立的一個大動力。

日本統制下的台灣戶政概要

六

第二章　戶籍事務之掌理與監督

第一節　戶籍事務之掌理

關於戶籍事務之掌理，台灣與日本內地及我國均不相同，台灣戶口規則第一、二、兩條規定：

第一條：「關於戶口事務，由郡守警察署長警察分署長或支廳長掌理之，知事或廳長認爲必要時，得命郡警察課分室或警察派出所警察分駐所之首席警部，或警部補掌理戶口事務」。

第二條：「爲記載戶口事項，由郡役所警察署警察分署支廳或依前條第二項之規定掌理戶口事務之警部，或警部補，或警察課分室，警察派出所，警察分駐所置備戶口調查簿。

日本戶籍法第一條規定：

「關於戶籍事務由市町村長掌理之」。

我國戶籍法第十條之規定：

「每戶籍管轄區域設戶籍主任一人，戶籍員若干人，掌理戶籍及人事登記事務，於鄉鎮公所或坊公所內辦理之」。

日本內地與我國情形相同，均以自治人員掌理戶籍事務，而台灣則由警察官吏去兼辦，這大概是帝國主義者統治殖民地的特殊制度吧？

第二節　戶籍事務之監督

戶籍事務之監督，台灣與日本內地及我國亦不盡相同。

我國戶籍法第十三條規定：

「戶籍及人事登記事務，以鄉鎮公所或坊公所所屬之縣市政府爲直接監督官署。區長有襄助縣長或市長或市長指導區內各鄉鎮或各坊辦理戶籍及人事登記事務之責」。

日本戶籍法第三條規定：

「戶籍事務由管轄市役所，或町村役場所在地之區裁判所判事或監督判事一人監督之」。

我國是把戶籍事務交給自治人員去辦理，其監督權也交戶籍事務執行機關之上級機關，日本內地則把這種監督權交給司法機關，台灣的戶口規則就根本沒有監督制度的規定，唯昭和七年十一月府令第三六一號中有「……戶籍事務第一級由管轄郡役所警察署警察分署或支廳長所在地之知事廳長監督之」之規定，蓋日本以台灣的戶籍事務當作行政官署的普通行政事務看，所以其監督系統，也當然以行政官廳的監督系統為其監督系統了。

日本統制下的台灣戶政概要

10

第三章 戶口調查簿

第一節 戶口調查簿之編製

台灣戶口調查簿分「本籍戶口調查簿」與「寄留戶口調查簿」二種：

（一）本籍戶口調查簿：

「本籍戶口調查簿」，是以台灣人在台灣市、街、庄、區地域內已決定其「本籍」，以戶主為中心分戶編製的，唯日本人受日本戶籍法之支配，在內地已有「本籍」，不能再在台灣定其「本籍」，就是「轉籍」也不可能，因為日本戶籍法是施行於台灣的，其次「高砂族」，凡居住於蕃地的「高砂族」不編入戶口調查簿內，當然是談不到甚麼「本籍」了，假如居住在市、街、庄、區、地域以內的話，則又當別論。

（二）寄留戶口調查簿：

所謂寄留「戶口調查簿」者，在戶口規則第三條之規定，有左列三種：

甲、本籍外於一定場所有住所或居所者。

乙、無本籍，本籍不明，及無日本之國籍而居住一定之場所者。

丙、於一定場所寄留在九十日以上者。

寄留戶口調查簿是以寄留者之家長爲中心分戶編製，不論「高砂族」以及外國人，凡是寄留者均可編入而受戶口規則之支配，唯除「中國人」以外之「外國人」，則不適用戶口規則，而以另定之「外國人處理規則」處之。

「不論「本籍」或「寄留」戶口調查簿，均以市、街、庄、區、爲單位，依據地段及門牌號碼之順序，依次編訂，不分市、街、庄、區之地域，依知事或廳長所定之區域爲標準，如一市、街、庄區、分二個以上警察官署管轄區域之場合時，則分別編訂之。

戶口調查簿爲利於永久保存起見，所用紙張爲硬性之洋紙，爲利於區別，「本籍戶口調查簿」所用之紙張爲白地黑字，「寄留戶口調查簿」所用之紙張爲白地紅字。

第二節　戶口調查之登記

「戶口調查簿」上應登記之事項，依戶口規則第九條至第十一條所定如左：

（一）「本籍戶口調查簿上」應登記之事項如左：

1.戶主前戶主及家屬之姓名。

2.戶主之本籍。

3.戶主及家屬之出生年月日。

4.為戶主及家屬之原因，及其年月日。
5.戶主及家屬之親父母姓名，並戶主及家屬與親父母之親屬關係。
6.戶主或家屬為养子時，其養父母及親父母之姓名，並养子與养父母及親父母之親屬關係。
7.戶主與前戶主及家屬之親屬關係。
8.家屬之配偶者，或因家屬而與戶主有親屬關係者之親屬關係。
9.由外人而成家屬者其與原家庭間之親屬關係。
10由外人而成為戶主或家屬者，其原籍戶主之姓名及其戶主與戶主或家族間之親屬關係。
11有「監護人」或「或保佐人」者，其監護人或保佐人之姓名本籍，及其就職與任務終了之年月日。
12其他關於戶主及家屬之身份事項。

（二）「寄留戶口調查簿」上[illegible]記之事項如左：

1.寄留者之姓名及出生年月日。
2.家長之姓名，及家長與寄留者之親屬關係。
3.寄留者親父母之姓名及其親屬關係。

4. 寄留者之本籍。
5. 寄留者在本籍爲家屬，其本籍戶主之姓名及其親屬關係。
6. 與配偶同爲寄留者時，其配偶之姓名及其親屬關係。
7. 無本籍或本籍不明者其原因。
8. 無日本國籍者，其國籍及有無國籍。
9. 寄留之年月日及場所。
10 變更寄留地者，其前寄留地。
11 有兩個以上之寄留地者，其他寄留地及寄留年月日。
在「戶口調查簿」上註銷戶口的時候，應登記之事項如左：
1. 註銷之事由及年月日。
2. 因入籍他家而應註銷者，其入籍家之戶主姓名。
3. 因一家創立，分居，或廢絕家再興而應註銷者，其一家創立，分居及廢絕家再興之場所。
4. 因變更寄留地而應註銷者，其新寄留地之場所。
戶口調查簿上記載之順序如左：（調查簿製成後之記載，則不受此限制）
第一：戶主（寄留戶口調查簿爲世帶主）

第二：戶主之直系尊親。

第三：戶主之配偶。

第四：戶主之直系卑親屬及其配偶。

第五：戶主之旁系親屬及其配偶。

第六：非親屬之家屬。

第七：同居寄留人，僱人，（限於寄留戶口調查簿）

記載文字不得竄改，如有改正，加入，或消除時，必須將字數記載於欄外，且經警察官署之蓋印，如消除事項，必須存留原記載之字跡。

記載文字必須筆畫分明，不得使用簡字或符號等代替，如係記載年月日倘須用壹、貳、叁、拾等大寫數字。

記載一律用墨筆，削除則用朱筆。

一戶內消除一人或數人之場合，應在消除人之姓名欄內從右上角至左下角劃一紅色斜線，如全戶消除時，在該戶戶內調查簿之右上角至左下角劃一紅色斜線。

每人事由欄之記載，其末尾必須由警察官署長用印。

第三節　戶口調查簿登記之手續

台灣戶口調查簿之登記可分二種：

（一）原始的：依據戶口規則及其他戶籍法令之聲請，請求，證書，調查書，或航海日記之謄本而登記之。

（二）例外的：依據法令之「職權登記」，此種登記又可分爲三種：

甲職權登記：

凡聲請義務人不履行聲請手續時，警察官署應先行催告，若仍不聲請時其辦法如下：

1. 關於身份事項應受知事或廳長之認可而爲戶口調查簿之登記。

2. 不關於身份之事項，可立即爲戶口調查簿之登記。

如遇不作聲請而離台灣時，因無法催告亦可逕作「職權登記」。

乙、職權更正：

關於這一點，是台灣戶籍制度上的特質，據我國戶籍法第一一七條之規定，登記事項爲法律所不許，或有錯誤脫漏而爲戶籍主任發現時，應即通知原聲請人或利害關係人爲更正登記之聲請，日本戶籍法也規定上項情形，如係戶籍人員所發現，應通知其本人命其辦理更正手續。如本人仍不更正時。方可用戶籍人員受區裁判所之許可而更正之，然台灣警察官吏的職權是特別大，有例外的「職權更正」權，所謂「職權更正」，卽警察官吏發現登記事項爲法律所不許或錯誤遺漏時，戶口調査簿之管理者，受知事或廳長之許可，得修正之，修正後再通知其本人，如係寄留戶口調査簿之更正，可不經知事廳長之許可而逕行更正。

丙、地名變更

行政區域，或地名，地番號等有變更之場合，亦認爲是戶口調査簿記載之更正，警察官署長得自動更正之。

第四節　戶口調査簿登記之注意

凡有聲請「除籍」者必須先明瞭其「入籍」之情形，不然不准其「除籍」，例如「出嫁」「廢家」之聲請，如無「結婚」「一家創立」之聲請，則不予接受，因爲他們認爲這種人有變成「無籍者」之可能。

第五節　戶口調査簿之閱覽謄本與抄本

蓋求閱覽「戶口調査簿」「除戶簿」或索取其謄本抄本者，根據戶口規則第八條之規定，得繳納手續費而請求之，這是與我國及日本戶籍法所定者相同，唯前者爲有求必應不得拒絕，後者有正當理由得拒絕其請求也。

第六節　除戶簿

將戶口調查簿上銷除下來的「戶籍」所編訂起來的「戶籍簿」，稱爲「除戶簿」「本籍除戶簿」應保有五十年，「寄留除戶簿」只保存三年。

第四章　戶口異動登記之聲請

第一節　總說

（一）聲請義務人

台灣戶口調查簿之登記，雖有依據警察官吏之職權或其他事由而記載的，然總以人民之聲請登記爲原則，聲請義務人，過去是只限於戶主的，後來他們感覺到有很多的情形由第三者聲請比較戶主聲請更爲適當的，所以對於聲請義務人以「事」之性質爲基準，分別予以規定：

1. 未成年人以其親權者爲聲請義務人。
2. 禁治產者以保護人爲聲請義務人。
3. 如以本人不在或其他事由不能聲請時，由戶主或代替戶主家務之人爲聲請義務人。
4. 航海中出生或死亡時，船長應向最先到達港口之警察官署提出航海日記謄本，此項航海日記謄本之提出，等於出生或死亡之聲請。

5.在監獄、醫院，或其他公共場所出生或死亡而無聲請者時，應由該公共場所等之首長或管理人聲請之。

6.發現棄兒時，發現者應即向警察機關「申告」，接收「申告」之警官須作成「調書」此項文書之製作與出生登記之聲請，有同等効力，凡由第三者聲請登記之場合，均須記載其要旨於聲請書內。

（二）聲請事項

戶口規則上規定台灣人與非台灣人，其聲請事項是不同的，台灣人應聲請之事項，據該規則第十八條之規定有左列二十五項：

1.出生　2.嫡子否認　3.私生子認領　4.收養　5.收養關係終止　6.結婚　7.離婚　8.監護　9.隱居　10死亡　11失蹤　12戶主繼承　13推定戶主繼承人之廢除　14戶主繼承人之指定或選定　15入籍　16離籍　17復籍拒絕　18廢家絕家或廢絕家再興　19一家創立或分居　20姓名變更　21轉籍　22就籍　23國籍之得喪　24寄留或寄留退去　25以上各項登記之更正或變更。

日本人、朝鮮人、外國人應聲請之事項據該規則第十九條之規則僅左列六項。

1.出生　2.婚姻　3.離婚　4.死亡　5.寄留與寄留退去　6寄留戶口調查簿上記載事項有更動之時。

（三）聲請方法

日本戶籍法上承認聲請之方式，除「書面」外可用「口頭」，書面亦無一定格式之限制，唯台灣人則不同，據戶口規則規定，聲請登記非用書面不可，書面且有一定之格式，不過事實上聲請具備必要之要件，雖不合格式，亦並不認爲無效，此外還有一點不同，台灣人聲請登記，必須經過「保正」轉報的手續，非台灣人則可逕行呈報。

（四）聲請期間

台灣人聲請登記的期間，據戶口規則十八條之規定，從事實發生之日起十日以內，日本內地人、朝鮮人，外國人之聲請期爲三十日，因日本內地人等之結婚、離婚及其他發生身份變更之事項，必須先向國內本籍地之市町村長處聲請登記後，台灣警察才能管理，故聲請期間非延長不可。

聲請之催告，從前規定期限爲七天，現在則認爲此種不分事實情形的刻板規定，不甚合理，所以現在關於催告期間限制，完全依照實際情形而伸縮。

第二節　出生之聲請

出生登記之聲請，應由出生子女之父或母爲之，如出生子女之父母事實上不能作登記之聲請時，可由戶主或他人代爲聲請，如在醫院、監獄、中出生由該醫院監獄之負責人代爲聲請，航海中出生，由船長提出航海日記謄本等是，如台人與生蕃間所生之子女其登記之方法有二：

1.台男人生家與蕃女所生之子女，作生蕃人登記之。

2.如生蕃人入台人之家與台女結婚所生之子女，則依照夫婦間所訂之特約，或該地之習慣，其出生子女屬於母者作台人登記，屬於父者作生蕃登記。

登記姓名使用外國文字者，不予管理，童養媳所生之私生子女，從其養家之姓。

第三節　嫡子否認之聲請

嫡子者因婚姻所生之子女也，所謂因婚姻所生之子女，必須具備左列數要件：

1.父母是夫婦

2.其子女是妻所生之子女

3.其子女是夫所生之子女

4.在婚姻中懷胎

以上第1.2.兩項事實，是很容易證明，但3.4.兩項事實之證明，則頗爲困難，依日本民法規定，從婚姻成立之日起二百日後，婚姻解除或消滅之日起三百日以內，妻所生之子女，卽推定爲婚姻中懷胎夫之嫡子，假如這樣的推定認爲有異議，可提出否認之意見，這種否認意見之提出，卽所謂嫡子否認之聲請。

依台灣之習慣，婚姻中所生之子女，縱然昨日結婚，今日生子，也是夫之子女，但現在日本警察不承認這種習慣爲習慣法，完全依照日本民法所規定的去辦理，如確在婚姻事實之下所生之子女，雖聲請婚姻之時間不符民法所規定，亦認爲是嫡子。

嫡子否認爲否認者之單獨行爲，不以任何人之同意爲必要，倘被否認者不服否認時，應卽提起否認無效之訴，依裁判而決定之，不然，聲請卽爲有效，警察官吏卽可作「職權登記」，如被否認之嫡子爲母之私生子，依「不知父之子女入於母家之原則」應待其母離婚後入於母家，如遇母無可考，或尙在夫家並無離婚之意，否認者又不許於否認者繼續同居之場合，則應爲「一家創立」，如否認者認其繼續同居，則只須在戶口調查簿上關於身份之記載加以改正卽可，因事實上僅發生身份之變更而已。

第四節 私生子認領之聲請

私生子者自懷胎以至出生其父母無婚姻關係所生之子女也，私生子認領爲認領者之單獨行爲，父或母爲認領之聲請時，不必得他方之同意，唯有一方提出反對卽爲無效。

庶子因父母之結婚而自然取後嫡子之身份。

第五節　收養之聲請

台灣的養子制度可分爲下列四種：1.過房子　2.螟蛉子　3.養女　4.媳婦子日本民法規定，有男性無法定繼承人之場合，除入贅外，不得收養男性之養子，而台灣的習慣，收養子的目的，不一定限於繼承祖先之祭祀，雖有男性之子孫或養子時，不妨再收養男性之養子，至於以賣淫爲目的而收養女，台灣也很普遍，唯法律上認爲此種收養關係爲無效。

收養之聲請，無論養親或養子均須得其父母或戶主之連署，蓋收養卽發生法定血親之關係頗大也。

台灣人收養外國人爲養子，須得日本內務大臣之許可，而爲養子者，須在日本有住所一年以上與品性端正者爲限。

養親者之年齡，須在二十歲以上，但寡婦爲繼承夫之家產立夫之祭祀而收養者不在此限，未出嫁之女子不得收養，但有家產之子女爲繼承其家產而收養者亦不在此限。

第六節　收養關係終止之聲請

台灣人的習慣，養親死亡後，其家長得請求爲協議或裁判之收養終止，養親死亡後之養子，欲終止被收養之關係，得戶主之同意，亦得依日本民法之規定聲請終止，「媳婦子」如因養親家特定或不特定之男子不願與其結婚時，可拒絕結婚，因男方之拒絕結婚，就成爲「媳婦子」收養關係終止之原因。

終止收養關係之聲請與收養之聲請同，養親養子雙方均須得其父母或戶主之連署。

第七節 結婚之聲請

日本民法規定，婚姻是由聲請而發生效力，結婚聲請男女雙方均須得父母及戶主之連署，唯男子超過三十歲女子超過二十歲者，可無須父母或戶主之連署，而台灣因日本民法中「親屬」「繼承」二篇之不適用，故婚姻要件完全依其習慣，台灣的婚姻要件可分爲：

1. 實質上之要件：

A、達於適婚之年齡

B、一夫一婦

C、異姓

D、非親屬

台人結婚年齡，男子爲十六歲以上，女子爲十四歲以上，台人本有蓄妾制度，自日本佔領後，更許妻死妾可升格，同姓婚爲台灣舊法所不許，也違背民間之習俗，但事實上有此種事實亦不算無效，親屬不許通婚，唯親屬之範圍甚難確定，據說有服喪關係者禁止結婚，無服喪關係而有尊卑長幼之名分者，亦在禁止之列。

2.形式上之要件

A、有主婚人

B、有媒人

C、有一定之儀式

然不具備以上要件亦不認爲法律上完全無效。

其次，台灣尚有一種「變例婚姻」，即所謂「招入婚」，「招入婚」又可分爲二種。

1.女或養女留在女家以迎其夫。

2.寡婦留在前夫家以迎後夫。

第一種稱之爲「招婚」，第二種稱之爲「招夫」、此種婚姻制度日本政府准許其存在，認爲並不違背公共秩序，與善良風俗。

第八節　離婚之聲請

台灣的離婚可分爲「協議離婚」與「裁判離婚」兩種，「協議離婚」經雙方之同意而離婚，本無可敍述，「裁判離婚」有以下三種原因：

1. 本於法令之規定。
2. 本於夫之意思。
3. 本於妻之意思。

本於法令之規定又可分爲二種：

甲、違背法令規定之婚姻。

乙、義絕。

義絕有八種：

A、容縱本人之妻與人通奸者。

B、典押價賣其妻與人作妻妾者。

C、夫之父母祖父母無理由毆打其妻致殘廢者。

D、夫婦之一方殺害他方之父母祖父母等近親者。

E、夫妻一方之父母祖父母等近親殺害他方之近親者。

F、夫妻之一方毆打他方之父母或祖父母者。

G、妻與夫之近親通奸，或夫與妻之生母通奸者。

H、妻有謀害夫之意圖者。

以上八款稱之爲「八絕」有其一必須離婚，否則受法律制裁。

本於夫之意思而離婚者，除以上「八絕」外尚有「七出」。

A、無子嗣。

B、淫蕩。

C、不事翁姑。

D、多言。

E、嫉妬。

F 盜竊。

G 惡疾。

所謂「八絕」—「七出」爲上流社會人的離婚原因，至於下流社會的人，就根本不懂，完全是濫用夫權之強制離婚而已。

本於妻之意思而離婚者，除「八絕」外，爲夫失綜三年以上而無音信者。

以上種種離婚之原因，爲台灣之舊習慣，現在日本政府除民法上所規定之裁判離婚外，概不承認。

第九節　監護之聲請

監護是以保護無能力者爲目的的一種制度，日本的監護制度有二種，一爲「後見」，一爲「保佐」，「後見人」是爲禁治產者與無親權者之未成年人而設的監護人，「保佐人」是對於準禁治產者所設立之監護人，禁治產，準禁治產，規定於民法總則中，當然台灣也適用，未成年人是規定於民法親族編中，台灣是不適用的，所以台灣對於未成年人監護之設置，就無成例可援，而未成年者之保護制度，甚關重要，似未便聽其虛懸不決，故除引用台灣的「托孤」舊制外，似乎應該適用日本的「後見」制度才是。

第十節　隱居之聲請

隱居者戶主爲使繼承人繼承戶主權自行地棄戶主權的一種制度，此種制度容易助長遊惰之風，負有債務之戶主隱居，大有應變於債權者之權利，故日本民法規定，非年齡達於六十歲以上，有完全能力之家長繼承人之承認，不許隱居，如因戶主之疾病，或其他不得已之事由不能執行家務時爲例外，唯女戶主之隱居，無年齡制限，蓋有因婚姻而入於他家之可能也。

台灣本無「隱居」，而有「靜養」，「靜養」與「隱居」之意義不同，「隱居」者戶主所有之權利義務之全部完全由繼承人繼承之，「靜養」則不一定繼承財產上之權利義務，所以台灣警察過去不管理「隱居」之聲請直至昭和十年（一九三五年）日本法院才決定台灣人也有「隱居」制度，其應具備之要件，類似日本民法「隱居」之規定。

第十一節　死亡之聲請

死亡之聲請人，以戶主爲原則，唯死亡之原因極爲顯明時，則不以戶主爲限，孩童死亡，可由其父母爲之。

航海中，醫院、監獄、及其他公共場所死亡時，其聲請手續，與出生之聲請同。

第十二節　失蹤之聲請

這兒所謂「失蹤」聲請，就是「死亡宣告」之聲請，因某人失蹤期間較久，將來無歸來之希望，爲確定利害關係人法律上之權利義務起見，由利害關係人之聲請，將失蹤者看作死亡者，依裁判而宣告之。

關於失蹤聲請之要件，完全依照日本民法總則之規定。

第十三節　戶主繼承之聲請

所謂「繼承」，有一定親屬身份關係者之間，因戶主之死亡或戶主權之喪失，而將其所有之權利義務由他人完全繼承的意思。

日本的繼承，分爲「身份繼承」與「財產繼承」二種，民法上所謂「家長繼承」，是戶主權與家長權同時繼承的，但台灣的戶主繼承可分爲三種：

1. 宗祧繼承。
2. 戶主權繼承。
3. 財產繼承。

宗祧繼承是繼承祖先祭祀地位者之繼承，以長子孫爲限，戶主繼承，爲支配一家之家長權之繼承，以一家之最尊長者爲限，財產繼承卽所謂「分頭繼承」，或「數字均分主義」，與以上二種繼承分別而行，現在因長期間受日本警察辦理之結果，「戶主繼承」與「家長繼承」已慢慢照着日本民法上之「家長繼承」去辦理了。

其次，台灣的習慣，女子是沒有繼承權的，而現在則戶主繼承與財產繼承都可以了。

第十四節　推定戶主繼承人廢除之聲請

日本民法規定，被繼承人對於家長繼承人，以法定之原因爲理由，得請求法院用裁判的力量來剝奪家長繼承人之地位，爲保護被繼承者之利益，與防止社會秩序之紊亂，均有其必要也，但台灣卧不適用民法繼承篇，沒有法定的根據，過去又無一定之舊習慣，所以這個問題甚爲模糊，從維持社會秩序之立場看，大槪還是要適用日本民法的規定的吧？

戶主繼承人廢除之聲請，應由廢除者爲之，如以裁判而廢除之場合，必須添附裁判之謄本。

第十五節　戶主繼承人之指定與選定之聲請

一、戶主繼承人之指定

所謂戶主繼承人之指定者，因「死亡」或「隱居」等原因失去戶主地位之被繼承人，因無法定家長繼承人而自行指定家長繼承人的意思，此種戶主繼承人之指定，僅限於被繼承者之「死亡」與「隱居」，如因國籍之喪失女戶主之入夫婚姻，入夫之離婚等原因而喪失戶主之地位者，僅爲戶主繼承人之開始，而非戶主繼承人之指定也。

戶主繼承人之指定，是被繼承者之單獨行爲，不以被指定者之同意爲必要，如被指定者不接受指定時，卽爲無效。

指定繼承人無何等範圍之限制，所以指定任何人都可以。

台灣戶主繼承人之指定，也無明白之習慣，可以也很模糊。

二、戶主繼承人之選定

被繼承人死亡時，旣無法定戶主繼承人，也無指定戶主繼承人，被繼承者之父母或親屬會得選定繼承人，有選定權者之順序：第一爲被繼承者之父，次爲母，再次爲親屬會，被選定者之順序如左：

1.女之配偶　2.兄弟　3.姊妹　4.孫女之配偶　5.兄弟姊妹之直系卑親屬。

選定之順序雖規定如上，但事實上大都尊重家族制度之精神，與被繼承者之意志而決定，並無選定之餘地也。

台灣原有繼承人「追立」之習慣，卽被繼承者死亡而無繼承者時，由親族之協議而決定繼承人，唯此種「追立」繼承，並不限於戶主，卽非戶主「宗祧繼承」或「財產繼承」均可以「追立」之方式而決定之，與「選定」之意義頗相類似。

第十六節　入籍之聲請

一、一般入籍

民法上所謂「入籍」，因「婚姻」「收養」以外之事由而入他家的意思，台灣因爲從前沒有戶籍，所以「家」的範圍不十分明確，因之「入籍」當然不會有舊習慣了，所以平時對於「入籍」是把他當作戶口事務上的入戶去辦理的，如婦女入於他家，作爲哺育子女上之必要而入戶，衰老者，殘廢者之入於他家，作爲扶養上之必要而入戶，自由「入籍」有混亂人事關係之可能，故除民法所規定的入籍原因以外，不得聲請「入籍」。

「入籍」之聲請，須得入籍者及原家庭之戶主之連署。

二、妾之入籍

日本內地也有「蓄妾」的情形，可並非是一種制度，不過是變相的情婦而已，但台灣成爲一種公開的制度，「娶妾」爲堂堂正正的「入籍」，戶籍上也承認是家屬，而且與娶妻一樣，也須具備一定的要件，其要件如左：

1. 實質要件：

A、達於適婚之年齡

B、異姓

C、非親屬

D、爲夫者已有妻或前妻

2.形式要件

A、授受聘禮

B、有婚書

C、有媒人

「蓄妾」旣成爲一種制度，公然入於夫家，在社會上法律上卽能發生種種之效果如左：

▲在夫家發生家族關係

B與夫之親族間發生親族關係

C與妻一樣稱丈夫爲「夫」

第十七節　離籍之聲請

一、一般離籍

離籍者戶主將家屬中之不服從戶主權者，使與自己之戶分離的意思，蓋戶主有指定家屬「居所」之權力，對家屬之「婚姻」「收養」有同意權，如家屬中有不服從家長之居所指定或不得其同意而爲「婚姻」「收養」時，戶主即可命其離籍。

台灣對於「離籍」，也沒有明白的習慣，只要戶主認爲不合意時，即可命家族離籍，其戶主權亦未免太大，情理上還是應該依照日本民法的離籍原因去辦理爲合理。

離籍爲戶主權之發動，不以任何人之同意爲要件，唯離籍者非聲請「一家創立」或入籍他家之後不受理離籍之聲請，因爲這種人有幾成無籍者之可能。

二、妾之離籍

妾之離籍比任何離籍的手續爲簡單，只要不願意夫妾關係繼續時，即可脫離，唯舊習慣上夫妾離異爲夫專有之特權，妾不能作任何主張，現在可不同了，妾也可以不要特殊之理由而要求離異，夫無重大的理由不得拒絕。

第十八節　復籍拒絕之聲請

日本民法規定「復籍拒絕」者，家族不得戶主之同意爲「婚姻」「收養」之場合，戶主對於此種人所作將來拒絕復籍之意思表示也，上節所述，未得戶主之同意而婚姻收養，未離其家者，戶主可命其離籍，離開其家者，如因離婚與終止收養等關係而必須復籍時，戶主亦可豫先作拒絕復籍之意思表示，而此種表示，尙須在事實發生後一年內行之，不然恐當事者易陷於不安之狀態也。

台灣之「拒絕復籍」略有不同，卽家屬之婚姻收養不論當時是否已得戶主之同意，戶主均可作「拒絕復籍」之表示，唯日本警察不承認這種習慣為習慣法。

「拒絕復籍」爲戶主之單獨行爲。

第十九節　廢家絶家與廢絶家再興之聲請

一、廢家

廢家者戶主廢其本家率領家屬入於他家的意思也，入於他家之原因，不外爲「婚姻」「收養」「繼承」「入籍」等數種，而作廢家之聲請者，原則上以「新立一家」爲限，如「本家之繼承」「本家之再興」等卽可作爲廢家之正當理由，這是一種家族制度的精神，台灣本有長房無子，次房以下有子，廢除次房繼承長房之事實，除此以外，更無其他明白的習慣了，昭和九年，日法院判例，廢家之原因與條件準用民法之規定辦理。

作廢家之聲請者，必須先得法院之許可而添附其判決之謄本。

二、絶家

所謂「絶家」者，因喪失戶主而無戶主繼承人致使其家消滅的意思也，是普通的如戶主「死亡」或「失蹤」，雖有家屬亦不能成立一家，這種情形應聲請「一家創立」。絕家之聲請，只須與戶主「死亡」或「失蹤」之聲請書上記載其要旨就可以，無另作聲請之必要。

三、廢絕家再興

曾一度「廢家」或「絕家」後，仍舊可以把他再興起來，台灣對「廢家再興」，後有明白的習慣，對「絕家再興」則有「死後收養」的辦法。「廢絕家再興」之聲請，應由再興者爲之，而再興之場所，應爲「廢絕家」原來之場所。

第二十節 一家創立或分居之聲請

一、一家創立

「一家創立」並非本諸當事者之意思，而是依據法定的原因當然創立的，可以「創立一家」的場合，有如左數種：

1. 無父母者
2. 私生子不能入於母家者
3. 家屬之被離籍者

4.應復籍本家而不能復籍者

5.已絕家而尙有家屬者

6.外國人之來歸化者

7.無籍者之子生於日本者

台灣關於「一家創立」的習慣，最流行的爲「招夫」「招壻」之被離婚而不能復歸本家，與私生子之無父認知，又無母家可歸者兩種，除此兩種情形以外之「創立一家」當準用日民法之規定。

一家創立之聲請，應由創立者本人爲之。

二、分居

「分居」者家屬得戶主之同意由其家分離另創一同姓之家之意也。

分居必須是家屬，但法定推定家長繼承人，妻、女戶主之夫，不得分居。

分居之聲請，分居者必須得本家戶主之連署。

第二十一節　姓名變更之聲請

日本內地對於姓的變更，只限於舊姓或祖姓的恢復，名的變更只限於同姓同名與一定宗教之牧師。

台灣的舊習慣只有變名而無變姓的，現在日本警察也限制台灣人變姓，（唯蕃人不受限制）他們認爲准許變姓，有發生一戶內異姓同宗血統之可能。

台灣的習慣，婦女出嫁之後，父姓夫姓並稱的，如陳李氏某某，陳門吳氏等，現在可改了，與日本一樣只稱夫姓不稱父姓了，又因爲一班婦女的名字慢慢的被日本化，如雪子芳子等已經很普遍了，所以現在戶口規則上的規定已經更改，凡是稱芳子等名字之婦女，姓之下不要再添附「氏」字了。

姓名變更之聲請，必須得知事或廳長之許可而添附其許可書。

第二十二節　轉籍之聲請

轉籍者，轉移本籍地也，從前台灣人因爲沒有戶籍，所以只有事實上之「轉居」，而無「轉籍，」現在據戶口規則的規定，台灣人定「本籍」，以市街庄區地域以內爲限，而且不能移於「蕃地」，至日人之不得移籍於台灣，台人之不得移籍於日本，已如前述，故不詳。

「轉籍」以有無「轉籍」之意思爲標準，與轉移時間之久暫無關，所以雖有永久轉居之目的，而無轉籍之意者，仍不得爲「轉籍，」所以「轉籍」永無所謂「聲請之懈怠」。

「轉籍」之聲請，須由轉籍者爲之，轉籍於警察官署管轄以外時，必須添附戶口調查簿之謄本。

第二十三節　就籍之聲請

「就籍」者原來有某國人之身份因手續上之缺漏，或其他事由，失去了「本籍」，根據既存之身份關係，而定其「本籍」之意也，例如怠於爲出生之聲請，而使嬰孩成爲無籍者，有聲請義務之出生者之父母，隨時都可以補請登記，而確定其「本籍」，唯台灣人之所謂「就籍」，又另有其特殊的意義，因爲台灣割讓給日本的時候，所訂的日清條約裏面規定，台灣人在二年的猶豫期內，可以自由決定其國籍，到明治三十年五月八日止，不離開台灣的話，就成爲日本人了，台灣當時是沒有戶籍，所以身份關係不明確，到明治三十九年戶口規則施行以後，身份關係才明白確定，凡明治三十年至三十九年間離開台灣或進入蕃地的人，戶口調查簿上都沒有記載，這些人就稱之爲「漏籍者」，「漏籍者」要確定日本籍的時候就是「就籍」。

「就籍」之聲請，須得就籍戶主之連署，又因爲台灣「就籍」關係比較複雜，日本警察辦理非常愼重，除須得知事或廳長之許可外，尙須得台灣總督之認可。

第二十四節　國籍得喪之聲請

一、國籍與戶籍

國籍是表示國家與人民之關係，戶籍是表示個人與家庭之關係，無戶籍者未必無國籍，無國籍者卽喪失人民與國家之關係了，這是國籍與戶籍不同之點。

二、國籍之取得

國籍之取得，可分「生來之國籍取得」與「狹義的國籍取得」二種，生來之取得國籍者，因出生而取得某國之國籍也，狹義的國籍取得者，無國籍者或已取得某國之國籍者，重新取得他國之國籍也，普通所稱取得國籍，是指此種「狹義的取得國籍」而言。

取得國籍之原因有三種：

1. 基於親屬之關係
2. 基於歸化之關係
3. 基於領土之割讓

茲分別說明如左：

1. 基於親屬關係而取得國籍：

A、爲日人之妻時

B、爲日人之入夫時

C、爲日人之養子時

D、爲日人之父或母認知時

唯以上（二）（三）兩款之取得日本國籍，必須具備：「繼續在日本有住所達一年以上與品行端正者」二條件，而且要受內務大臣之許可。

2. 基於歸化關係而取得國籍

A、在日本有繼續五年以上之住所者

B、滿二十歲以上依本國法有行爲能力者

C、品行端正者

D、有足以維持獨立生計之資產或技能者

E、無國籍或因取得日本之國籍而喪失其原有之國籍者

如合乎下列數條件之一時，無須在日本繼續居住五年以上，三年以上也就夠了。

1. 父或母爲日人者

2. 妻爲日人者

3. 生於日本者

4. 基於領土割讓關係而取得國籍

因領土之割讓而取得某國之國籍，亦爲當然之事實，唯割讓時附有一定之條款者，則於該條款之原因消滅後，自然取得其國籍。

三、國籍之喪失

有左列情形之一者，即喪失日本國籍：

A、爲外國人之妻而取得其國之國籍時

B、因婚姻或收養而取得日本之國籍者，因離婚或終止收養而取得他國之國籍時

C、依自己之志願而取得他國之國籍時

D、喪失日本國籍者之子取得其父之國籍時

E、被外國人認知取得其國之國籍時

F、因生於勅令指定之外國，取得其國之國籍，而無保留日本國籍之意思表示時，

台灣人之喪失國籍，以第三種原因爲最多，蓋台人之來中國而取得中國國籍者，爲數很多，這種人當然喪失了日本的國籍。

第二十五節　寄留或寄留退去之聲請

原來日本警察對於「本籍者」與「寄留者」的管理完全是無區別的，自從戶口規則改訂之後，對於「寄留者」之管理，就簡單化了，只須明瞭他們簡單的身份關係與其動

靜態的情形就可以，所以對於聲請的事項縮少了，聲請的手續簡單了，戶口調查簿上記載的事項也少了，「入籍」與「離籍」的情形，旣已在前面說明，此處就可簡略了。

第二十六節　戶口調查簿記載事項之變更與訂正

台灣戶口調查簿記載事項之更正，本來有兩方面的，一方面是戶口事務掌理者之「職權更正」，另一方面是利害關係人之「聲請更正」，本節所述，係屬後者。

戶口規則第四十條規定：「戶口調查簿之記載，發現有為法令所不許或錯誤與遺漏時，利害關係人得受知事或廳長之許可，添附許可書聲請訂正，但關於寄留戶口調查簿記載之訂正，無須受知事或廳長之許可」，因「本籍戶口調查簿」為「戶籍簿」其記載有法律上之效力，訂正手續不得不愼重，「寄留戶口調查簿」則無此種關係，所以訂正手續較為簡單。

第五章 外勤警察官戶口調查之勤務

第一節 戶口實查

(一)戶口實查之目的

戶口實查，是爲明瞭居民之實際情形，以求取得警察上各種參考資料爲目的的，所以名譽爲「戶口實查」，而實際上除實查戶口外，凡可供警察上參考之事項，均在調查之列，茲摘錄視察心得第一條如左，以觀其警察戶口實查目的之所在：

「戶口實查時應注意查察左列事項：

1. 居民之生活狀況：

A、戶主及家族之性質、素行、經歷、及家族間之情感，與近鄰之評論。

B、職業之種類、勤惰、收入數、資產數、無產無業者，其生活之方法。

C、生計之狀況，特別是與身份不相稱，與極貧困之生活者。

D、交際之狀況，與交際之人類。

2. 居民之衞生狀況：

A住所及附近之清潔狀況。

B居民之康健狀況，尤其是傳染病與地方病之有無。

3.視察上應特別注意之言論行動：

A社會上有勢力者有政治見解者，或地方公共事務宗教事務有關者之言論行動。

B外國人之言論行動。

C違背公共利益之言論行動。

4.政令施行之狀況：

A、新法令遵行之狀況。

B、民衆對於新法令及施政之意嚮。

C、政令施行所及於社會秩序、經濟、及風俗之影響。

5.風俗習慣及其變遷之狀況：

A、日語普及之狀況。

B、警察上應注意之風俗習慣。

C、各種族間之相互關係。

6.產業之狀況：

A地方主要產業之盛衰。

B、農作物之豐歉。

C、商業之振興與否。

D、公司、合作社等之新設、解散、及其內幕情形。

E、新事業之成立，或舊事業之消滅。」

台灣警察之調查戶口，有充分的權力作用，卽警察之臨宅實查，人民有不得抗拒之義務，此與我國今日之情形頗相類似，而與日本內地之情形，則大異其趣也。

（二）戶口實查之區別

台灣警察之戶口實查可分爲「定期實查」「異動實查」「臨時實查」三種

1. 定期實查

定期實查者，爲達到警察調查戶口之一般目的所舉行之「平時調查」也，此種調查，除查覈戶口變動之情形外，最主要之工作，爲識別「人」之善惡良莠而控制之也，視察須知中將人區別爲三種，卽「第一種人」「第二種人」「第三種人」，所謂「第一種人」者爲：「官吏、公吏、及行狀善良而有相當名望者」，「第二種人」爲不屬於「第一種人」與「第三種人」之人，「第三種人」又可分爲左列三種：

A刑事上須監視之人

B行政警察上須監視之人

C 其他警察上須監視之人

2. 異動實查

異動實查者，戶口上有異動情形，經當事者之聲請，警察所舉行之復查也，依台灣戶口規則施行規程第六條之規定：「受持巡查，依戶口規則受理聲請書或其他書類時，應迅速爲戶口實查，確認其事實後，以其書類逕呈於警察首長」，蓋不復查，恐聲請有虛僞與不正確之可能也。

3. 臨時實查

臨時實查者，基於警察上特定事故之發生，如犯罪嫌疑犯之發覺，傳染病之發現等特定目的之下所施行之臨時調查也，戶口調查規程第二三兩條有如左之規定：

「郡守、警察署長、警察分署長及支廳長認爲必要時，得規定地域及日期，命其爲戶口實查」。

「在臨時戶口實查時，應行調查或查察之事項，由郡守警察署長警察分署長及支廳長妥爲規定」。

第三節　戶口調查副簿之整理

（十）戶口調查副簿之性質

因爲台灣的「戶口調查簿」是一本「戶籍簿」，幾乎失去了警察上的作用，所以在戶口調查簿以外，又編製一本「戶口調查副簿」，完全是負有警察作用上的重大使命。

（二）戶口調查副簿之編製

戶口調查副簿因爲沒有戶籍上的作用，所以沒有「本籍」與「寄留」之區別，其編製法與戶口調查簿無甚差別。

（三）戶口調查副簿之記載

戶口調查副簿之管理與整理，完全由受持巡查負責，其記載完全依照戶口調查簿之記載，唯地名的記載，沒有戶口調查簿上那樣的詳細與愼重，關於年月日等數字，也只須用一、二、三等普通的數字就可以了。

種族的記載，從前有「熟蕃人」、「生蕃人」等名稱，現在不再有這種區別，自從東北四省僞稱「滿洲國」以後，日本人的種族又增加了一種，所以現在對於種族的記載，是比較的改正了。

（四）戶口調查副簿之移送

台灣之轉籍或轉寄留，是由新籍地或新寄留地之警察機關聲請的，所以接受聲請書之受持巡查，應先將其聲請書送交於舊籍地或舊寄留地之受持巡查，舊籍地舊寄留地之受持巡查收到後，卽將該戶之戶口調查副簿附該聲請書上轉送新籍地或新寄留地之受持巡查。

（五）戶口調查副簿之對照

每年將「戶口調查副簿」與「戶口調查簿」對照一次，以期正確。

（六）「第三種人」之異動通報

所謂「第三種人」就是警察應該特別注意的人，爲使這種人永遠無法脫離警察之掌握，警察官署之間有一個聯絡的辦法，凡是這種人轉移處所的時候，該受持巡查將其應特別注意之事由及遷移情形，呈報首長，警察首長接此報告後，即向轉移處之警察官署通報之。

（終）

「附錄」

戶口調查簿及聲請書樣式

（聲請書樣式過多未及備載）

▲表內有虛線者表示紅色

本籍户口調查簿（注意）表中之大字及斜線為紅色

户主

本籍	台北州台北市太平町三丁目十九番地
為户主之年月日及事由	明治四十二年九月七日因前户主死亡而繼承
父	李福來
母	李賴氏娥
出生別	長男
與前户主之親屬關係	前户主李福來長男
姓名	李秋水
生年月日	明治六年八月十日
事由	

親屬　母

父	賴阿祥
母	賴吕氏桂
出生別	三女
親屬詳情	
姓名	李賴氏娥
生年月日	弘化元年九月五日
事由	台北州七星郡北投庄北投十七番地賴阿祥三女明治五年八月四日婚姻入户 （印）

親屬	妻
父	歐永昌
母	歐吳氏銀
出生別	三女
親屬詳情	
姓名	李歐氏笑
生年月日	明治十五年九月六日
事由	台北州七星郡松山庄松山十七番地歐永昌三女明治三十六年五月七日以妾入戶㊞明治四十一年七月九日與戶主長男李秋水結婚㊞

親屬	長男
父	李秋水
母	李曾氏蔥
出生別	長男
親屬詳情	
姓名	李啟順
生年月日	明治二十七年五月九日
事由	台北州台北市太平町一丁目十四番地曾阿木長女曾氏蔥之子明治二十七年六月七日認知入戶同日因父母之結婚而取得嫡子之身份㊞昭和十年九月十五日親權喪失之裁判確定㊞

親屬	次男
父	李秋水
母	李歐氏笑
出生別	次男
親屬詳情	
姓名	李啟祥
生年月日	明治四十年五月七日
事由	明治四十一年七月九日因父母之結婚而取得嫡子之身份㊞

事由	親屬	父	母	出生別	親屬詳情	姓名	生年月日
台北州七星郡士林街士林十八番地林阿昌長女大正五年七月九日婚姻入戶(印)	婦	林阿昌	林陳氏阿春	長女	長男李啟順妻	李林氏阿款	明治三十年九月七日
因父親推委失母財產管理辭任祖父李欽水於昭和十年十月八日復見就職(印)	孫	李啟順	吳林氏阿秋	長男	長男李啟順長男	李仁良	大正七年八月六日
台北州台北市建成町二丁目九番地陳新發三女大正十五年七月五日養子啟養入戶(印) 昭和十年九月六日死亡(印)	孫	陳新發	陳吳氏周市	三女	長男李啟順媳婦仔孫李仁良養女	李陳氏阿淑	大正十年五月七日

事由	台北州台北市日新町二丁目八番地曾天來長女大正元年九月七日收養入戶與戶主二男李啟祥昭和四年五月八日結婚(印)昭和十一年一月九日離婚向台北州台北市日新町二丁目八番地曾天來方復籍(印)
親屬	媳
父	曾天來
母	曾呂氏福
出生別	長女
親屬詳情	次男李啟祥妻
姓名	李曾氏阿菊
生年月日	明治四十年十二月八日

事由	於昭和十年十月九日得台北州知事之許可更改李氏信子為李信子(印)
親屬	孫
父	李啟順
母	李林氏阿秋
出生別	長女
親屬詳情	長男李啟順長女
姓名	李信子
生年月日	大正十年八月九日

事由	出生於本籍(印)與台北州台北市老松町二丁目九番地陳振發長男陳明文同時於昭和十一年二月四日收養除籍(印)
親屬	孫
父	李啟祥
母	李曾氏阿菊
出生別	長女
親屬詳情	二男李啟祥長女
姓名	李春子
生年月日	昭和十年九月四日

寄留戶口調查簿（紅色印刷）

住所	明治町二丁目八番地 李炳春
本籍	

事由	
	幸町二丁目十五番地陳乙川弟昭和十年九月十七日寄留（印）昭和十年九月七日往幸町三丁目八番地林文幹方面轉寄留（印）
	與夫一同寄留（印）與夫一同轉寄留（印）

雇人親屬	父	母	出生別	與本籍戶主之親屬關係 / 親屬詳情	姓名	生年月日
	陳甲火	陳吳氏苑	二男		陳乙林	大正二年八月九日
	李松木	李曾氏岡	三女	雇人陳乙林妻	陳李氏菊	大正四年四月十七日

事由	七星郡松山莊松山八十九番地李金水長男昭和拾年八月拾四日寄留(印) 昭和拾壹年貳月四日往本籍退去(印)
親屬	同居寄留人
父	李金水
母	李林氏阿梅
出生別	長男
親屬詳情	
姓名	李春木
生年月日	大正九年七月八日

事由	昭和拾壹年貳月四日從基隆郡瑞芳庄瑞芳五番地林啟木方兩轉寄留(印)
親屬	雇人
父	陳秋水
母	陳林氏阿春
出生別	長男
親屬詳情	
姓名	陳福春
生年月日	大正九年九月九日

事由	與夫一同轉寄留(印)
親屬	雇人
父	李秋來
母	李林氏阿娘
出生別	二女
親屬詳情	雇人陳福春妻
姓名	陳李氏春妹
生年月日	大正四年八月七日

除戶簿

本籍	台北州七星郡汐止街汐止十七番地
為戶主之年月日及事由	明治參拾七年五月五日因前戶主死亡戶主繼承

戶主

事由	昭和拾年拾月九日死亡（印）
父	吳天來
母	吳曾氏阿水
出生別	長男
與前戶主之續柄	前戶主吳天來長男
姓名	吳文幹
生年月日	明治拾年九月九日

親屬 長女

事由	與張炳丁昭和叁年五月七日結婚（印）昭和拾年八月廿日與夫一同除籍（印）
父	吳文幹
母	吳林氏金
出生別	長女
親屬詳情	
姓名	吳氏桃治
生年月日	大正元年七月八日

事由	台北州七星郡松山莊松山十九番地張文發次男昭和叁年五月七日婚姻入戶（印）台北州七星郡松山莊松山十九番地因張文發死亡於昭和拾年八月七日戶主繼承而除籍（印）
親屬	婿
父	張文發
母	張李氏春
出生別	次男
親屬詳情	長女吳氏梲治之招婿
姓名	張炳丁
生年月日	明治四十年九月五日

事由	昭和拾年八月七日與父而除籍（印）
親屬	同居人
父	張炳丁
母	吳氏梲治
出生別	長男
親屬詳情	婿張炳丁長男
姓名	張明賢
生年月日	昭和五年八月九日

事由	昭和十年拾月九日戶主繼承（印）
親屬	孫
父	張炳丁
母	吳氏梲治
出生別	次男
親屬詳情	長女吳氏梲治次男
姓名	吳添祥
生年月日	昭和八年九月七日

出生聲請書

姓名 出生別及男女別	陳杏子　昭和十一年二月三日生 長女
父母之本籍 寄留地	本籍　台中市綠川町一丁目十八番地 寄留地　基隆市幸町二丁目九番地
戶主之姓名	戶主　陳炳輝之孫
父母之姓名職業	父陳炳煌　汽船駕駛手 母陳林氏素娟　無職業
出身之場所	寄留地
記事	與父一同寄留

須至報告者

昭和十一年二月七日

聲請人
父航海中不在家
母陳林氏素娟 印

基隆警察署長川村平八郎大人

死亡聲請書

姓名 男女別 生年月日 職業	陳春來 男 大正五年九月廿六日 電力公司電工
本籍 寄留地	台北市太平町二丁目八番地 同市建成町三丁目六十五番地
死亡之場所	寄留地
死亡之年月日	昭和十一年二月四日
死因	肺炎
主治醫（官廳委屬醫 公醫 開業醫 醫生之別）	開業醫
記事	

須要報告者

昭和十一年二月五日

聲請人 戶主 陳有儀 印

台北警察署長大野廣太郎大人

婚姻聲請書

	夫	妻
姓名並年月日	李基春 大正二年三月二日	陳氏周市 大正五年八月二日
職業	無職	專賣局煙草工廠女工
本籍地	台北市太平町三丁目五番地	台北市建成町一丁目十二番地
戶主之姓名	戶主李阿炳	戶主陳來福
出生別父母之姓名	父李阿炳 母李吳氏桂 長男	父陳春桂 母陳曾氏娥 三女
初婚再婚之別	初婚	初婚
婚姻之年月日	昭和十一年二月一日	
記事	妻陳氏周市為戶主陳來福之妹	

須至報告者

昭和十一年二月七日

聲請人 夫 李基春
妻 陳氏周市

連署人 夫之父（戶主） 李阿炳
夫之母 李吳氏桂
妻之父 陳春桂
妻之母 陳曾氏娥
妻之戶主 陳來福

台北警察署長野廣太郎大人

户主继承声请书

继承人姓名出生年月日	吕家瑞　明治四十年三月九日生
被继承人　姓名生年月日	吕明春　明治二年七月九日生
被继承人　本籍寄留地	台中市榔町二丁目五番地　無
被继承人　与继承人之亲属关系	继承人之父
继承之原因	因被继承人之隐居
继承之年月日	昭和十一年一月二十五日
记事	

须至报告者

昭和十一年二月三日

声请人户主吕家瑞（印）

台中警察署长石田铁夫大人

復籍拒絶聲請書

被拒絶者	姓名生年月日	陳吳氏盡　大正三年九月十七日生
	本籍	台北市新富町二丁目十六番地
拒絶者	姓名生年月日	吳吉祥　明治十八年九月七日生
	本籍 寄留地	台北市老松町一丁目十五番地 無
	與被拒絶者之親屬關係	被拒絶者之伯父
拒絶之事由		因不得戶主之同意與台北市新富町二丁目十六番地陳光和結婚
拒絶之年月日		昭和十一年二月一日
記事		

須至報告者

昭和十一年二月九日

聲請人　戶主　吳吉祥　印

台北南警察署長　山高昌郎　大人

寄留届書

姓名生年月日及職業	原田重夫 明治四十年八月十四日生 職業 [illegible]雇員
本籍地及世帶主之姓名	本籍 東京市小石川區[illegible]町十八番地 寄留地 台北市泉町二丁目五番地 世帶主
戸籍上之地位	戸主原田重之郎之弟
出生別 父母之姓名	三男 父 原田重吉 母 原田春子
舊寄留地 寄留之場合	無
寄留之年月日	昭和十一年一月三十日

寄留者之家族

與世帶主之續柄	姓名	生年月日	職業	父母之姓名	出生別	舊寄留地
妻	原田手代子	大正五年三月九日	無	春木十治 春木[illegible]	二女	無
長女	原田昭八	昭和八年五月三日	無	原田重夫 原田手代子	長男	無

記事 兵役：昭和五年徵集[illegible]

須至報告者

昭和十一年二月五日 屆出人 世帶主 原田重夫 (印)

台北警察署長大野廣太郎大人

廢家聲請書

廢家者 姓名生年月日	李氏桂 太正元年十一月十九日生
廢家者 本籍寄留地	台北市太平町二丁目十七番地 與
廢家之事由	因婚姻得請法院之許可
廢家之年月日	昭和十一年一月三十日
廢家者所入家之戶主之本籍及姓名	台北市日新町三丁目十五番地 戶主林石柱

廢家者之家族			
廢家者之親屬關係	姓名	生年月日	寄留地

須至報告者

昭和十一年二月三日

聲請人 廢家者 李氏桂 (印)

台北警察署長大野廣太郎大人

福建省政府民政廳　編

戶政法令彙編

福州：福建省政府民政廳，一九四七年鉛印本

户政法令彙編

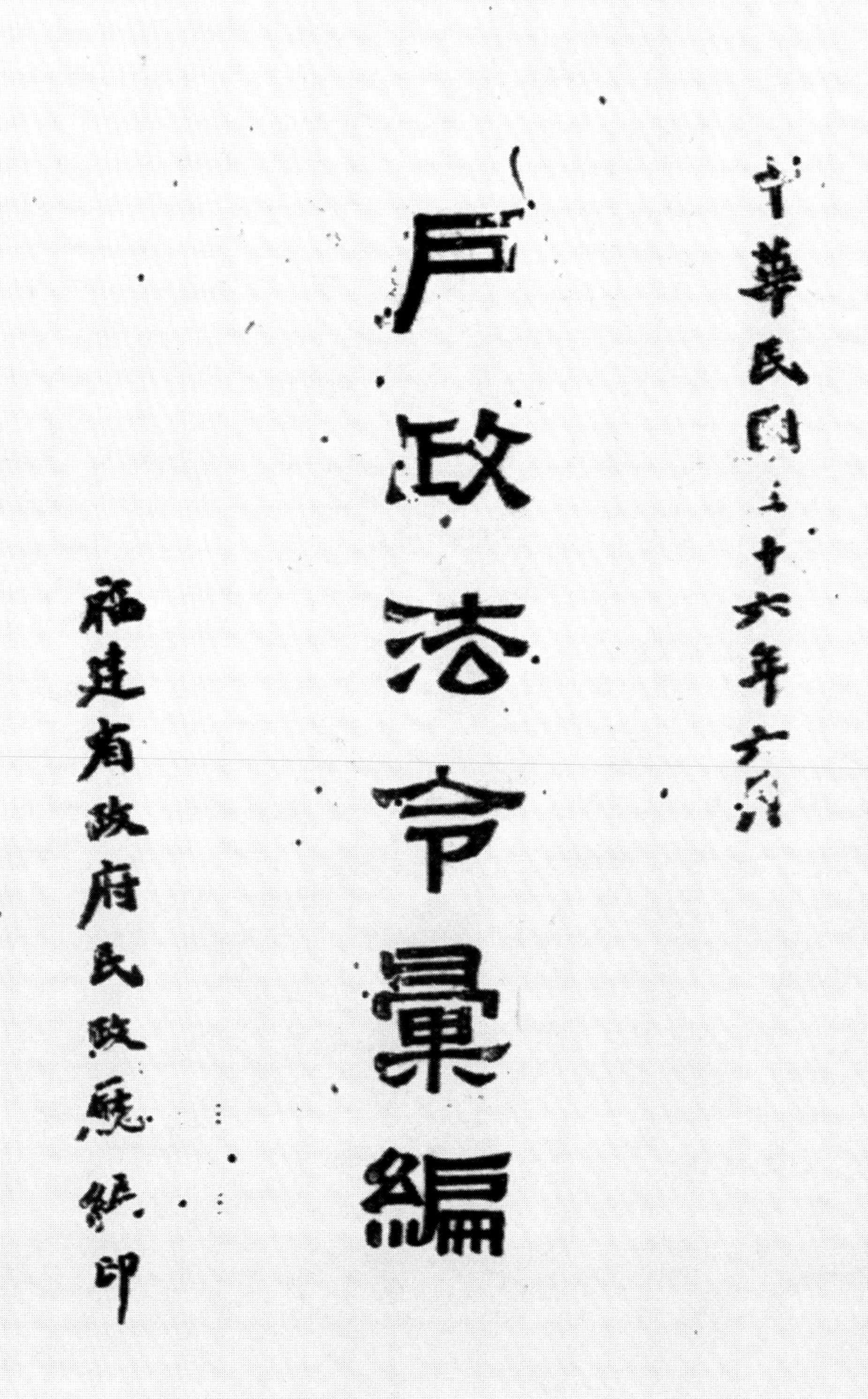
中華民國三十六年六月

户政法令彙編

福建省政府民政廳編印

戶政法令彙編目錄

甲、中央法令

乙、本省法令

丙、附錄

戶政法令彙編

甲、中央法令

一、修正戶籍法 國民政府三十五年一月三日公布

第一章 通則

第一條 中華民國人民戶籍之登記，依本法之規定。

第二條 本法關於省之規定，適用於院轄市；關於縣之規定，適用於省轄市及設治局。

第三條 戶籍行政之主管機關：在中央爲內政部，在省爲省政府，在縣爲縣政府。

第四條 戶口之查記，得爲戶之編造 凡在同一處所，同一主管人之下，共同生活或經營共同事業者爲一戶，以家長或主管人爲戶長。

第五條 中華民國人民之籍別，以省及其所屬之縣爲依據。

第六條 戶籍登記以鄉鎮爲管轄區域，以鄉鎮長兼任戶籍主任，並設戶籍幹事若干人，由鄉鎮長指定所屬自治人員兼任之。

本法關於鄉鎮之規定，適用於市之區。

第七條 僑居外國之中華民國人民，其戶籍登記，由當地中國使館或領事館爲之，並由使館或領事館按月彙送內政部分別發交其本籍地之各該管戶籍主任。

第八條 籍別登記，身分登記及遷徙登記，由鄉鎮公所為之。但流動人口之登記，由區辦公處為之。

第九條 辦理登記所用簿冊卡片及申請書類等，應永久保存，除因避免天災事變外，不得攜出保存處所。

前項書類之格式，由內政部定之。

第十條 籍別登記應載明與被登記者共同生活之家屬，身分登記應載明其關係人。

前項規定於遷徙及變更、更正、撤銷等項之登記準用之。

第十一條 已辦戶籍登記之地方，得製發國民身分證，或經內政部核准以戶籍謄本代之。

第十二條 利害關係人得納費請求閱覽戶籍登記簿或交付謄本。

前項閱覽費每次二元，謄本抄錄費每百字五元，不滿百字者以百字計算。

法院於必要時，得命戶籍主任交付謄本。

第十三條 各機關需用之戶口資料，應以戶籍為依據。除法律另有規定外，不得另辦他種戶口查記。

第十四條 辦理戶籍登記，得先辦戶口調查。

第十五條 辦理戶籍登記之各級主管機關，應分製各種統計表，按期呈送該管上級機關。

第十六條 辦理戶籍之經費應列入各級政府預算。

第二章 籍別登記

第十七條 中華民國人民之本籍，依左列之規定：

一、子女除認有本籍者外，以其父母之本籍為本籍。
二、棄兒父母無可考者，以發現人報告地為本籍。
三、妻以夫之本籍為本籍，贅夫以妻之本籍為本籍。
四、陸上無住所，而在船舶上居住者，以船舶之常泊地為本籍。
五、僧道或其他宗教徒，無本籍或本籍不明者，以所住寺院之所在地為本籍。
六、在救濟機關留養，無本籍或本籍不明者，以救濟機關所在地為本籍。
七、僑居國外人民，以未出國時之本籍為本籍。

一人同時不得有兩本籍。

第十八條　合於左列各款情事之一者，應為設籍登記：

一、出生者。
二、因結婚離婚而轉籍者。
三、因被認領收養或其關係終止而轉籍者。
四、原無本籍而在一縣內居住三年以上者。
五、由他縣遷入有久住之意思者。
六、外國人取得中華民國國籍或中華民國人民回復國籍者。
七、死亡宣告撤銷者。
八、因其他原因致無本籍者。

已有本籍而在他縣內有住所或居所一年以上者，以該縣為其寄籍，但一人同時不得有兩寄籍。

第十九條　合於左列各款情事之一者，應爲除籍登記：
一、死亡或受死亡宣告者。
二、喪失中華民國國籍者。
三、遷往他縣有久住之意思者。
四、有前條第二款或第三款情事之一者。
五、因其他原因應除籍者。

第三章　身分登記

第二十條　出生及發現棄兒者，應爲出生之登記。

第二十一條　認領非婚生子女者，應爲認領之登記。

第二十二條　收養他人子女爲子女者，應爲收養之登記。

第二十三條　結婚者，應爲結婚之登記。

第二十四條　離婚者，應爲離婚之登記。

第二十五條　有死亡或受死亡宣告者，應爲死亡或死亡宣告之登記。

第二十六條　各省政府於必要時，得令各縣辦理監護及繼承之登記。

第四章　遷徙登記

第二十七條　遷出原戶籍管轄區域在一個月以上，不變更所屬之籍者，應爲遷出之登記。

第二十八條　由他戶籍管區轄域遷入在一個月以上，不變更所屬之籍者，應爲遷入之登記。

第二十九條　遷出原戶籍管轄區域未滿一個月，不變更所屬之籍者，應爲流動人口之登記。

第五章　登記之變更更正及撤銷

第三十條　戶籍登記事項有變更時，應爲變更之登記。

第三十一條　因登記發生訟訴者，仍應先爲聲請登記，俟判决確定後，再聲請爲變更之登記。

第三十二條　戶籍登記事項有錯誤或脫漏時，應爲更正之登記。

第三十三條　戶籍登記事項消滅時，應爲撤銷之登記。

第六章　登記之聲請

第三十四條　戶籍登記之聲請，除另有規定外，由聲請義務人向所在地之鄉鎮公所爲之。

第三十五條　登記之聲請，以書面爲之。但有正當理由時，得由聲請人親向戶籍登記機關以言詞爲之。

第三十六條　登記聲請書，應記載左列事項，由聲請人簽名或蓋押：

一、聲請人之姓名、性別、出生年月日、職業、籍別及住所。

二、聲請事件及年月日。

聲請人以言詞爲聲請時，戶籍登記機關應依前項各款所定事項，製作筆錄，向聲請人朗讀，並令其簽名或蓋押。

第三十七條　籍別登記，遷徙登記，以本人或家長爲聲請義務人，在寺院者，以其主持人爲聲請義務人。在救濟機關者，以其主管人爲聲請義務人。

第三十八條　出生登記，以父或母爲聲請義務人。父母均不能爲聲請時，依左列順序定之。
一、家長。
二、同居人。
三、分娩時臨視之醫生或助產士。
四、分娩時在旁照護之人。

第三十九條　在醫院、監獄或其他公共場所出生之子女，其父母不能爲登記之聲請時，分別以醫院院長，監獄長官或其他公共場所管理人爲聲請義務人。

第四十條　棄兒之發現，以發現人爲聲請義務人。

第四十一條　認領登記，以認領人爲聲請義務人。依遺囑爲認領者，以遺囑執行人爲聲請義務人。

第四十二條　收養登記，以養父母爲聲請義務人。

第四十三條　結婚或離婚登記，以雙方當事人爲聲請義務人。

第四十四條　死亡登記聲請義務人之順序如左：
一、家長。
二、同居人。
三、死亡者死亡時所在之房屋或土地管理人。
四、經理殮葬之人。

第四十五條　被執行死刑者，或在監獄看守所內死亡而無人承領者，以其監所長官爲聲請義務人。

第四十六條　因災難死亡，或死亡者之籍別不明，或不能辨認其爲何人，應由該管警察機關，通知戶籍登記機關。

第四十七條　死亡宣告之登記，以聲請死亡宣告者爲聲請義務人。

第四十八條　監護登記，以監護人爲聲請義務人。

第四十九條　繼承登記，以繼承人爲聲請義務人。繼承人爲胎兒時，以其父母或監護人爲聲請義務人。

第五十條　變更、更正、撤銷之登記，以原聲請人或其他利害關係人爲聲請義務人。

第五十一條　聲請義務人因故不能親自聲請者，得委託他人爲之

前項規定，於認領、收養、結婚、離婚登記之聲請，不適用之。

第五十一條　戶籍登記之聲請，應於事件發生或確定後十五日內爲之，但遷出之登記應於事前爲之。

戶籍主任有不於法定期間聲請者，應以書面定期催告。其逾期聲請者，仍應受理之。

第七章　罰則

第五十三條　無正當理由不於法定期間爲登記之聲請者，處十元以下罰鍰。經催告而仍不爲聲請者，處二十元以下罰鍰。

第五十四條　聲請人爲不實之聲請者，處五十元以下罰鍰。

第五十五條　前二條罰鍰之決定，由該管縣政府爲之。

第五十六條　意圖加害他人爲詐僞之聲請者，處六月以下有期徒刑，拘役，或三百元以下罰金。

第八章　附則

第五十七條　人民對戶籍機關之處分，認爲不當或違法者，得依法訴願。

第五十八條　戶口普查，以內政部爲主管機關；戶口普查法另定之。

第五十九條　外國人在中華民國境內寄留者，其登記辦法，由內政部會同外交部定之。

第六十條　本法施行細則，由內政部擬訂，呈請行政院核定之。

第六十一條　本法自公布日施行。

戶籍法施行細則 行政院三十五年六月二十一日公布施行

第一章　通則

第一條　本細則依戶籍法第六十條之規定訂定之。

第二條　各省辦理戶口查記，悉依戶籍法及本細則之規定。未設省之區域，得經內政部核准變通辦理。

僑居國外之中國人民，及居留本國境內之外國人，其戶口查記除另有規定外，仍適用戶籍法及本細則之規定。

第三條　辦理戶口查記之機關，省政府應於民政廳設戶政科，縣政府應於民政科設戶政股，人口衆多事務繁劇之縣，得經內政部核准於縣政府設戶政室。

市政府應於民政局設戶政科，未設民政局之市，應於市政府設戶政科。

第四條　省縣戶政機構之員額，由省政府定之，報內政部備案。鄉鎮戶政機構，依戶籍法第六條之規定，其員額每鄉鎮應設戶籍幹事一人至三人，每保得設戶籍事務員一人。

前項戶籍幹事，應指定一人爲戶籍副主任，協助戶籍主任辦理查記事務。戶籍事務員應受戶籍主任及副主任之監督指揮，分保巡迴辦理查記事務。

第五條　現有警察地方，警察機關應指派員警，協助戶政人員辦理查記，警察機關需用戶口資料時得自行派員謄錄戶籍謄本，保長甲長及鄉鎮內學校之員生，有協助戶政人員辦理查記及代人民塡寫登記聲請書之義務。死亡登記，關於死亡原因之查定，當地衛生機關應爲協助。

第六條　戶政經費各縣應於地方預算專立科目，辦理戶口查記所用之聲請書、登記簿、卡片、身分證、統計表類，由縣政府統籌印製，發交鄉鎮公所備用。

僑居國外人民之查記，由使館或領事館指派館內辦事人員並監督僑民團體辦理之，其所用之冊簿、卡片、表、證等類，由使館或領事館印製備用。

第二章　戶口調查

第七條　戶籍法所稱之戶口調查，謂非在戶口普查時期，爲實施或整理戶籍登記而舉辦之戶口靜態調查，其辦理之區域及時期，由內政部或省政府定之，其由省政府決定者，應報內政部備案。

僑居外國人民之調查，其區域及時期，由內政部會同外交部及僑務主管機關或當地使館領事館定之。

第八條　辦理戶口調查，應由省政府或由省政府令飭縣政府訂定調查日。

戶口調查開始前，應先編組保甲，已編組保甲之縣，得於戶口調查時整理保甲次第，但保之編制經修定後，非由省政府核准不得變更，編組或整理保甲，應於調査日前十日內完成。

第九條　保甲編制以戶爲單位，十戶爲甲，十甲爲保，有增減之必要時，得以六戶至十五戶爲甲，六甲至十五甲爲保。

市之保甲編制，十戶至三十戶爲甲，十甲至三十甲爲保。

第十條　編組保甲，應依自然形勢及歷史關係劃分保甲之管轄範圍，由甲之一端設定標準起點，按戶順序編組，或由標準起點按戶順序向兩旁或四週伸延編組，依次組甲編保。

保甲名稱及戶之次第以數字定之，各保就全鄉鎮所轄保數，各甲就全保所轄甲數，各戶就全甲所轄戶數依序編稱。

第十一條　戶之區分如左：

一、共同生活戶－凡普通住戶及陸上無一定住所以船爲家之船戶均屬之。

二、共同事業戶－凡商店、寺廟、公署、學校及其他公共處所均屬之。

前項所列之戶內，如有性質不同之附屬者，應依其性質分別立戶，共同事業戶有名稱者，應標明其名稱。

第十二條　編組保甲各戶在甲內之次第，凡共同生活戶較多之區域，以共同事業戶編列於後；共同事業戶較多之區域，以共同生活戶編列於後。其不便區分者得混合編成。

船戶就常泊之縣境內分段編組，依其戶數、甲數或保數附隸於常泊處陸地之甲、保或鄉鎮。

第十三條　保甲及戶之次第編定後，應按戶發給木質或竹質之戶牌，註明保甲及戶之番號，並應於調查日起按戶查口，塡寫戶口調查表；全區域之調查，至遲應於調查日起十日以內完成。戶口調查表得以戶籍登記聲請書代替，由調查人員塡寫，仍由被調查人之戶長或其代理人簽名或劃押。

共同事業戶之調査，得僅調査其實際住宿之戶口，仍合報其總數，並得以登記聲請書設交被調査之戶令其塡寫。

第十四條　戶口調査，常住人口及現住人口均應調査。流動人口應於調査時另紙記明。凡本籍現住人口，遷出未變更本籍之人口及居住滿一年得設寄籍之人口爲常住人口。調査日在所査戶內之人口爲現住人口，調査日在所査戶內，但居住未滿一月並來去無定者爲流動人口。

前項本籍人口之遷出者，應註明其區域及時期。

外國人因外交或代表任務居留本國境內者，得不調査。

第十五條　戶口調査，共同生活戶塡寫之次序如左：

一、戶長。

二、戶長之配偶。

三、戶長之直系尊親屬。

四、戶長之直系卑親屬及其配偶。

五、戶長之旁系親屬及其配偶。

六、其他共同居住之人。

共同事業戶，首塡戶長，依次塡寫其共同事業之人，戶長另有居所者應註明之。

前二項同戶人口記載於同一聲請書內，一頁不敷，得接用續頁。塡寫時應條[illegible]有更改，應於更改處加蓋調査人員之名章。記載年月日之數目字應用大寫[illegible]人之姓名應用其本名。

第十六條　戶口調查完竣後，各保由鄉鎮公所派員覆查，鄉鎮以上之區域，由該管上級機關派員抽查，並應即辦理戶籍登記。

第三章　戶籍登記

第十七條　戶籍法所稱之戶籍登記，謂左列各種登記：
一、籍別登記。
二、身分登記。
三、遷徙登記。
四、流動人口登記。

戶籍登記，除於戶口調查時初次辦理者外，應經聲請義務人之聲請，但鄉鎮戶政人員應隨時携帶聲請書赴選各保抽查填報，每月內應赴所屬各戶查詢一次，並應於每年年終携帶登記簿挨戶校正一次。

第十八條　寄籍之設定或撤銷，及已登記後本籍之變更，應經聲請義務人之聲請。

籍別登記，身分登記及遷徙登記使用之聲請書，爲戶籍登記聲請書；使用之簿冊，爲戶籍登記簿；流動人口登記使用之簿冊，爲流動人口登記簿。

戶籍登記簿用活頁裝訂，依保甲之次第，每保合訂一冊，封面蓋用縣印，並各備正副兩本，正本由鄉鎮公所保存備用，副本由縣政府保存備用。

流動人口登記簿每冊百頁，由縣政府發交鄉鎮公所轉發各保備用。

第十九條　初次戶口登記，依戶口調查時所填之登記聲請書，由鄉鎮公所過錄於戶籍登記簿正本，以原聲請書按保合訂，彙呈縣政府過錄於戶籍登記簿副本。

第二十條　戶籍登記簿之填寫，準用第十五條之規定。

各縣得於戶口調查後編製人口卡片，仍各備正副兩份，分存鄉鎮公所及縣政府備用。

製備人口卡片之縣，無庸製備戶籍登記簿，但得依實際需要製備各種補助卡片。

第二十一條　初次戶籍登記辦理完竣後，凡有籍別登記及遷徙登記事項，應依戶籍法第五十二條規定之限期，填具聲請書向所在地鄉鎮公所聲請登記。

同一事件案涉兩種以上之登記者，仍填具聲請書一份。

第二十二條　戶籍登記聲請書之填寫，依戶籍法第三十六條之規定，並依登記種類載明左列事項：

一、籍別登記—設籍人或除籍人及隨同設籍或除籍人之姓名、性別、出生年月日、職業、住所、原本籍及新本籍。

二、出生登記—出生子女之姓名、出生年月日、父母，如為非婚生子女未經認領者，其母之姓名、本籍及職業，發現棄兒無姓名者，該管戶籍主任應為之立姓命名，推定其出生年月日，並載明領受人或領受之救濟機關。

三、認領登記—被認領子女之姓名、出生年月日、出生地、其母及認領人之姓名、本籍及職業。

四、收養登記—養子女其本生父母及養父母之姓名、出生年月日、本籍及職業，養子女為棄兒時，其領受人之姓名或救濟機關之名稱，為終止收養關係之登記時，並應載明收養之年月日及終止之原因。

五、結婚或離婚登記—雙方當事人雙方父母證人之姓名、出生年月日、本籍、職業及結婚地或離婚地。

六、死亡登記—死亡者之姓名、性別、出生年月日、本籍、職業、死亡原因、及死亡地，有配偶或父母存在者其姓名本籍及職業，死亡宣告之登記或撤銷，並應載明失蹤或死亡宣告之年月日。

七、遷徙登記—遷入或遷出者及隨同遷入或遷出者之姓名、性別、出生年月日、本籍、職業、原住地及新遷地。

第二十三條　流動人口登記，由保長及甲長隨時查詢登記於流動人口登記簿，無庸填具聲請書。

左列各款登記，應於聲請時提出書面證明文件，經戶籍主任查閱後發還原聲請人，另以謄本呈送縣政府：

一、籍別登記—因取得回復或喪失國籍而設籍或除籍者。

二、認領登記—依遺囑爲認領者。

三、收養登記—非自幼撫養爲子女者。

四、結婚登記—其結婚應經法定代理人之同意，及因結婚無效或結婚撤銷而撤銷登記者。

五、離婚登記者。

六、死亡宣告登記及撤銷死亡宣告者。

七、因判決確定而爲變更更正或撤銷登記者。

第二十四條　鄉鎮公所收到登記聲請書審核無訛後，應登記於登記簿正本，以原聲請書加製封面，用活頁分類裝訂，作爲戶籍登記簿分冊，並過錄聲請書謄本，於每月月終彙呈縣政府登記於戶籍登記簿副本，仍分類裝訂作爲分冊，均標明登記種類爲籍別登記身分登記或遷徙登記。

第二十五條　登記事項應登記於戶籍登記簿登記事由欄或有關之戶內，設籍及遷入或創設新戶，以登記簿新頁編入適當之次序。除籍或死亡及死亡宣告者，以紅線註銷，均載明其年月日及事由，用卡片爲登記者，應登記於原卡片添置或換用新卡片，凡全頁註銷之戶籍登記簿及註銷之卡片，應分類保存。

第二十六條　非本籍人爲籍別或身分登記時，除籍別登記與遷徙登記同時辦理應於兩地聲請者外，由受理之鄉鎮公所登記後，應以聲請書謄本通知其本管區域之鄉鎮公所爲之登記，但其本管區域無從通知者得不通知。

第二十七條　登記之變更更正或撤銷，應於戶籍登記簿登記事由欄登記之，如用紙不敷，仍就原欄續註明加蓋戶籍主任名章。用卡片爲登記者，準用第二十五條第二項之規定。

第四章　國民身分證

第二十八條　製發國民身分證之經費，由縣政府統籌製備發交鄉鎮公所於戶籍登記後定期填發。填發國民身分證，由鄉鎮公所編訂號碼套填完竣，彙呈縣政府審核蓋印後，發還鄉鎮公所轉發受領人。

第二十九條　國民身分證以戶籍謄本代替者，準用國民身分證之規定。國民身分證每人一份，但初次製發時，未滿十八歲之人民除請求發給者外，得不發給，國民身分證製發後，除毀損滅失及原未發給應予補發者外，無庸定期換發，其效用及於各地，發無庸逾地換發。

第三十條　國民身分證應載明姓名、性別、出生年月日、本籍、住址、教育程度及公民資格，並黏貼照片或指紋，男性並在服役年齡者，並應載明其服役經歷及役別。

第三十一條　國民身分證所載事項有變更時，應呈由所在地鄉鎮公所就原欄改正，加蓋戶籍主任名章，有毀損時，應呈由鄉鎮公所轉呈縣政府換發新證，如有減失，應取具保甲長或公民二人以上之證明請求補發，爲死亡登記者，應將原證繳還鄉鎮公所。

前項規定，除未製發國民身分證之縣外，其原證非本管區域所製發者，當地鄉鎮公所仍應受理。

繳還之國民身分證由鄉鎮公所呈送縣政府註銷之，原證非本管區域所製發者，得由接受之縣政府送交該管縣政府註銷之。

第三十二條　製發國民身份證，每份得酌收工本費五十元至一百元，赤貧者免收。

國民身分證製發後，所有公民登記證居民身分證及其他類似之身分證應即廢止。

第五章　戶口統計

第三十三條　戶口調查之結果應統計事項如左：

一、人口性別統計。

二、籍別統計。

三、年齡統計。

四、教育程度統計。

五、職業統計。

六、婚姻狀況統計。

戶籍登記之結果，分爲每月統計及每年統計，每月應爲戶籍登記之統計，每年應爲前項第二款至第六款之統計。

第三十四條　戶籍統計之種類，得依實際需要酌量增加。

統計前條統計事項均以現住人口爲準，但在同一省區或同一縣境內，其調查或登記非於同時辦理者，其人口數量及性別應分別爲現住人口及常住人口之統計。

常住人口之統計，凡遷入在一年以下者及遷出在一年以上者應不列入，其遷出在一年以下者遷往外縣外省或外國之人數，應於統計表中分別註明。

第三十五條　戶口調查辦理完竣之日，鄉鎮公所應編製全鄉鎮戶口初步統計表，載明現住人口及性別，呈送縣政府編製全縣戶口初步統計表呈送省政府。

前項戶口初步統計表準用第三十三條第一款之統計表式。

第三十六條　戶口調查辦理完竣後，縣政府應根據查填之登記聲請書，依第三十三條第一項之規定編製統計表，以一份發交鄉鎮公所，一份呈送省政府，彙編全省戶口統計報內政部。

全省戶口統計，省政府得令縣政府於統計完竣後呈送查填之登記聲請書直接編製之。

第三十七條　戶籍登記之統計，縣政府應根據鄉鎮公所彙呈登記聲請書之謄本，依第三十三條第二項之規定編製統計表，以一份發交鄉鎮公所，一份於每月十日以前及每年一月以前呈送省政府，彙編全省統計報內政部。

第三十八條　戶口統計應由各級統計人員協助辦理，戶口調查後之統計，縣政府或省政府並得雇用臨時人員協助辦理。

第六章　附則

第三十九條　各省辦理戶口查記擬訂實施程序或補充辦法時，應報內政部備案。

第四十條　本細則自公布日施行。

附戶籍簿卡書證填寫說明暨戶籍登記表解

一、戶籍登記聲請書部份

一、戶籍登記聲請書「類別」欄記載登記類別，如設籍登記即填「設籍」二字，出生登記即填「出生」二字。

二、「聲請義務人」依戶籍法第三十七條至五十一條之規定，分別填註。（參考表解）除認領，收養，結婚，離婚四種登記外，其他各項登記申請義務人因故不能親自聲請者，得委託他人代爲聲請。但須另附委託書，並註一「代」字，不能親筆簽名之聲請義務人，得蓋押或捺印指紋，捺印指紋時　無論男女，一律用右手食指「標準指紋」。

三、「保甲番號」欄，應將鄉鎮名稱（都市爲區）及保甲戶番號分別填明。

四、「住址」欄，應將街巷路名稱及門牌號數填明。

五、「戶長或當事人」欄，由戶長聲請者填戶長姓名；由當事人聲請者填當事人姓名。

六、共同生活戶以家長爲戶長；共同事業戶以主管人爲戶長。

七、未成年人或禁治產人為家長時，應由其監護人為聲請義務人，無監護人由保甲長代為申請。

八、一人而為兩戶之戶長時，須於備考欄內詳細註明，統計時注意剔除，以免重複。

九、「當事人」「證保人」兩欄照表解填寫。

十、「姓名」須照「姓名使用限制條例」之規定，填用本名，不得填別號或堂名，一人不得用兩個以上的名字。棄兒姓名無可考者，由戶籍主任代為立姓命名，養子女從收養者之姓。

十一、「出生年月日」須用國曆填註，在民國紀元前出生者，將「國」字塗去。在民國紀元後出生者，將「前」字塗去。數目字一律用大寫，例如民國十四年九月十七日出生者，填註如下式：

民國前
拾肆｜玖｜拾柒

例如在民國紀元前五年八月十二日出生者，填註如下式：

民國前
伍｜捌｜拾貳

十二、不知出生月日者，以七月一日為其出生月日。僅知出生之月而不知出生之日者，以該月之十五日為其出生日。

十三、「本籍」填法如下：

（一）子女除別有本籍者外，以其父母之本籍為本籍。

（二）棄兒父母無可考者，以發現人之報告地為本籍。

（三）妻以夫之本籍為本籍，贅夫以妻之本籍為本籍。

（四）陸上無住所而在船舶上居住者，以船舶之常泊地為本籍。

(五)僧道或其他宗教徒無本籍或本籍不明者，以所住寺院及所在地爲本籍。
(六)在救濟機關留養無本籍或本籍不明者，以留養機關之所在地爲本籍。
(七)僑居國外之我國僑民，以未出國時之本籍爲本籍。
(八)本籍以省及其所屬之縣市局爲依據，院轄市僅填市名。
(九)原無本籍在一地居住三年以上者，得設本籍。

十四、「寄籍」填法如下：
(一)已有本籍而在他市縣局內有住所或居住一年上以者，即以該市縣局爲其寄籍。
(二)一人同時不得有兩寄籍。
(三)寄籍仍以省及其所屬之縣市局爲依據，院轄市僅填市名。

十五、「居住本縣(市)開始時期」，依其居住本縣(市)開始時期分別註明，其註法依第十一項之說明。

十六、「教育程度」：
(一)應填學校名稱及學科。其已畢業者，並填「畢業」二字，肄業者並填年期，如「國立中山大學文科畢業」，或「國立中山大學理科一年」之類。
(二)曾入私塾者，按其在塾年限分別填寫，如「私塾五年」「私塾三年」之類。
(三)未入學校，亦未入私塾而能識字者，視其識字之程度，分別填如「私塾一年」「私塾二年」之類。
(四)未在正式學校畢業，而在各種訓練班講習會速成所訓練畢業或肄業者，將名稱分別填明，並視其投受之程度，受訓之年限，及畢業後分發擔任之職務，分別比照各級學校之程度，於其名稱後加註如「同高中」「同大學」之類。

（五）未經學校畢業而取得各種考試之及格資格，視其應考之資格，分別比照各級學校之教育程度填寫。如普通考試及格，視同專科程度，高等考試及格，視同大學程度。

（六）不識字者（係指不能閱讀簡單題目，或祇讀粗淺文字者而言）即填「不識字」字樣。

（七）未滿六歲者不填。

十七、職業之定義：

職業，係指直接間接以取得金錢或實物報酬之作業而言，凡從事作業而並未藉以取得報酬，或有報酬而非從事作業以取得者，均不能謂之職業，受救濟或刑罰時之作業，縱有某種報酬，亦不得謂之職業。

曾經從事某種職業，有工作能力，而暫時不能就業者，視為仍從事於原有職業，老弱殘廢無工作能力者，雖曾從事職業，仍視為無業。

十八、職業之分類：

所謂職業，依作業之經濟性質，分為各種「行業」，依作業之社會性質，分為各種「職位」，行業分類，依附表之規定，職位分類如左：

（一）「作業僱主」：為自己營利，僱用職工，幫同工作，無論獨資經營，或吸收他人資金以供自己經營者，均屬此類。例如農場場主、工廠廠主、商店店主，其他企業主人等是。公司組織之股東，受聘為本營業組織之經理人，而領受報酬者，不在此例。

（二）「自營作業者」：為自己營利而獨自工作，或僅由家屬幫同工作，或兼雇用職工，而其數少於幫同工作家屬者，無論其土地或資本係自有或租用者，均屬此類，例如自耕農、佃農、作坊主、家庭店、小販及其他獨立作業者。

（三）「幫同作業之家屬」：家屬幫助家長作業，以增加家庭收入，且未從事其他作業者均屬此類。

（四）「職工」：僅由工作而取得薪俸報酬，並非直接爲自己營利者，無論爲主管官，經理人，或普通職工，均屬此類。

十九、戶籍簿卡暨證職業欄之塡記：

行業應塡記從事作業之詳細名稱。

有工作能力而暫時不能就業者，除塡記其原有職業外，應註明「失業」。未滿十二歲人口，職業欄免予塡記，但事實上有職業者仍應塡記。整理統計時應另行立表。

職位之塡記依左列標準：

（一）公共事業之職工依法定名稱。

（二）僱用作業者，自營作業者，及私營事業之職工，有法定名稱者依法定名稱。未有法定名稱者依實際應用名稱或通用名稱。職位之上應冠以所屬事業組織之名稱。例如「商務印書館經理」「首都警察廳科長」。

服兵役者依其入營前之職業塡記，入營前未就業者，塡爲無業。

職業欄塡記舉例：

	行業	職位
例1.	農業	自耕農
例13	漁業	海上捕魚

例2.	煤礦業	開灤煤礦工人
例3.	棉織業	申新紗廠廠主
例4.	木器業	木作學徒
例5.	陸運業	人力車夫
例6.	陸運業	京滬路局裝卸工人
例7.	進出口業	太古洋行買辦（失業）
例8.	攤販業	雜貨攤幫同戶主作業
例9.	家事	傭工
例10	公務	立法委員
例11	教育	中央大學教授
例12	新聞	申報記者

二十、行業分類表

例14	鐵礦業	鞍山鐵礦工人（失業）
例15	鍊鋼業	鞍山鍊鐵廠工程師
例16	營造業	大華營造廠木匠
例17	郵電業	郵政局郵差
例18	水運業	上海港口引水人
例19	金融業	郵政儲金匯業局會計
例20	零售商業	雜貨店主
例21	娛樂業	歌女兼歌曲播音
例22	國防事業	國防部科長
例23	衛生事業	中央醫院院長
例24	自由職業	金石雕刻家
例15	其他職業	搜集廢物

類	目	說明
(一)農業	1.農作及園藝業	包括雜籽作物，纖維作物，珠茶根莖作物，菜蔬茶菓菸草果木花草之栽培。
	2.畜養業	包括畜牧及養蜂養蠶之類。
	3.林業	包括竹木採伐及採取各種森林產品，如松脂橡膠棕皮之類，採取野生菓食，樵薪及燒製木炭等。
	4.狩獵漁業	包括漁業，各種水產採取，養魚及淺水魚介繁殖業。
(二)礦業	5.金屬礦物開採業	
	6.非金屬礦物開採業	
	7.鹽業	海鹽池鹽井鹽礦鹽均應歸入本目，但鹽類加工業應歸入第15目。
(三)工業	8.土石建築材料開採業	
	9.飲食品製造業	包括碾米業，麵粉業，榨油業，製糖業，釀造業，豆製品業，糖果點心業，屠宰業，肉類牛乳水產水果菜蔬之加工及冷藏業，煙草製造業，茶及其他飲料素製造業，其他食品飲料製造業。
	10紡織及服用品製造業	包括棉紡織業，毛紡織業，繅絲業，絲織業，麻織業，人造纖維業，漂染印花業，刺繡挑紗業，針織業，地毯業，油布漆布業，成衣業，繩索業，及其他紡織業，其他以紡織材料製成之應用品業。
	11木料製造業	包括鋸木業，木器業，竹器業，藤器業，其他傢具，「小木作」歸入本目，「大木作」歸入第20目。

12造紙印刷業	包括造紙業，紙製品業，印刷業，攝影業，（包括雕版影印等業），其他文化工業。
13皮革及橡膠製造	製革業，革製品業，猪鬃製品業，毛皮製品業，橡膠製品業，人造橡皮及橡膠代用品業。
14水電煤氣業	包括自來水、電力、煤汽之製造供應業。
15化學工業	包括煉酸鹼气、蒸酒精等基本化學工業，化學肥料工業，油脂工業，火藥、火柴、塗料、染料、藥品、化粧品、木材、樹脂、蒸溜膠質物品，可塑質物品製造業。
16非金屬礦產品製造業	包括煉焦及其他煤製品業，石油提煉及其他石油製品業，水泥、玻璃、石灰、甎瓦、其他建築材料製造業，磁器、陶器、石器（包括人造石）製造業。
17冶煉機械及金屬品製造業	包括金屬溶煉業，金屬鑄鍛延壓業，軍械製造業，機械製造業，電器電料製造業，（交通器具歸第18目）其他金屬用具製造業。
18交通用具製造業	包括[illegible]車製造業，汽車及曳引機製造業，飛機製造業，造船業，脚踏車製造業，其他交通用具及零件製造業。
19儀器工具鐘錶飾物製造業	包括醫藥用具，眼鏡、照相機、及其他光學儀器製造業，貴金屬品及其他飾物製造業，鐘錶製造業，造幣業。
20建築營造業	包括鐵路，公路，建造房屋，建造水電、煤气供應，管線之敷設，建築物之粉飾佈置，其他建築工程。
21其他工業 各種修理業分別歸入有關各目	玩具，音樂用具，運動用具，鈕扣骨角製品，及其他不能歸入本類其他各目者，均應歸入本目。

（四）交通運輸業	21鐵路運輸業	
	23公路及其他陸上運輸業	包括公路駁運挑負及各種城市交通。
	24水上運輸業	包括航運組織，船塢碼頭引水，貨物裝卸，駁渡打撈等。
	25航空運輸業	
	26郵政電信業	包括郵政、電報、電話、無線電。
	從事交通運輸之苦力依其業務關係分別歸入第22目第26目	
（五）商業	27販賣商業	包括進出口業，物產交易所，百貨商店，批發商行，零售商店，合作社攤販等。
	28金融銀行保險業	包括銀行、錢莊、證券交易所、典當業，保險業，社會保險歸入第37目。
	29承攬業	包括報關行，包裝業，倉庫業，轉運業，房地產公司，拍賣行，旅行社，及其他承攬事業。
（六）人事服務	30住宿及飲食品供應業	包括旅館，菜館，茶店，酒店等。
	31財產之保管事業	包括貨物房屋田地之看守，汚物掃除，值夜，打更等。
	32人體之整潔事業	包括理髮、洗衣擦鞋、浴室等。
	33家事管理業	包括僕役、車伕、廚司、園丁、私人書記、護士衛士等。
	34娛樂及運動事業	包括音樂戲劇演奏業，電影業，馬戲，及其他歌技業，伴舞，導遊業，體育場游泳池，各種競技等。

(七)公共服務	35 國防事業	包括各種國防事務，國防工業應按其性質歸入第15 17等目。
	36 公務機關	包括國家機關，地方自治團體，公共事業，及黨政之辦事人員，公共事業之性質凡可歸入其他類別者，應仍歸入其他類目。
(八)自由職業	37 衛生及社會事業	包括醫藥事業，公共衛生事業，(包括防疫，檢疫工作，衛生檢查，殯葬，街道清潔，糞便處理)獸醫，托兒所，慈善及救濟事業，職業團體之辦事人員，職業介紹，社會保險及其他社會事業。
	38 教育學術研究及大衆智識供應業	包括學校，圖書館，博物館，新聞事業，陸地測量，地質調查，氣象觀測，及其他學術研究事業。
	39 宗教及其他自由職業	宗教團體，(教會辦理之學校醫院，應按其本身性質歸入其他類目)不屬於前列各目之獨立執業者，如文藝家，著作家，畫師，雕刻家，律師，會計師等。
(九)其他行業	40 其他作業	
(十)無業	41 無業	不歸入其他類別或其行業性質不明者，歸入本目。

1. 不從事任何作業，僅恃財產孳息而生活者，如地主高利貸者。
2. 恃迷信事業爲生者，如卜筮星相堪輿等是。僧道以募化爲生者視爲無業，其以誦經爲生者歸入39目。
3. 恃罪惡行爲爲生者，如妓院、賭場等是。
4. 監獄囚犯及救濟機關所收容者。
5. 學校肄業之學生。
6. 專作料理家務并不直接增加家庭收入者。

填記時先填一無業，再填實際活動性質，如地主、妓女、囚犯、學生，料理家務等。

說明

一、自營作業者，兼營兩種以上之行業時，以其所費工作時間較多之作業爲其主要職業。

二、小規模企業，兼營兩種以上之行業，而並無各自獨立之組織時，以雇用職工較多之作業爲職業。

三、大規模企業，例如航業公司兼營造船業，倉庫業，保險業，並設有職工消費合作社，職工子弟學校等組織，應依各部份之性質分別歸入各類目。

二一、「婚姻狀況」：按婚姻實際狀況填寫，已婚者填「配偶」，未婚者填「未婚」，配偶死亡者填「喪偶」，離婚者填「離婚」。

二二、「殘疾」係指生理上之缺陷而失去工作能力者，分別填寫如「右耳聾」，「雙眼瞎」「右足跛」，「啞吧」等之類。

二三、「登記事由及日期」欄，應將登記事由填寫明白，並註明聲請時之年月日，如在三十五年之月十五日結婚，即填「結婚叁伍、弍、拾伍」之類。

二四、各欄均應填寫明白，無事實可填，即在空格內畫一斜線。

二五、鄉鎮公所根據戶籍登記聲請書登入戶籍登記簿正本後，核對無訛，即於聲請書右上角加蓋鄉鎮公所鈐記，並於欄外註明年月日及所登入正本之號數。原聲請書數應加蓋封面，用活頁分類裝訂，作爲戶籍登記簿分冊。共類別計有設籍、除籍、遷出、遷入、出生、死亡 認領、收養、結婚、離婚、死亡宣告等各成一冊，並將聲請書過錄一份，於每月月終彙呈縣政府。

二六、縣政府根據戶籍登記聲請書登入戶籍登記簿副本。經核對無訛後，於聲請書左上角加蓋縣政府印，並於欄外註明年月日及所登入副本之號數，其聲請書仍應分類裝訂活頁分冊，標明登記類別。

二七、各種登記簿卡與聲請書相同之項目，均適用聲請書之填寫說明。

二、戶籍登記簿部份

二八、「編號」：戶籍登記簿每保一本，整齊裝訂成冊後，以鄉鎮名稱及保甲戶之番號作爲編號區別。如虎溪鄉第一保四甲八戶，編號爲（虎溪 1.4.8號）如太和鎮第七保第六甲三戶，編號爲（太和7.6.3號）。

號碼一律用國際數碼如1234567890

二九、「戶別」：如係依親屬關係結合之「共同生活戶」，則將「事業」二字上畫一橫線。

三〇、「名稱」：按戶之種類填其實際名稱，如「住戶」「船戶」「天寶成銀樓」「虎溪鄉公所」「國立中央大學」之類。

三一、「親屬或同居人稱謂」填寫次序如下：

（一）戶長。

（二）戶長之配偶，填如「妻」。

（三）戶長之直系尊親屬，填如「父」、「母」、「祖父」、「祖母」、之類。

（四）戶長之直系卑親屬及其配偶，填如「子」、「子媳」、之類。

（五）戶長之旁系親屬及其配偶，填如「兄」、「嫂」、之類。

（六）其他同居共住之人。

共同生活戶親屬或同居人之填寫順序，以親等較近者爲先，親等同者，依其出生之先後，共同事業戶，依職位或該戶習慣之順序填寫。

三二、「國民身分證號碼」欄填明身分證上某字第幾號，「填發機關」填縣市政府或設治局名稱，「填發日期」填國民身分證發給日期，如三十五年八月十五日發給即填「叁伍、捌、拾伍」。

三三、戶籍登記簿封面由縣市政府製發，加蓋縣市政府印，每册一頁，註明省市鄉鎮或區之名稱，及保之番號，數字用正楷大寫。

三四、戶籍登記簿封面編號欄於橫線上註明第一戶編號，橫線下註明末一戶編號，用國際數碼。

三五、戶籍登記簿封面保管人，應由現任戶籍主任及現任戶籍幹事分別簽名，並應於每屆新舊任辦理清交點收時，辦理此項手續。

三、戶籍登記卡片部份

三六、「編號」按保甲番號及登記次序排列，如主長江保巴縣虎溪鄉三保七甲五戶內之第五口，用國際數碼填如下式：

編號　3.7.5.5.

如係該戶戶長（即第一口）編號方式如下：

編號　3.7.5.1.

三七、卡片上端浮標內，應註明保甲番號及戶數，其式如下：

3.7.5.

三八、（一）卡片反面共同生活戶之戶長卡片，須填全戶之姓名及登記卡之號數。

（二）共同事業戶之戶長卡片，於備考內僅填全戶人數，不必分填姓名。

（三）非戶長之卡片，須填其戶長姓名，登記卡號數，及本人配偶，及直系親屬姓名，其餘人口不填，親屬與同居人次序，與戶籍登記表同。

四、流動人口登記簿部份

三九、「來住原因」及「他往原因」分別按其實際情形填寫　如「訪友」「接洽公務」「販貨」之類

四〇、「原住址」即填原來住所之省市縣街路名稱及門牌號數；「現在住址」即填現在住所之街市名稱及門牌號數。

四一、「來住日期」及「他往日期」如三十五年四月六日來住或他往，即填「叁伍、肆、陸」。

四二、表左端分別註明省縣鄉鎮名稱及保之番號，年月日註明本頁填寫之日期。

五、國民身分證部份

四三、國民身分證根據戶籍登記簿過錄，此項目戶籍登記簿所無者，應由受領人向所在地鄉鎮公所以書面或口頭陳明。

四四、「公職候選人資格」欄，應將取得甲乙種公職候選人資格於「類別」欄內註明，並將證書文號於「號碼」欄內註明。

四五、「公民宣誓地點及日期」，分別將宣誓時所在之鄉鎮公所名稱填明，并填明宣誓年月日。

四六、「家屬」欄，僅填配偶及直系親屬姓名。
四七、有照片者粘用照片，並加蓋鋼印或其他印章。
四八、無照片及未實施指紋辦理區域，暫以箕斗代替，箕用「△」符號，斗用「○」符號。
四九、「標準指紋」不分男女均以右手食指指紋以一面捺印。
五〇、「分析號碼」凡在實施指紋辦記地區，按指紋分析方法，將分析結果填明。
五一、「役歷」欄，應分別依照「起役」「現役」「退伍」「轉役」「停役」「國役」「延役」「除役」等實際情形分別註明。
五二、保甲番號及住址如有變動，應隨時予以更正，並註明更正日期。

戶籍登記表解

類別	聲請義務人	當事人	關係人	說明	參考法規
設籍登記	本人或家長，寺院主持人，救濟機關主管人。	設籍者	隨同設籍者。	出生者，因結婚離婚而轉籍者，因被認領或收養關係終止而轉籍者，原無本籍而在一縣內居住三年以上者，由他縣市遷入有久住之思者，外國人取得中華國籍或回復國籍者，死亡宣告撤銷者，因其他原因致無本籍者，居住滿一年得設籍。	戶籍法八條，三十條，五一條，施行細則一七條，一八條，二一條、二二條、二三條。
除籍登記	本人或家長，寺院主持人，	除籍者	隨同除籍者。	死亡或受死亡宣告者，喪失中華民國國籍者，遷往他縣有久住之意思者，因結	戶籍法九條，二七條，五一條，施

	救濟設關主管人。			婚姻婚而轉籍者，凡被認領收養或其關係終止而轉籍者，因其他原因除籍者。	行細則一七條、二一八條、二一三條
遷出登記	本人或家長、寺院主持人、救濟機關主管人。	遷出者	隨同遷出者	遷出原戶籍管轄區域在一個月以上不變更所屬之籍者。	戶籍法二七條、九一條、五二條、施行細則一七條、二二一條、二八條
遷入登記	本人或家長、寺院主持人、救濟機關主管人	遷入者	隨同遷入者。	由他戶籍管轄區域遷入在一個月以上不變更所屬之籍者。	戶籍法二八條、五一條、施行細則一七條、二二一條、二八條
出生登記	父母、家長、同居人、醫士、助產士、分娩時照顧之人、醫院院長、公共機關長官、監獄所管理人、公共場所發現人、棄兒發現人	出生者。	父母、非婚生子女未經認領者其生母、棄兒之發現人、或領受之救濟機關。	嬰兒出生，及發現棄兒，應向出生所在地戶籍機關聲請登記。	戶籍法三〇條、三九條、四〇條、五一條、施行細則一七條、二二八條、二二一條、民法六條。
認領登記	認領人、遺囑執行人、之遺囑為認領者	認領者、被認領者。	被認領人之母、認領人之家長。	生父認領非婚生子女者。	戶籍法二四條、五一條、施行細則一七條、二二一條、二二三條、民法一〇六五條至一〇七〇條。

收養登記	養父母	收養者、被收養者。	被收養者之本生父母、養父或養母、收養棄兒時其領受人。	收養他人子女爲子女者。	戶籍法二十二條、四二條、五十一條、施行細則十五條、一八條、二十一條、二二條、二十三條至一民法一〇七二條至一〇八三條。
兩願離婚登記	離婚者男女雙方當事人。	離婚者	雙方父母、家長、證人。	向離婚所在地戶籍登記機關聲請登記	戶籍法二十三條、四三條、五十一條、施行細則十七條、一二二條、二九條至一民法一〇五〇條、一〇五八條。
判決離婚登記	離婚者男女雙方當事人。	離婚者	雙方父母、家長、證人、因結婚而取得子女身分者其子女、再婚者其前妻前夫。	向離婚所在地戶籍登記機關聲請登記	戶籍法二十三條、四三條、五十一條、施行細則十七條、八條、二十二條、二十一條至九九條、法八條九條。
死亡登記	配偶、親屬、死亡者死亡時所在地之管理人或經理殯葬之人、檢驗屍體之警察官署。	死亡者	配偶、父母、家長。	向死亡者死亡地戶籍登記機關聲請登記	戶籍法二十四條、四四條、五十四條、五六條、七一條、施行細則一二條、民法六條、二三條。

死亡宣告登記	聲請死亡宣告者	受死亡宣告者	配偶、父母、家長	失蹤滿十年經法院判決者、失蹤爲七十歲以上者滿五年、失蹤人遭遇特別災難者滿三年。	戶籍法一九條、二五條、四七條、五一條、施行細則一七條、二一條、二二條、二三條、民法八條、九條
監護登記	監護人	監護者、受監護者	委託或指定監護人者、受監護者之同居親屬及家長。	代未成年人或禁治產人（心神喪失者或精神耗弱者）處理事務者爲監護人、應向受監護人所在地戶籍機關聲請登記	戶籍法二六條、二九條、四九條、五一條、施行細則一七條、二一條、民法一〇九一條至一一一三條
繼承登記	繼承人或其法定代理人	繼承者、被繼承者	家長代理人	指出繼承證明書類向繼承人住在地戶籍機關聲請登記。	戶籍法二六條、四五條、五一條、施行細則一七條、二一條、民法一一四一條至一一八條
變更登記	原聲請人、利害關係人。	原當事人	原關係人	戶籍登記事項有變更時應爲變更登記、因登記發生訴訟者、仍應先爲聲請登記、俟判決確定後、再聲請爲變更登記。	戶籍法三二條、三一條、五〇條、五一條、施行細則二三條。
更正登記	原聲請人、利害關係人。	原當事人	原關係人	戶籍登記事項有錯誤或遺漏時、應爲更正之登記。	戶籍法三二條、五〇條、五一條、施行細則二三條。
撤銷登記	原聲請人、利害關係人。	原當事人	原關係人	戶籍登記事項消滅時、應爲撤銷之登記	戶籍法三三條、五〇條、施行細則二三條。

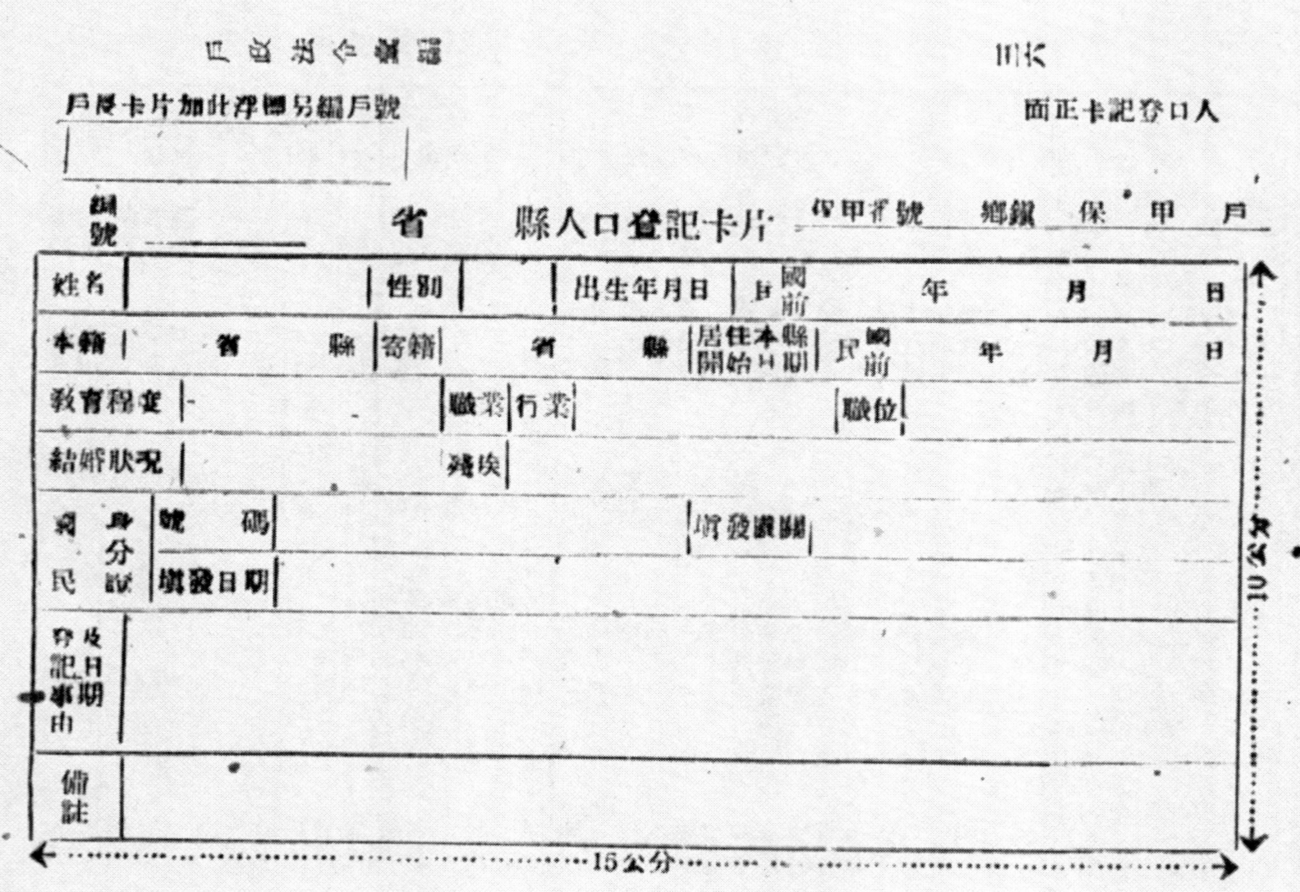

戶長卡片加註浮[illegible]另編戶號

人口登記卡正面

編號＿＿＿＿　省＿＿＿＿縣人口登記卡片　保甲編號＿＿＿＿　鄉鎮＿＿保＿＿甲＿＿戶

姓名		性別		出生年月日	民國前　年　月　日
本籍	省　縣	寄籍	省　縣	居住本縣開始日期	民國前　年　月　日
教育程度		職業	行業		職位
結婚狀況		殘疾			
國民身分證	號碼		填發機關		
	填發日期				
登記事由及日期					
備註					

15公分　　10公分

人口登記卡反面

人別＼項別	姓名	登記卡號數	住址	備考
戶長				
親屬或同居人稱謂				

附註

（一）共同生活戶戶長卡片須填全戶之姓名

（二）共同事業戶戶長卡片於備考欄填註全戶人數不必分填姓名

（三）凡非戶長卡片須填明配偶及直系親屬姓名其餘人口不填

10公分 × 15公分

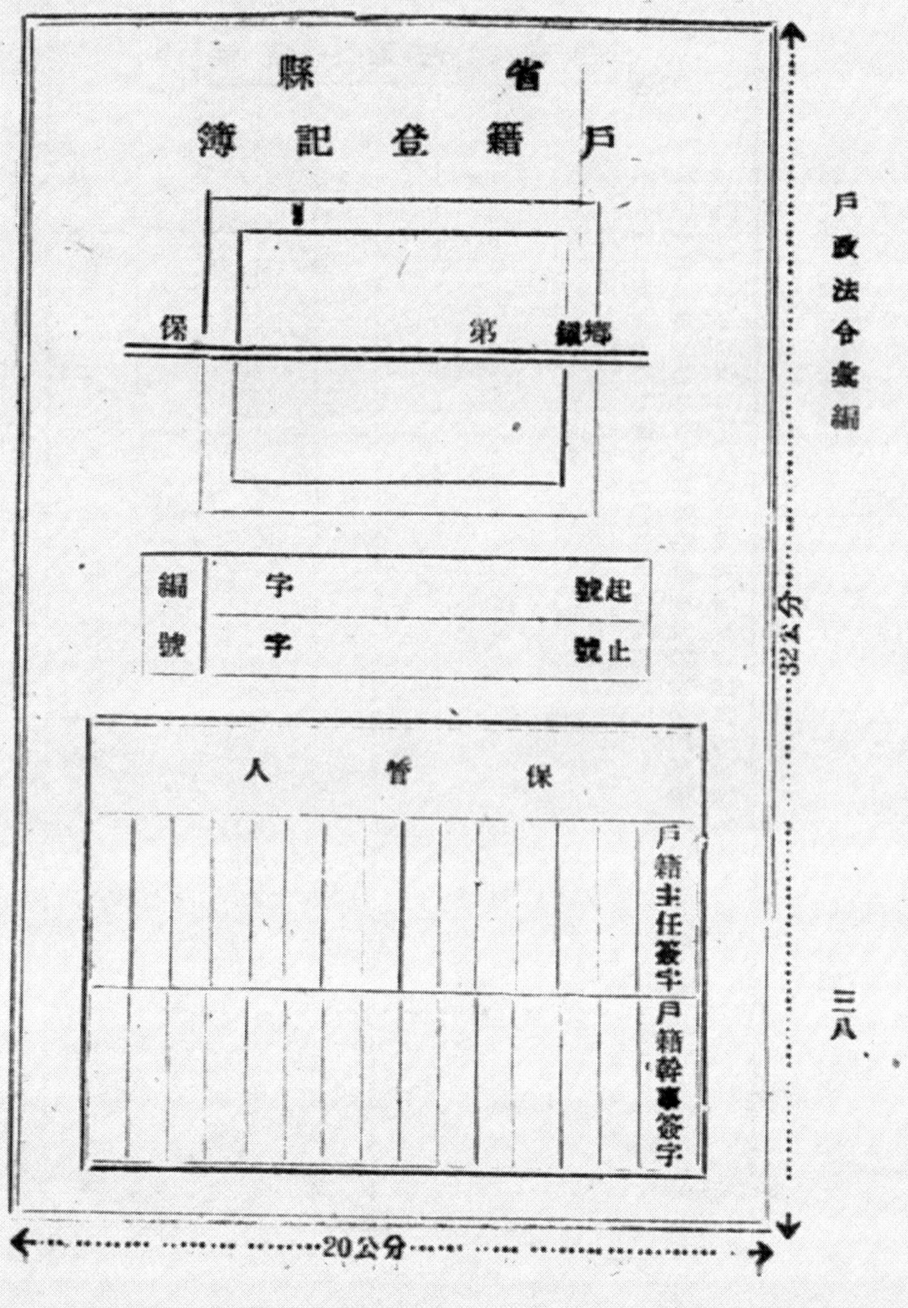

戶政法令彙編

三八

省　　縣

戶籍登記簿

鄉鎮　　第　　保

編	字	號起
號	字	號止

保管人

戶籍主任簽字

戶籍幹事簽字

20公分

32公分

登入Ⅱ本後在此由簽蓋鈐記　　　　登入副本後在此者蓋印

戶籍登記聲請書

- 類別
- 人別 / 項別
- 戶長或當事人
- 關係人稱謂
- 姓名
- 性別
- 出生 年 月 日
- 本籍 省 縣
- 寄籍 省 縣
- 居住本鄉開始時 年 月 日
- 教育程度
- 職業 行業 職位
- 婚姻狀況
- 殘疾
- 登記事由及日期
- 備註

登記聲請義務人（簽名或蓋章押）

住址 縣 鄉 保 甲 戶

出生：民國前 年 月 日

居住本鄉開始時：民國前 年 月 日

中華民國 年 月 日 戶登入

所屬鄉鎮公所戶籍登記簿（卡）第 冊第 頁第 號

32公分

20公分

戶政法令彙編 三九

流動人口登記簿

流動人口登記簿 省 縣 鄉(鎮) 保 年 月 日

姓名	性別	出生年月日	籍貫 省	籍貫 縣	寄籍 省	寄籍 縣	教育程度	職業 行業	職業 職位	婚姻狀況	殘疾	來住原因	往他原因	住址 原住地	住址 往存住址	來往日期 來住日期	來往日期 往他日期	備註
		民 前國																
		民 前國																
		民 前國																
		民 前國																
		民 前國																
		民 前國																
		民 前國																

←32公分→

←20公分→

戶籍登記簿

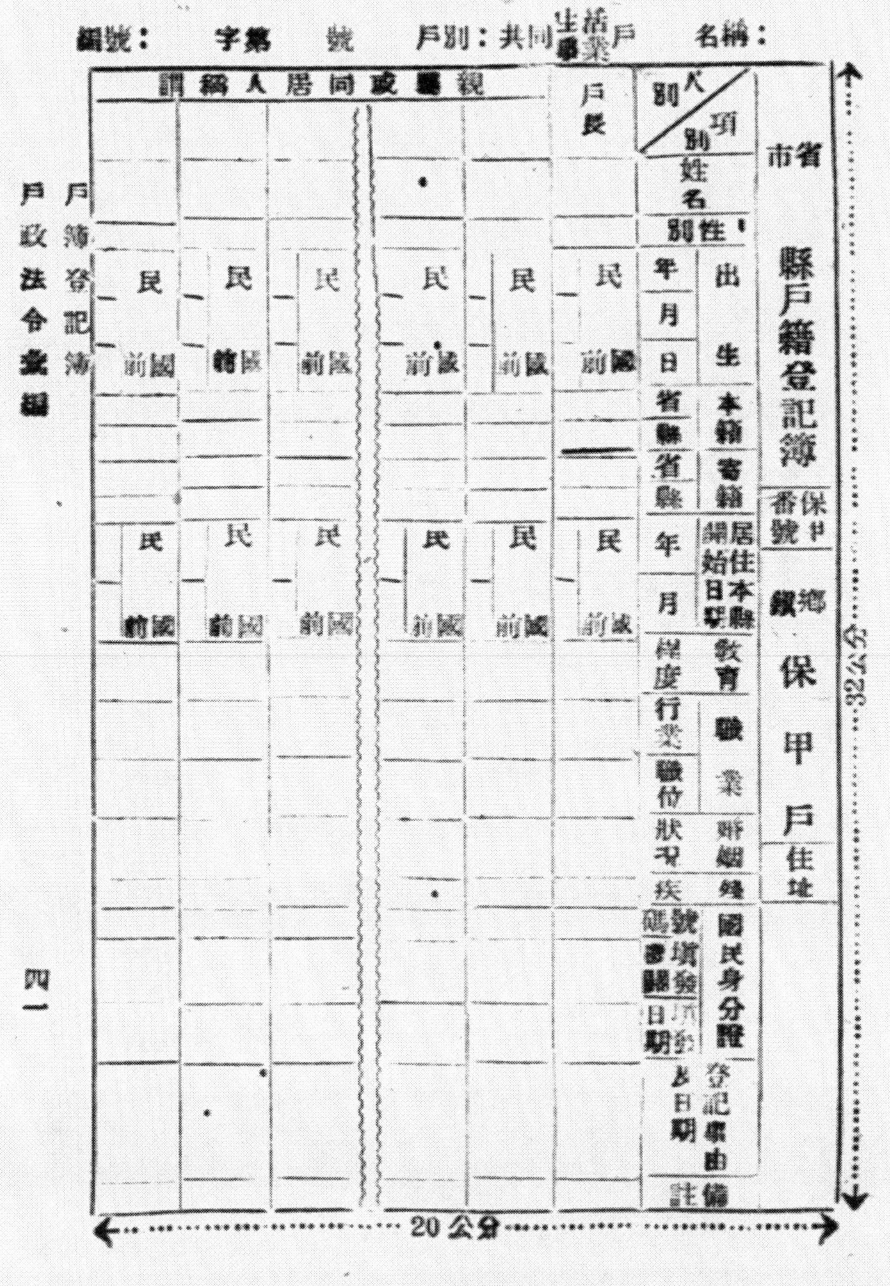
編號： 字第 號 戶別：共同生活戶 事業戶 名稱：
省市 縣戶籍登記簿
保甲番號
鄉鎮 保 甲 戶住址
項別 人別
戶長
親屬或同居人稱謂
姓名
性別
出生 年 月 日
民 前國
本籍 省 縣
寄籍 省 縣
居住本縣開始日期 年 月
教育程度
職業 行業 職位
婚姻狀況
兵役
國民身分證 號碼 填發日期
登記事由及日期
備註
20公分
32公分

戶政法令彙編

圖二
國民身分證樣式

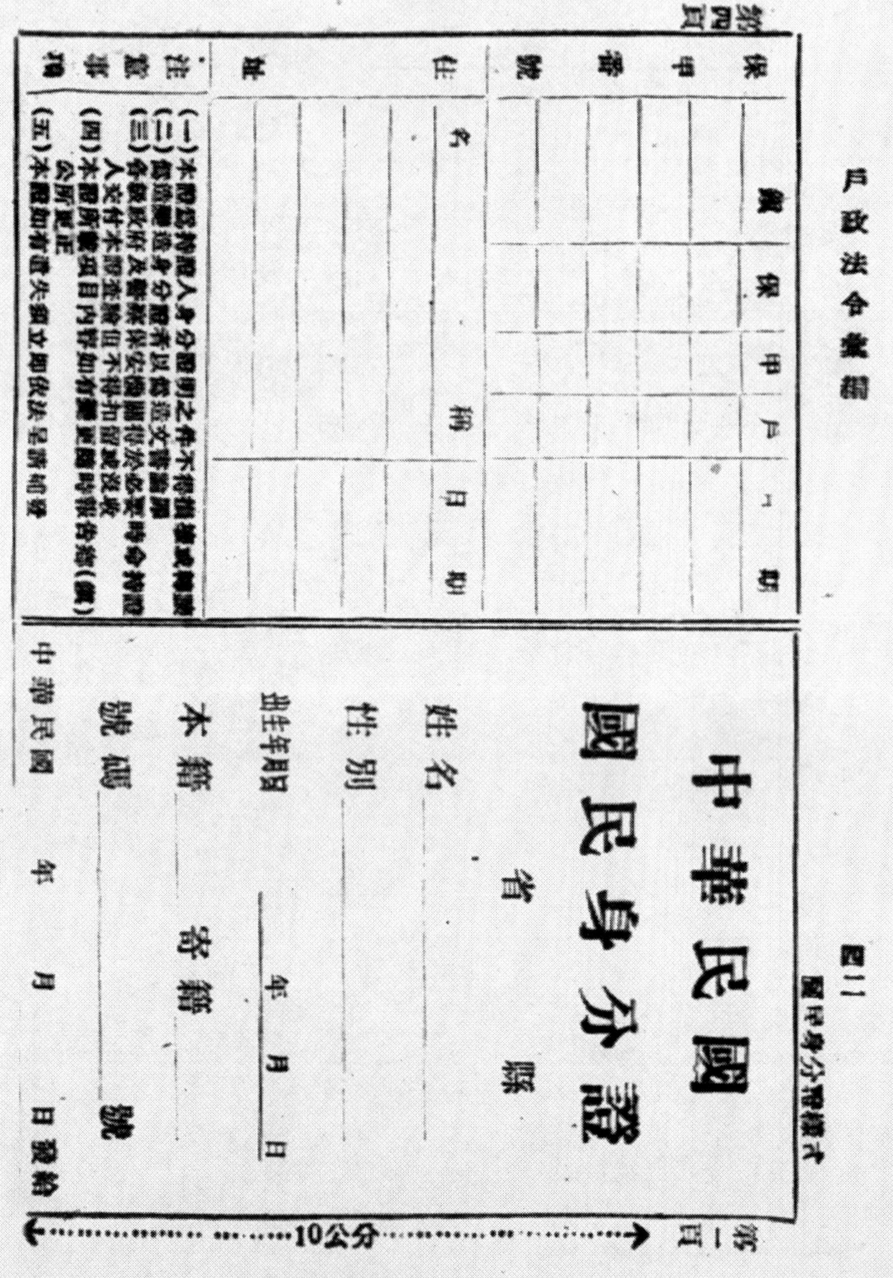

第一頁

中華民國
國民身分證

省　　縣

姓名

性別

出生年月日　　年　　月　　日

本籍　　寄籍

號碼　　號

中華民國　　年　　月　　日發給

10公分

第四頁

保	甲	戶	口
鎮	保	甲	戶	口	號

住址	名	稱	月	日	期

注意事項

(一)本證爲特證人身分證明之件不得抵押或轉讓

(二)如需變造身分證者以偽造文書論罪

(三)各級政府及警察保安機關得於必要時令持證人交付本證查驗但不得扣留或沒收

(四)本證所載項目內容如有變更應隨時報告鄉(鎮)公所更正

(五)本證如有遺失須立即依法呈請補發

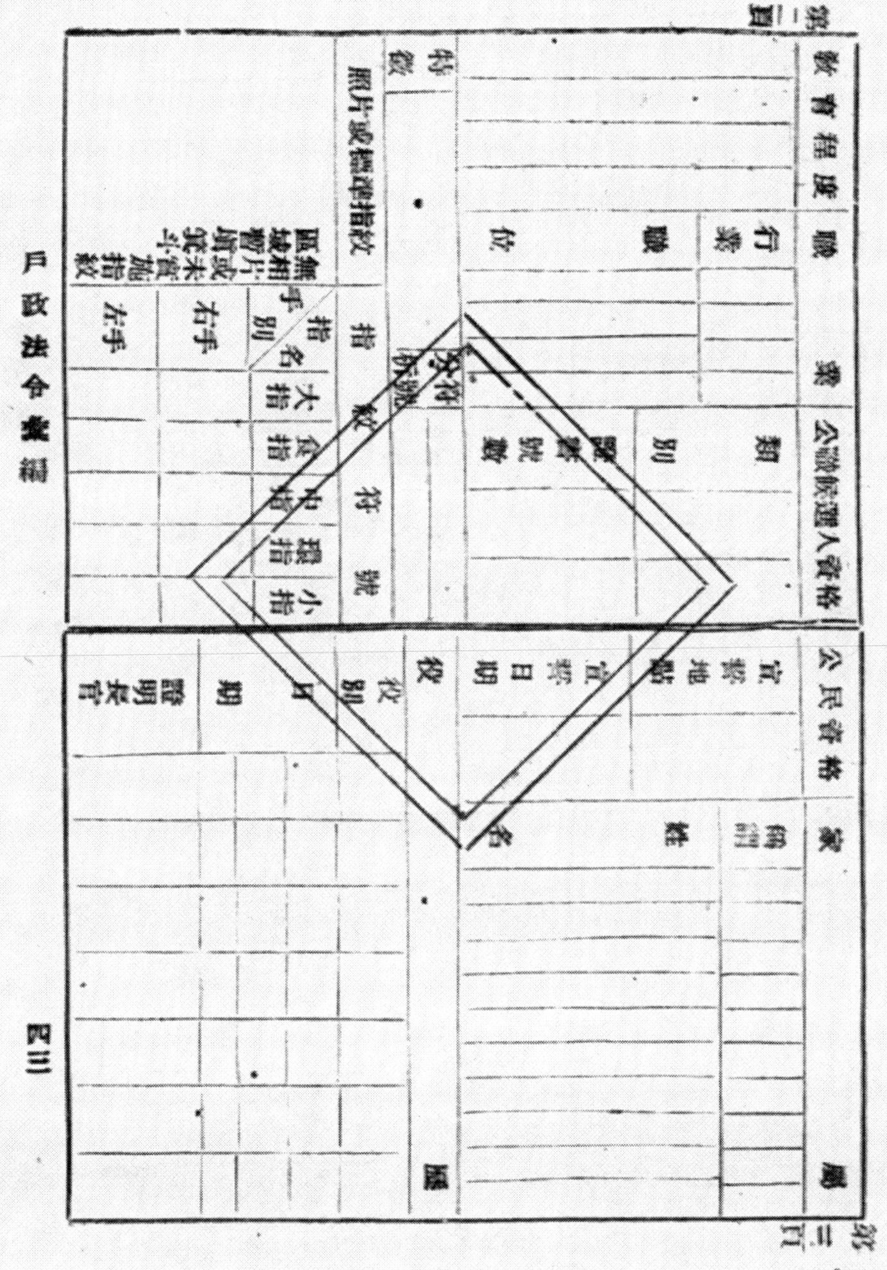

第二頁

教育程度	職業		公證候選人資格	
	行業		類別	
	職位		證書號數	

特徵						
照片或標準指紋	指紋符號					
	分符 分號					
無相片或未實施指紋區域須填箕斗	手別 指名	大指	食指	中指	環指	小指
	右手					
	左手					

第三頁

公民資格		家屬	
宣誓地點		稱謂	
宣誓日期		姓名	

役	
役別	
日期	
證明長官	

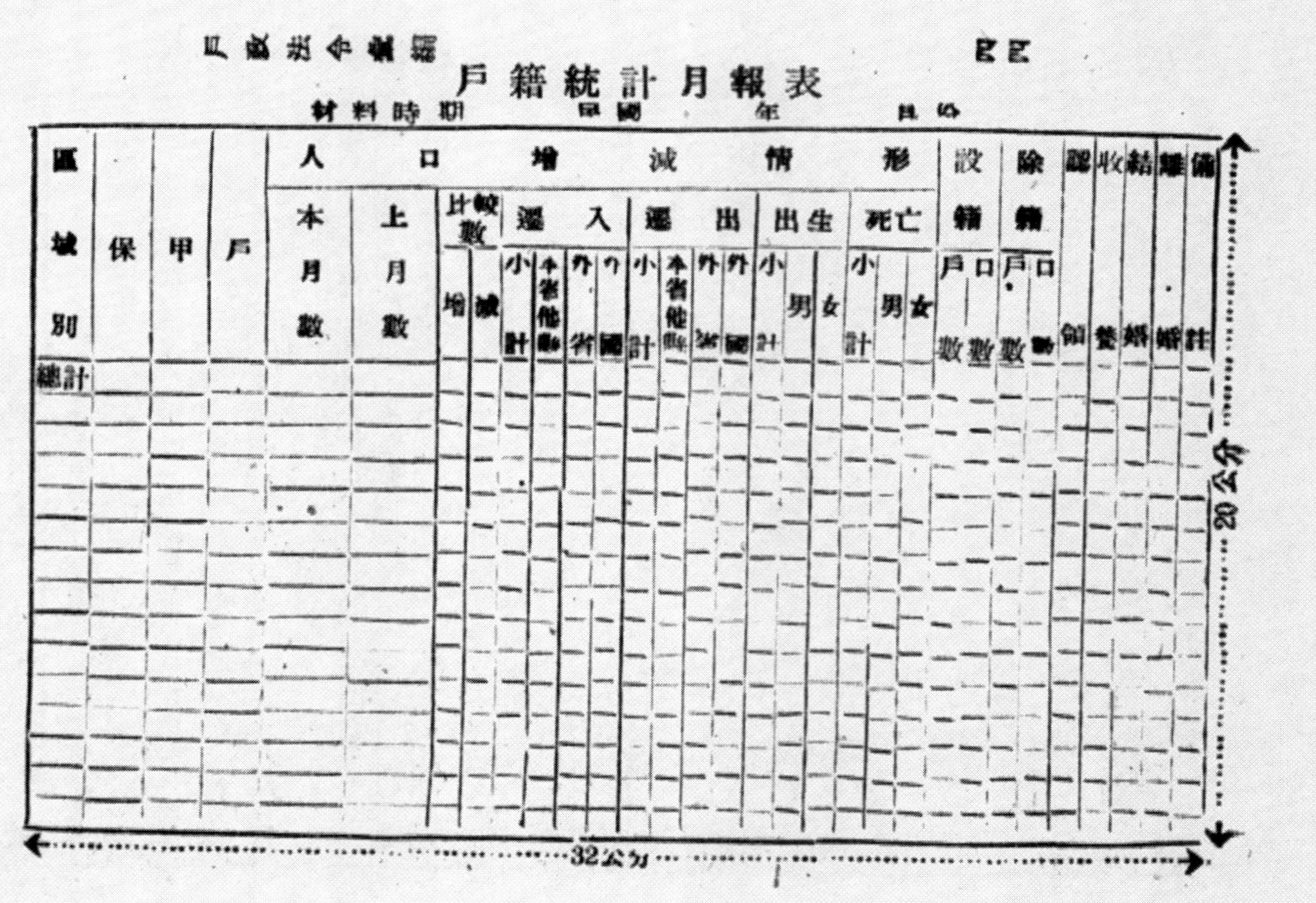

戶政法令彙編　　　　　　　　　　　　區名

戶籍統計月報表

材料時期　民國　年　月份

區域別	保	甲	戶	人口增減情形																				設籍		除籍		認領	收養	結婚	離婚	備註
				本月數	上月數	比較數		遷入				遷出				出生			死亡													
						增	減	小計	本省他縣	外省	外國	小計	本省他縣	外省	外國	小計	男	女	小計	男	女			戶數	口數	戶數	口數					
總計																																

←32公分→　　↕20公分

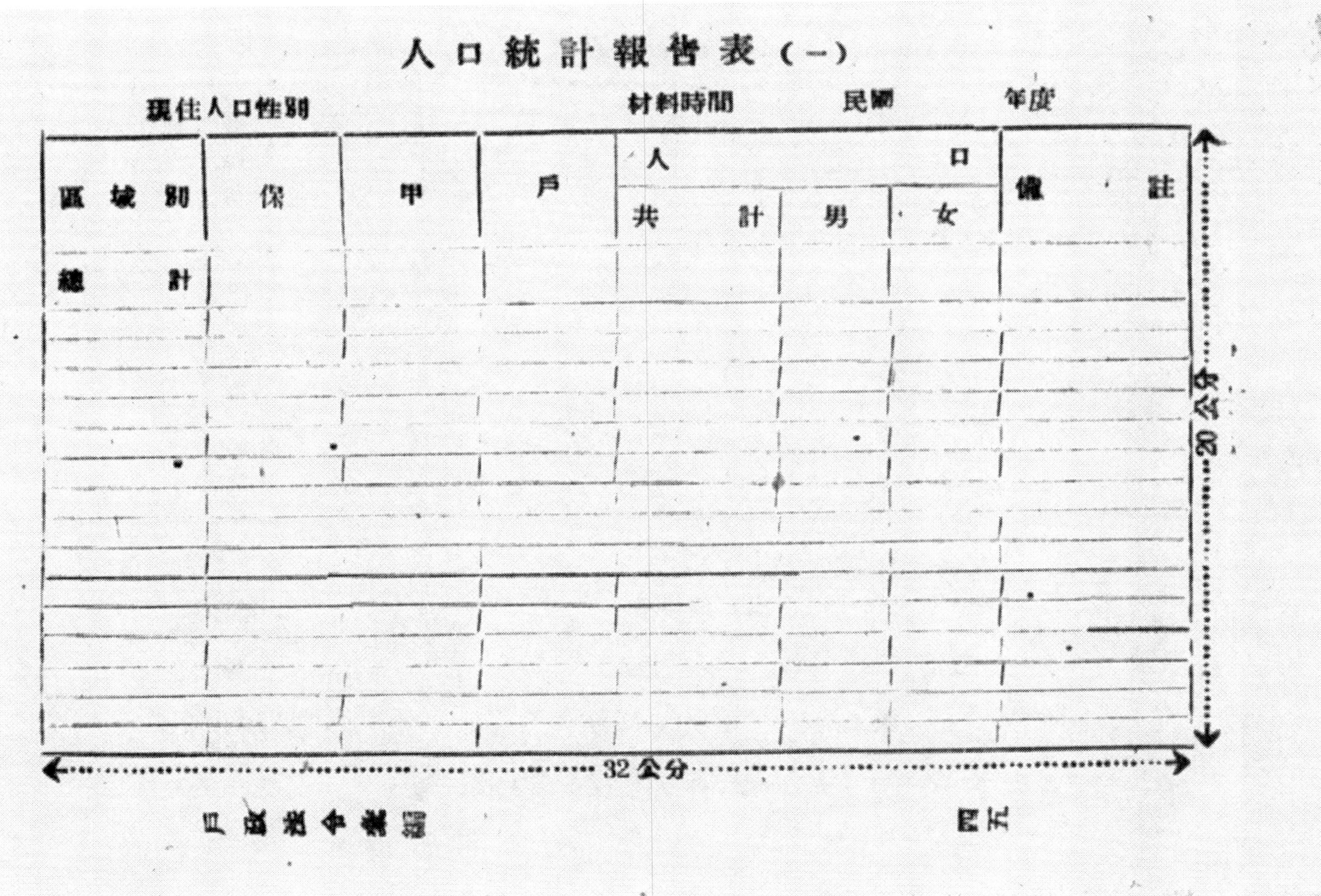

人口統計報告表（一）

現住人口性別　　　材料時間　　民國　　年度

區域別	保	甲	戶	人口			備註
				共計	男	女	
總計							

戶政法令彙編　　　　圖六

人口統計報告表（二）

現住人口籍別　　　　材料時期　　民國　　年度

區域別	性別	共計	本籍	非本籍			備註
				本省他縣	外省	外國	
總計	合計						
	男						
	女						
	男						
	女						
	男						
	女						
	男						
	女						
	男						
	女						
	男						
	女						
	男						
	女						

←32公分→　　↕20公分

人口統計報告表（三）

現住人口年齡分配　　　　材料時期　　　民國　　年度

區域別	性別	共計	未滿一歲	一歲至未滿五歲	五歲至未滿六歲	六歲至未滿十歲	十歲至未滿十二歲	十二歲至未滿十五歲	十五歲至未滿十八歲	十八歲至未滿二十歲	二十歲至未滿二十五歲	二十五歲至未滿三十歲	三十歲至未滿三十五歲	三十五歲至未滿四十歲	四十歲至未滿四十五歲	四十五歲至未滿五十歲	五十歲至未滿五十五歲	五十五歲至未滿六十歲	六十歲至未滿六十五歲	六十五歲至未滿七十歲	七十歲及以上	備註
總計	合計																					
	男																					
	女																					
	男																					
	女																					
	男																					
	女																					
	男																					
	女																					
	男																					
	女																					

←……32分……→

說明：1.本表應就男女人口之實足年齡分別計算填列。2.未滿一歲之男女人口爲嬰兒，六歲至未滿十二歲男女人口爲學齡兒童，十八歲至未滿四十五歲之男子爲壯丁。

人口統計報告表（四）

現住人口教育程度　　　　材料時期　民國　年度

區域別	性別	共計	受高等教育者		受中等教育者				受初等教育者				私塾	不識字者	備註
			畢業	肄業	高中		初中		高小		初小				
					畢業	肄業	畢業	肄業	畢業	肄業	畢業	肄業			
總計	合計														
	男														
	女														
	男														
	女														
	男														
	女														
	男														
	女														
	男														
	女														
	男														
	女														

←32公分→　　↕20公分

說明：本表應就滿六歲及以上之男女人口分別計算填列。

人口統計報告表（五）

現住人口職業分配　　　　材料時期　　　民國　　　年度

區域別	性別	共計	農業	礦業	工業	商業	交通運輸業	公務	自由職業	人事服務	其他	無業	備註
總計	合計												
	男												
	女												
	男												
	女												
	男												
	女												
	男												
	女												
	男												
	女												
	男												
	女												

說明：本表應就滿十二歲及以上之男女人口分別計算填列。

人口統計報告表（六）

現住人口婚姻狀況　　　材料時期　　年　　月

區域別	性別	共計	未婚	有配偶	喪偶	離婚	備註
總計	合計						
	男						
	女						
	男						
	女						
	男						
	女						
	男						
	女						
	男						
	女						
	男						
	女						
	男						
	女						

20公分　32公分

說明：本表應就滿十五歲及以上之男女人口分列計算填列。

三、縣保甲戶口編查辦法　三十年七月廿三日內政部公布

第一條　本辦法依縣各級組織綱要第五十八條之規定制定之　凡未編查各縣，依本辦法編查，已編查各縣，依本辦法辦理。

第二條　保甲以戶為單位，其編制依縣各級組織綱要第四十五條、第五十三條之規定。

第三條　編查保甲戶口，全縣應同時舉辦，其時間及區域，由各省省政府以命令定之，咨內政部備案。

第四條　保甲戶口之編查，以縣政府為主辦機關，並飭縣境各機關團體選員協助辦理，由縣政府於開始編查前，召集編查人員講習保甲戶口法令及編查手續。前項編查人員所需之必要經費，應由縣政府編造預算，呈省政府核定支給，不得由地方供應。

第五條　凡同一處所，同一主管人之下，共同生活，或共同營業，或共同辦事者為一戶，其區分如左：

一、普通戶：凡住戶，舖戶等均屬之。

二、船　戶：凡在陸上無一定住所，以船為家者均屬之。

三、寺廟戶：凡寺院、庵廟、宮觀、禪林、洞羽、教堂、教會、清眞寺均屬之。

四、公共戶：凡公署、兵營、監獄、學校、工廠、祠堂、會館、公所、及其他公共處所均屬之。

五、外僑戶：凡外國人住戶均屬之。

六、特編戶：凡同一編查區內，五里以內不滿一甲，十里以內不滿一保之畸零居戶等均屬之。

七、臨時戶：凡流動靡常之戶均屬之。

前項所列各戶內，如另有不同性質之戶附居者，應依其性質分別立戶，其在辦理戶籍及人事登記之區域，並應將合於戶籍法第八九兩條所規定之戶另加說明。

第六條　各保應就各村街之自然單位編定，或併合數村街編為一保，但不得分割本村街之一部編入他村街之保。

第七條　編戶時應設定標準起點，順序挨戶編組，發給門牌，除普通戶外，門牌上應註明各該戶之性質。

第八條　畸零居住在鄰近五里內無甲可併時，三戶以上不滿六戶者，得編為特編甲，二戶以下附隸於鄰近之甲內，在鄰近十里以內無保可併時，三甲以上不滿六甲者，得編為特編保，二甲以下附隸於鄰近之保內。

第九條　船戶應就其常泊之縣境內河、湖、海面分段編查，不滿六戶者，附隸於常泊處陸地之甲，不滿六甲者，附隸於常泊處陸地之保，已編成保者，均附隸於常泊處陸地之鄉鎮。

第一〇條　臨時戶均編為臨時保甲，不滿六戶者，附隸於所在地，或鄰近之甲，不滿六甲者，附隸於所在地或鄰近之保，已編成保者，均附隸於所在地或鄰近之鄉（鎮）。

第一一條　宅內原有居民暫時他往者，應保留其甲戶之番號。

第一二條　無家游民，應另列一冊，並分別設法收容管理，不許游移無所歸屬。

第一三條　寺廟戶、公共戶、及外僑戶均附屬於所在地或鄰近之甲內，不另編為甲。

第一四條　船戶、（依地方情形認為普通戶者除外）寺廟戶、公共戶、外僑戶、特編戶、及臨時戶附錄於鄉鎮保甲內之數目，得不受限制，但各該鄉鎮保甲內之原有戶數，仍應編足法定數目。

第一五條　保甲編定後，新增之戶，暫附於所在地或鄰近之甲內，編為臨時戶，俟保甲重新編整時，依法整理。

第一六條　保甲之名稱，以數字定之，並得冠以地名。各保就全鄉或鎮之保數依序編稱，各甲就全保之甲數依序編稱，各戶就全甲之戶數依序編稱。

第一七條　編組保甲，應同時調查戶口，填具戶口調查表，（如附式）按保彙訂成冊，並另繕一份送鄉鎮公所，由鄉鎮公所彙編成冊，另繕一份呈送縣政府，由縣政府彙製全縣戶口統計表，呈送省政府，由省政府彙製全省戶口統計表，咨送內政部。

第一八條　保甲戶口編查完竣後，鄉鎮公所應依戶籍法及其施行細則之規定，陸續辦理戶籍與人事登記，及暫居戶口之異動登記。

第一九條　保甲戶口編查後，各保應繪製所管區域略圖，填明本區域內之村或街原有名稱及戶口總數，呈由鄉鎮長轉報縣政府備案，並揭示於保辦公處。

第二〇條　保甲戶口編查後，如遇戶數增減至超過或不足法定之數時，應於每年度開始，將變動部份依照規定重加編整，但以儘量保持原有鄉（鎮）保界址為原則。

第二一條　本辦法之施行細則及各種表冊證等式樣，均由各省省政府參酌地方情形訂定，咨內政部備案。

第二二條　本辦法自公佈日施行。

縣　鄉鎮戶口調查表

保　甲　戶

調查員　　（蓋章）

戶別	稱謂	姓名	別號	年齡	出生年月日	本籍	寄籍	暫居	婚姻狀況	教育程度	從事職業及服務處所	曾往外國原住何處	殘疾	備考
保　甲　戶 住址	戶長											居住年月		

合計 男 女　口	現住 男 女　口	離往 男 女　口

附記

中華民國三十　年　月　日　戶長　保長

四、戶口普查法 三十六年三月十二日國民政府公布

第一條　本法依戶籍法第五十八條之規定制定之。

第二條　本法所稱戶口普查，謂普遍查記全國戶口在指定時刻之靜態。

第三條　戶口普查每十年舉辦一次。

前項戶口普查年份及普查標準時刻，由國民政府以命令定之。

第四條　戶口普查應查現在人口，並查常住人口。

前項所稱現在人口，謂普查標準時刻適在所查處所之人口；常住人口，謂在所查戶口內經常共同生活或營共同事業之人口。

第五條　戶口普查應查記之事項，及戶口普查表之格式，由內政部定之。

第六條　戶口普查表格，應由普查員查填，但人口衆多之戶，得由戶長自填，由普查員核對。

第七條　戶口普查時，得以戶長或其他代理人爲陳述人。

第八條　舉辦戶口普查時，以內政部部長爲戶口普查長，國府主計處統計局長、各省政府主席及院轄市長爲副戶口普查長，設全國戶口普查處，派定臨時人員，分組辦事，並督導全國各省市縣局辦理之。

前項各級臨時人員，得調用各機關人員並約集當地學校員生及人民團體，協同辦理。

第九條　舉辦戶口普查，應編造臨時預算，由國庫開支。

第十條　戶口普查資料之整理統計，由內政部會同國府主計處集中辦理之。

第十一條　辦理戶口普查人員，對於應守秘密之事項，不得洩漏。

違反前項之規定者，處三千元以下之罰鍰。

第十二條　人民對於戶口普查之詢問，有意規避或拒絕查記或故意妄報者，處二千元以下之罰鍰，阻撓他人申報或誘迫妄報者，處五千元以下之罰鍰。

第十三條　未設省縣地方之戶口普查辦法，由內政部定之。旅外僑民及駐外使領館之戶口普查辦法，由內政部會同外交部定之。

第十四條　戶口普查實施方案，由內政部於舉辦普查前一年制定之。

前項方案關於統計技術部份，應會同國民政府主計處制定之。

第十五條　本辦法自公布日施行。

五、各省市戶口查記實施辦法　內政部卅五年七月十六日公布

一、各省市戶口調查及戶籍登記（以下簡稱戶口查記）開始辦理前，應就經費、法規、表冊、講習、宣傳及辦理查記之人員，爲充分準備，其準備期間最多不得超過三個月，準備工作完成後，應即開始查記。

二、戶口查記，凡同一省市，應以同時辦理爲原則，但全省不能同時辦理者，得分期辦理。

三、戶口查記分區分期辦法，應依左列規定：

甲、已依戶籍法辦理戶籍登記之省市，應於修正戶籍法公布後六個月內，依修正戶籍法之規定整理完成。

乙、已依戶籍法辦理戶籍登記之省，但未全省辦竣者，其已辦之縣市局，應於修正戶籍法公布後六個月內整理完成，未辦之縣市局，應於修正戶籍法公布後一年內辦理完成。

丙、未辦戶籍登記之省市，應於修正戶籍法公布後一年內辦理完成，全省所轄之縣局不能同時辦理者，得於第一年內完成半數以上之縣局，第二年內全部辦理完成。

丁、戶口查記，凡同一市區或同一縣局內，不得分區分期辦理。

戊、戶口調查辦理完竣後，應即接辦戶籍登記，不得分區分期辦理。

巳、戶口調查辦理完竣，接辦戶籍登記後，應於戶籍登記有整理之必要時，重行舉辦調查，其間隔不得少於五年。

四、已依戶籍法辦理戶籍登記之省市，依修正戶籍法整理時，其原有戶籍簿，得就變更部份嚴改加正、繼續使用，俟使用完畢另行製備，但戶籍登記簿及其分冊之裝訂，應依修正戶籍法行細施則之規定辦理，戶口統計表並應依新頒表式編製。

五、戶口查記事項，各縣市局得於開始辦理時，選擇一地點適中，財力充裕，人事健全之鄉鎮爲戶政示範鄉鎮，以資表率。

六、各省市縣關于戶政之行政及業務經費，由內政部限定項目，並按人口比例酌定經費標準，依照財政收支系統，分別列入預算。

七、各級戶政人員之訓練，由省市縣政府依照各省市縣政府幹部人員訓練辦法之規定辦理，在開始辦理戶口查記以前，除已受專業訓練之戶政人員外，各縣市局應召集所屬各鄉鎮辦理查記之人員，予以講習，講習期間爲五日至十日。

八、戶口查記開始辦理時，各縣市局應會同所在地機關、法團、學校及民衆團體，舉行適當之宣傳。

九、戶口查記開始辦理時，各省市由內政部派員督導，各縣市局由省政府派員督導，各鄉鎮由縣市局派員督導。

十、戶口查記辦理完竣後，應由該管上級長官或督導人員覆查或抽查，每省至少抽查三縣市局，每縣市局至少抽查三鄉鎮，每鄉鎮至少抽查三保，每保至少抽查三甲，每甲應按戶覆查。各保戶口查記辦理完竣後，應由鄉鎮長或派員按戶覆查。抽查或覆查發現錯誤時，應責令改正，錯誤在半數以上，得責令重行查記。

十一、各省市及各縣市局主管長官於戶口查記辦理時，及平時巡視地方時，應抽查戶口。

十二、戶口統計暫用條紙法辦理。戶口調查結果之統計，各縣市局應於戶口調查完竣後三個月內辦理完成。戶籍登記結果之統計，應於每月終了十日以內及每年終了一月以內辦理完成。

十三、各級戶政人員工作之成績，由各該主管長官考核獎懲，並呈報該管上級機關，或由督導人員或該管長官報請該管上級機關考核獎懲。統計人員協助辦理統計之成績，除得由該管長官考核獎懲者外，應報請該管上級統計機關考核獎懲之。

十四、各市縣政府及鄉鎮區公所，應置備足數使用之戶籍櫃或卡片箱，及其他應用器物，其設備標準由內政部定之。

十五、各省市戶口查記之區域，日期及進度，應在開始辦理以前詳報內政部，平時並應每三個月彙報一次，每年分為四期，第一期至第三期於每年四月十日，七月十日，及十月十日以前彙報，第四期於翌年一月十日以前彙報，每期均應載明工作進度，詳細辦理情形及改進意見。

六、市生死統計規則

民國三十三年三月　日衛生署修正公佈

第一條　市生死之統計，除法令別有規定外，依本規則之規定，特別行政區及設有特種警察機關之地方，準用本規則之規定。

第二條　市之生死統計，由市政府督飭警察機關會同當地衛生主管機關辦理之。

第三條　出生時嬰孩之父母或撫養人，須於出生後五日以內報告該管警區，並同時向辦理戶籍機關作出生登記。

第四條　死亡時其同居之親屬，須於三日內帶同醫師所給死亡診斷書，報告該管警區，轉知衛生主管機關派員復查，取得殮葬許可證。方得殮葬。

其赤貧無力延醫者，得將死亡情形報由該管警區轉知當地衛生主管機關派員查驗，填給殮葬許可證，死亡人為孤獨或變死，其鄉鎮長及鄰居負報告之義務。

第五條　初生之嬰兒於尚未報告警區前即死亡者，應將生死報告同時行之。

第六條　死亡或死產除向警察局報告外，應并同時向辦理戶籍機關履行死亡或死產登記。

第七條　凡嬰孩出生時即無氣息者為死產，如受孕在六個月以上者即須報告。

第八條　市衛生主管機關應將衛生署所定死因分類表印發醫師應用。

警察局據報或自行調查境內有出生與死產時，除依戶口調查規則登記外，應照衛生署所定之出生票，死亡票，或死產票填寫，於每月十日以前將上月份出生死亡及死產各票彙交當地衛生主管機關，列表呈經市政府核轉衛生署備查。

第九條　市衛生主管機關按月彙齊各警區之出生票、死亡票及死產票，依照署定格式編製左列各表：

（一）全市戶口及死生人數統計表；

（二）出生嬰孩數之職業分類統計表；

（三）出生嬰孩數按母之年齡分類統計表

（四）死亡人數按性別年齡及死因分類統計表；

（五）死亡人數按性別職業及死因分類統計表；

（六）死亡人數按性別年齡及婚姻狀況分類統計表。

第十條　前項各種統計表應以一份送市主管戶籍機關備查。統計出生褁時，應參考衛生主管機關發給開業助產士及接生婆之助產接生月報表，如認為有遺漏時，應另行詳查。

第十一條　本規則自公布日施行。

七、姓名使用限制條例

三十年七月十七日國民政府公佈

第一條　凡中華民國人民之本名以一個為限。登記於戶籍上之姓名為本名。

第二條　使用姓字或別號者應表明其本名。

第三條　財產權之取得、設定、移轉或變更，應使用本名並表明其本名。共有財產使用堂名或其他名義者，應表明共有人之本名。共有人總額數超過二十人者，得僅表明代表人之本名。

第四條　意圖避免納稅義務而不使用本名又不表明本名者，處以漏納稅額一倍至十倍之罰金。

第五條　意圖避免統制法令之限制，取得不法利益而不使用本名又不表明本名者，處一年以下有期徒刑，拘役或五百元以下之罰金。

第六條　對於公務員合法之調查，應用本名報告。其不使用本名又不表明本名者，處拘役或一百元以下之罰金。

第七條　本條例自公佈日施行。

八、內政部審核更名改姓及冠姓規則

卅二年六月八日內政部第一次修正公佈
卅三年二月七日第二次修正公佈

第一條　凡人民呈請更名改姓及冠姓者，均依本規則辦理。

第二條　有左列情事之一者，得呈請更名：

一、現時同在一機關服務，姓名完全相同，易於淆混者。

二、現時同在一地方居住，姓名完全相同，易於淆混者。

三、現時因銓敘姓名完全相同，易於淆混者。

第三條　有左列情事之一者，得呈請改姓或冠姓：

一、因繼承或歸宗而改姓者。

二、非漢人而請冠漢姓者。

第四條　凡依第二條第一款呈請更名者，須開具年齡、籍貫、居所、職業、經歷，檢同證明資格文件，並取具薦任職公務員二人以上之保證書，連同本人四寸半身像片二張，呈由原服務機關轉呈該管最高級機關查核屬實後，轉請內政部核辦。

第五條　凡依第二條第二款呈請更名者，須開具年齡、籍貫、居所、職業、經歷，檢同證明資格文件，並取具薦任職公務員二人以上之保證書，連同本人四寸半身像片二張，呈由現居地方縣市政府調查確實後，呈由該管上級政府核轉內政部核辦。

第六條　凡依第二條第一款第二款之規定呈請更名者，除依第四條及第五條之規定辦理外，並須取具該同姓名人之證明書，及其年齡、籍貫、居所、職業、並四寸半身像片二張，一併呈送核轉。

第七條　凡依第二條第三款呈請更名者，須開具年齡、籍貫、居所、職業、經歷，檢同銓敍機關證明文件，並四寸半身相片二張，逕呈內政部核准。

第八條　凡依第三條第一款呈請改姓者，須檢送該具呈人家族或親屬署名承認繼承或承認歸宗之正式合法書約，開具年齡、籍貫、居所、職業、經歷、雙方父母姓名及其年齡職業，並取具雙方族長二人以上及當地殷實商店二家以上之保證書，連同本人四寸半身像片二張及證明資格文件，呈由原籍地方縣市政府調查確實後，呈由該管上級政府核轉內政部核辦。

前項具呈人，如其繼承或歸宗係在另一地方者，並須分呈各該管縣市政府分別查明會同核轉。

第九條　凡依第一條第三款呈請冠姓者，須開具年齡、原屬族籍、居所、職業、經歷，檢同證明資格文件，並取具專任職公務員二人以上之保證書，連同本人四寸半身相片二張，呈由現居地方縣市政府調查確實後，呈由該管上級政府核轉內政部核辦。

前項具呈人如有該管族長，並須分呈查核會同呈轉。

第一〇條　呈請改姓或冠姓者，同時不得更名，但旗人原名，如確係譯音在五字以上者，得呈明酌改。

第一一條　凡各級學校畢業生及在校學生，呈請更名改姓或冠姓者，應按教育部限制辦法辦理，其非教育部管轄之各級學校畢業生及在校學生呈請更名改姓或冠姓者，亦應參照教育部限制辦法辦理。

第一二條　公務員或律師呈請更名改姓或冠姓者，應按其原有學歷，依照教育部限制辦法辦理。
第一三條　凡呈請更名改姓或冠姓人及其保證人年齡，須在二十歲以上。
第一四條　第三條第一款之繼承人或歸宗人如年未屆滿二十歲者，得由其法定代理人呈請之。
呈請更名改姓及冠姓，經內政部核准後，於內政公報公佈之，原繳證明資格文件，應由內
政部改正，加印發還。
第一五條　本規則自公佈之日施行。
「附」教育部十九年七月布告限制學生更名改姓辦法：「查各級學校在校學生呈請更名改姓辦
法，業經本部明定布告在案，依照該項布告第一項之規定，凡各級學校在校學生，合於內政部公布
更名改姓及冠姓規則第二條及第三條所規定者，均得呈請更名改姓或冠姓，惟查內政部公布之規
則第二條第二項：「現時間在一地方居住姓名完全相同易於淆混者。」在求學時代之學生自當指
學校所在地範圍內之姓名完全相同易於淆混而言，如於學校所在地範圍以外發現姓名完全相同者
，與該生之永久地址或原籍地方，既無淆混之弊，均不得呈請更名，再各級學校在校學生，其呈
請更名改姓或冠姓准予受理者，以公立或已立案之私立學校學生為限，如有未經呈准之私立學校
學生呈請更名改姓或冠姓，概不受理。（下略）
「附」教育部二十二年六月修正限制學生更名改姓辦法：
一、凡各級學校在校學生依照內政部修正公佈之規則第二第三第十各條所規定呈請更名改姓或冠姓者
，其在專科以上學校學生，應呈由該校長轉報本部核准，其在中等以下學生，應呈由該校長轉報
所在地之教育行政機關核准，並須一律於呈請時加具入學保證人證明書，必要時並得令其補繳其
他證明文件。

二、凡各級學校畢業生呈請更名改姓或冠姓者，除遵照內政部修正公佈之規則辦理外，並須取具原校或原校所在地之教育行政機關（祇限於原校之已停辦者）證明書，作爲呈請核辦時應呈物證之一，於內政部核准後，應呈請原校逕報或轉報本部備案。（但小學畢業生由原校轉報省市教育行政機關備案）

九、各省市戶政幹部人員訓練辦法　卅三年十一月廿日內政部公布

第一條　各省市戶政幹部人員之訓練，除法令別有規定外，依本辦法之規定。

第二條　左列戶政幹部人員，均依本辦法訓練之：

一、省政府及院轄市委任以上之戶政人員。

二、縣市政府委任以上之戶政人員。

三、鄉鎮（市之區）戶籍主任及幹事。

四、保辦理戶籍之人員。

五、警察局及所屬分局所辦理戶籍之人員。

第三條　前條戶政幹部人員依左列規定訓練之：

一、省政府及所屬市縣政府委任以上人員，由省地方行政幹部訓練團設戶政組訓練之。

二、鄉鎮戶籍主任及幹事，由縣地方行政幹部訓練所設戶政組訓練之。必要時得由行政督察區訓練班集中訓練。

三、保辦理戶籍之人員，得由縣地方行政幹部訓練所會同縣政府派遣曾受戶政訓練之人員分區講習。

市得於市政府所在地設立戶政幹部訓練班，或於警察訓練所附設戶政組，訓練全市辦

理戶籍之人員。

第四條 戶政幹部訓練人員訓練期間如左：

一、省市縣委任以上戶政人員兩個月。

二、鄉鎮（市之區）戶籍主任及幹事一個月。

三、保辦理戶籍之人員十五日。

前項訓練期間，必要時得延長或縮短之。

第五條 戶政幹部人員訓練，除精神訓練、政治訓練、軍事訓練、及訓育實施應照各縣訓練機關之一般規定外，並增設左列有關業務課程：

一、戶籍法詳解。二、戶口調查概要。三、戶籍及人事登記制度。四、卡片運用。五、指紋辨認。六、戶口統計實務。七、國籍行政要論。八、兵役法。九、警察學大意。

前項各課教材，必要時得由內政部編定之。

第六條 各項訓練時間，依左列標準定之：

一、精神訓練百分之十。二、政治訓練百分之十。三、軍事訓練百分之十。四、訓育實施百分之二十。五、業務訓練百分之五十。

第七條 省及院轄市訓練班各項課程，應學理與實施問題並重，縣市訓練班，應側重實施問題。

第八條 各級戶政人員及警察人員之訓練，應取得密切聯繫。

第九條 訓練經費應列入省市縣訓練經費預算內，由省市縣訓練機關統籌支配。

第十條 各省市政府應會同訓練機關擬具完成各級戶政幹部人員訓練實施方案，及分期調訓計劃，咨送內政部備查。

第十一條 內政部對於各省市實施戶政幹部人員訓練，得派員視察督導之。

第十二條 本辦法自公布日施行。

省訓練團戶政組業務課程項目要點及時數分配標準表

三十五年一月五日頒行 內政部渝戶〇〇一七號

性質	門類	課目	時數	講授要點	備註
分組訓練	業務訓練	戶籍法詳解	三〇	解釋戶籍法之內容施行程序及登記應注意事項	
		戶口調查概要	一五	講述戶口調查之意義戶口調查與社會建設之關係戶口調查之種類步驟調查表報之編製	
		戶籍及人事登記制度	一五	講述戶籍沿革戶籍編組之沿革戶籍行政系統戶籍及人事登記之效用人事登記之種類國民身分證制度	
		卡片運用	一五	講述卡片之效用製訂之手續謄錄校對分類整理檢查及運用之方法	
		指紋辨認	一〇	講述指紋之種類辨認之方法及其效用	
		戶口統計實施	二〇	講述統計之意義方法表列戶籍統計人事統計統計報告	
		國籍行政要論	一〇	講述國籍之意義國籍與戶籍之關係國籍取得恢復之程序	
		兵役法	一〇	講述兵役意義現行兵役制度解釋兵役用語種類時期教育征召程序權利義務歸休退伍獎懲治罪及在鄉軍人	

警察學大意	一五	講述警察之意義警察行政系統警察任務警察須知警察行政與戶籍行政之關係
合計時數	一四〇	
業務討論	二〇	注意交換實際工作經驗討論業務上之困難問題及解決方法開會時由指導員或主管機關長官出席指導。
業務實習	四〇	注意戶口調查及調查表報之編製戶籍及人事登記之申請程序登記方法卡片指紋戶口統計之運用分類整理編製等以切合學員之實際運用由主實習時由講師準備實習計劃及材料先期印發學員實習完畢應由講師作公開講評其成績應作學員成績之一部
合計時數	六〇	

說明：一、本表所列各項課目係根據各省市戶政綜部人員訓練辦法第五條之規定製訂。

二、本表訓練時數之分配，係以訓練兩個月，實用五十日，每日八小時，業務訓練佔總時數百分之五十為標準。訓練期間如有變動，業務訓練時數應為比例之增減。

三、課目時間如不敷用，可酌減少業務討論及業務實習時數。

縣訓所戶政組業務課程項目要點及時數分配標準表

三十五年一月五日頒行
內政部渝戶〇〇一七號

性質門類	課目	時數	講授要點	備註
	戶口調查	八	講述戶口調查之意義種類步驟調查表報之編製	

	科目	時數	內容
	戶籍法詳解	一五	講述戶籍之要義戶籍行政系統戶籍及人事登記之登記程序人事登記之種類登記應注意事項國民身分證製發程序
	卡片運用	八	講述卡片之製訂手續謄錄校對分類整理檢查運用之方法
	指紋辨認	五	講述指紋之種類辨認之方法及其效用
	戶口統計實務	一〇	統計之意義方法並列戶籍及人事統計統計報告
	兵役法	五	講述兵役之意義現行兵役制度解釋兵役用語種類時期教育徵召程序權利義務歸休退伍獎懲治罪及在鄉軍人
	警察學大意	八	講述警察之意義警察行政系統警察任務警察須知警察行政與戶籍行政之關係
	合計時數	五九	
業務討論		一二	注意變換實際工作經驗討論業務上之困難問題及解決方法開會時由指導員或主管機關長官出席指導
業務實習		二五	注重戶口調查及調查表報之編製戶籍及人事登記之聲請程序登記方法指紋戶口統計之運用分類整理編製等以切合學員之實際運用為主實習時由講師準備實習計劃及材料先期日發學員實習完畢應由講師作公開講評其成績應作學員成績之一部。
	合計時數	三七	

說明：一、本表所列各項課目，係根据「各省市戶政幹部人員訓練辦法」第五條之規定製訂。

二、本表訓練時數之分配，係以訓練一個月，實用二四日，每日八小時，業務訓練佔總時數百分之五十爲標準，訓練時間如有變動，業務訓練時間應爲比例之增減。

三、課目時間如不敷用，可酌減少業務討論及業務實習時數。

十、國民身分證實施暨公務員首先領發辦法 卅五年九月廿一日內政部公布

第一條 國民身分證之實施，除法令另有規定外，依本辦法辦理。

第二條 國民身分證之籌辦步驟如下：

一、中央及省級公務員領發國民身分證，於三十五年十月辦竣。

二、各院轄市於三十五年內一律籌辦，於三十六年四月前辦理完成。

三、各省省會所在地及省轄市，於三十六年度一律辦理完成。

四、各縣國民身分證之製發，由省政府統籌規劃。

前項限期，在未辦戶籍登記之省市，應於各省市戶口查記實施辦法規定之限期屆滿後三個月內辦竣。

第三條 國民身分證之製發，依修正戶籍法施行細則第二十八條至第三十二條之規定程序辦理。

第四條 國民身分證之製發機關：在院轄市爲院轄市政府；在省會所在地爲省轄市政府，未設市政府之省會由該省之首縣縣政府製發，在各縣爲縣政府（在中央由警察機關製發者暫仍舊）。前項國民身分證資料，應力求堅韌經久耐用，附證式（略）

第五條 中央及省級公務員首先領發國民身分證，其請領手續應由請領國民身分證之公務員，繕具中

請書，由所屬機關彙送製發機關，請予發給，但已領有國民身分證者，不再製發，前項聲請書準用戶籍登記聲請書之格式，由製發機關先期印就，發交請領國民身分證之公務員。

第六條　公務員領發國民身分證後，除毀損滅失及初到職之職員，應予補發外，無庸定期換發，其效用及於各地，並無庸隨地換發。

第七條　公務員有眷屬在任所者，並應比照本辦法之規定，一同聲請領發國民身分證。

第八條　各地製發國民身分證，自開始辦理，至辦理完竣，應將經過情形詳報內政部備査。

第九條　本辦法自公布日施行。

十一、國籍法 十八年二月五日國民政府公布

第一章　固有國籍

第一條　左列各人屬中華民國國籍：

一、生時父為中國人者。

二、生於父死後，其父死時為中國人者。

三、父無可考或無國籍，其母為中國人者。

四、生於中國地，父母均無可考或均無國籍者。

第二章　國籍之取得

第二條　外國人有左列各項情事之一者，取得中華民國國籍：

一、爲中國人妻者，但依其本國法保留國籍者不在此限。
二、父爲中國人經其父認知者。
三、父無可考或未認知，母爲中國人經其母認知者。
四、爲中國人之養子者。
五、歸化者。

第三條 外國人或無國籍人經內政部許可，得歸化。
呈請歸化者，非具備左列各款條件，內政部不得爲前項之許可：
一、繼續五年以上在中國有住所者。
二、年滿二十歲以上，依中國法及其本國法爲有能力者。
三、品行端正者。
四、有相當之財產或藝能足以自立者。
無國籍人歸化時，前項第二款之條件專以中國法定之。

第四條 左列各款之外國人，現於中國有住所者，雖未經繼續五年以上，亦得歸化：
一、父或母曾爲中國人者。
二、妻曾爲中國人者。
三、生於中國地者。
四、曾在中國有居所繼續十年以上者。
前項第一、第二、第三款之外國人，非繼續三年以上在中國有居所者，不得歸化。但第三款之外國人，其父或母生於中國地者不在此限。

第五條　外國人現於中國有住所，其父或母爲中國人者，雖不具備第三條第二項第一款第二款及第四款條件亦得歸化。

第六條　外國人有殊勳於中國者，雖不具備第三條第二項各款條件，亦得歸化。內政部爲前項歸化之許可，須經國民政府核准。

第七條　歸化須於國民政府公報公布之，自公布之日起發生效力。

第八條　歸化人之妻及依其本國法未成年之子，隨同取得中華民國國籍，但妻或未成年之子，其本國法有反對之規定者，不在此限。

第九條　依第二條之規定取得中華民國國籍者，及隨同歸化人取得中華民國國籍之妻及子，不得任左列各項公職：

一、國民政府委員、各院院長、各部部長及委員會委員長。

二、立法院立法委員及監察院監察委員。

三、全權大使公使。

四、海陸空軍將官。

五、各省區政府委員。

六、各特別市市長。

七、各級地方自治職員。

前項限制，依第六條規定歸化者，自取得國籍日起滿五年後，其他自取得國籍日起滿十年後，內政部得呈請國民政府解除之。

第三章　國籍之喪失

第一〇條　中國人有左列各款情事之一者，喪失中華民國國籍：

一、爲外國人妻，自請脫離國籍經內政部許可者。

二、父爲外國人經其父認知者。

三、父無可考或未認知，母爲外國人經其母認知者。

依第一項第二第三款規定喪失國籍者，以依中國法未成年或非中國人之妻爲限。

第一一條　自願取得外國國籍者，經內政部之許可得喪失中華民國國籍，但以年滿二十歲以上依中國法有能力者爲限。

第一二條　有左列各款情事之一者，內政部不得爲喪失國籍之許可：

一、屆服兵役年齡，未免除服兵役義務，尚未服兵役者。

二、現服兵役者。

三、現任中國文武官職者。

第一三條　有左列各款情事之一者，雖合於第十條第十一條之規定，仍不喪失國籍。

一、爲刑事嫌疑人或被告人。

二、受刑之宣告執行未終結者。

三、爲民事被告人。

四、受強制執行未終結者。

五、受破產之宣告未復權者。

六、有滯納租稅，受滯納租稅處分未終結者。

第一四條　喪失國籍者，喪失非中國人不能享有之權利，喪失國籍人在喪失國籍前已享有前項權利者，若喪失國籍後一年以內不讓與中國人時，其權利歸屬於國庫。

第四章　國籍之恢復

第一五條　依第十條第一項第一款之規定喪失國籍者，婚姻關係消滅後，經內政部之許可，得回復中華民國國籍。

第一六條　依第十一條之規定喪失國籍者，若於中國有住所，並具備第三條第二項第三款第四款條件時，經內政部許可，得回復中華民國國籍，但歸化人及隨同取得國籍之妻及子喪失國籍者，不在此限。

第一七條　第八條規定於第十五條第十六條情形準用之。

第一八條　回復國籍人自回復國籍日起三年以內不得任第九條第一項各款公職。

第五章　附則

第一九條　本法施行條例另定之。

第二〇條　本法自公布日施行。

十二、國籍法施行條例 十八年二月十五日國民政府公佈

第一條　在國籍法及本條例施行前，依前國籍法及其施行規則已取得或喪失或回復中華民國國籍者，一律有效。

第二條　依國籍法第二條第一款至第四款及第八條取得中華民國國籍者，由本人或父或母聲請居住地方之該管官署證明，轉報內政部備案，並由內政部於國民政府公報公布之，其住居外國者，得聲請最近中國使領館轉報。

第三條　依國籍法第二條第五款願取得中華民國國籍者，應由本人出具左列書件，申請住居地方之該管官署轉請內政部核辦：

一、願書。

二、住居地方公民二人以上之保證書。

內政部核准歸化時，應發給許可證書，並於國民政府公報公佈之。

第四條　依國籍法第十條第一項第二款第三款喪失中華民國國籍者，應由本人或父或母聲請住居地方之該管官署核明轉報內政部備案，並由內政部於國民政府公報公布之。其住居外國者，得申請最近中國使領館轉報。

第五條　依國籍法第十條第一項第一款及第十一條規定願喪失中華民國國籍者，應由本人出具聲請書，呈請住居地方之該管官署轉請內政部核辦，其住居外國者得聲請最近中國使領館核轉，經內政部核准喪失國籍時，應發給許可證書，並於國民政府公報公布之，自公布之日起發生效力。

第六條　依國籍法第二條第五款及第十一條取得或喪失中華民國國籍者，內政部須指定新聞紙揭載，令申請人登載取得或喪失國籍之事實。

第七條　依國籍法第十五條至第十七條回復中華民國國籍者，準用本條例第二條第三條及第六條之規定。

第八條　取得回復或喪失中華民國國籍後，發現有與國籍法之規定不合情事，其經內政部許可者，應將已給之許可證書撤銷，經內政部備案者，應將原案註銷，並於國民政府公報公布之。

第九條　國籍法施行前，中國人已取得外國國籍，若未依前國籍法及其施行規則呈明者，應依本條例第五條之規定辦理。

第一〇條　國籍法施行前及施行後，中國人已取得外國國籍，仍任中華民國公職者，由該管長官撤銷其公職。

第一一條　本條例所引之申請書、願書、保證書及許可證書程式另定之。

第一二條　本條例自公布日施行。

十三、內政部發給國籍許可證書規則（附書式）

三十五年十月廿五日內政部修正公布

第一條　內政部發給國籍許可證書，依本規則之規定辦理。

第二條　凡依國籍法第二條第五款歸化者，暨依國籍法第十條第一項第一款及第十一條喪失國籍者，暨依國籍法第十五條第十六條回復國籍者，經內政部許可後，均應發給許可證書。

第三條　呈由國內各地方官署轉請歸化或喪失國籍或回復國籍者，其許可書由本部送經各該官署給領，其由駐外使領館轉請者，其許可書由本部咨送外交部轉發各該使領館給領。

第四條　凡依國籍法第二條第五款歸化者，暨依國籍法第十條第一項第一款及第十一條喪失國籍者，每人繳納國籍許可證書工本費國幣四百元，依國籍法第十一條及第十六條回復國籍者，每人繳納許可證書工本費國幣二百元，其有居住國外或居住所在地尚無中國固定法幣者，應折合上列法幣數額繳納，各項許可證書，每張均另征印花費國幣五十元。

第五條　凡依國籍法第二條第五款歸化者，暨依國籍法第十條第一項及第十一條喪失國籍者，暨依國籍法第十五條第十六條回復國籍者，應于具申請書時，隨文呈送四寸半身像片三張。

第六條　既領許可證書，如有遺失損壞等情事，准其呈明事由，出具申請書及保證書，聲請原請核轉之地方官署或使領館轉請內政部補發，其補發程序及證書工本費印花稅像片等均應比照前三條之規定辦理。

第七條　凡依國籍法第二條第一第二第三第四各款取得國籍，暨依國籍法第十條第一項第二第三各款喪失國籍聲請備案者，每人應于具聲請書時呈送像片　張，由部註冊，並抄登國民政府公報公布，不另發給國籍許可證書。前項取得國籍者，得由居住所在地之地方政府發給國民身分證。其有居住國外者，由該管使領館發給旅外僑民國籍證明書。

第八條　凡依國籍法第八條隨同歸化人取得國籍者，暨國籍法第十七條隨同回復國籍人取得國籍者，僅于許可證書內附註姓名、年齡等項，不另發給許可證書。

第九條　各種國籍許可證書工本費，應由原核發之地方官署或使領館依照「公庫法」規定，作行政規費繳解國庫。其有案經撤銷者，依照「收入退還支出收回處理辦法」規定令部發還。

第十條　報領歸化或回復國籍之許可證書，復聲請喪失國籍者，或已領喪失國籍之許可證書，復聲請回復國籍者，均須將原領證書繳由原請核轉地方官署或使領館轉發核銷。

第十一條　本規則自公布日施行。

十四、關於國籍變更之各項書類程式　三十五年十月廿五日內政部修正公布

聲請書式（一）凡依國籍法第二條第五款聲請許可歸化暨依國籍法第十六條聲請許可回復國籍者適用之。

為呈請許可歸化/回復國籍事茲依中華民國國籍法第二條第五款/第十六條呈請許可歸化/回復中華民國國籍理合另具願書

及保證書並開明應行呈報事項謹呈

（某官署）轉報

內政部鑒核施行

謹將應行呈報事項開明如左

一、歸化人/回復國籍人姓名（歸化者應將華文及原國籍文字之姓名一併開明）

二、性別

三、年齡

四、籍貫（歸化者應填明原國籍及出生地點回復國籍者應填明原具中國國籍係屬某某省某市縣及何年何月喪失中國國籍而另取得何國國籍）

五、住所/居所（現住/居中國某省某市/縣某處門牌幾號）

六、居住年限（填住/居某地自某年起至某年止共有住/居數地者應分別註明）

七、職業（填服務處所及担任職務）

八、財產（動產與不動產應分別開明）

九、品行

十、藝能

十一、偕同歸化/回復國籍人取得國籍者 妻某某年歲 子某某年幾歲 女某某年幾歲

十二、其他事項

具願請書人某某（署名蓋章）某某

中華民國　某　年　某　月　日

聲請書式（二）凡依國籍法第十條第一項第一款及第十一條聲請許可喪失國籍者適用之。

為申請許可喪失國籍事茲依中華民國國籍法第十條第一項一款／第十一條呈請許可喪失中華民國國籍

理合另具保證書並開明應行呈報事項

謹呈

（某縣或市署）轉呈

內政部鑒核准予施行

謹將應行呈報事項開明如左

一、喪失國籍人姓名

二、性別

三、年齡

四、籍貫（某省某市縣）

五、住所（現住某國某省某市縣某處門牌幾號或某國某處）

六、職業（填職務處所及擔任職務）

七、財產（動產與不動產應分別開明）

八、有無國籍法第十二條及第十三條所列各種情事

九、有無國籍法第四條應喪失之權利

十、嫁　何國人某某為妻（夫之姓名年歲籍貫職業）

或自願取得何國國籍（因何事故）

十一、其他事項

具聲請書人某某（署名蓋章）

中華民國　某　年　某　月　某某　日

聲請書式（三二）凡依國籍法第十五條聲請許可回復國籍者適用之。

為聲請許可回復國籍事茲依中華民國國籍法第十五條呈請許可回復中華民國國籍理合另具願書及保證書并開明應行呈報事項謹呈

（某官署）轉報

內政部鑒核施行

謹將應行呈報事項開明如左

一、回復國籍人姓名

二、年齡

三、籍貫（應填明原具中國國籍係某省某縣及何年何月喪失中國國籍而另取得何國國籍）

四、住居所（現住居中國某省某市縣某處門牌幾號或某國某處）

五、職業（填服務機關及擔任職務）

六、原嫁與何國人某某為妻（其夫之姓名年齡籍貫職業住居所）

七、何年何月喪失中國國籍而另取得何國國籍

八、婚姻關係消滅之事實

九、隨同回復國籍、取得國籍者子某某年若干歲女某某年若干歲

十、其他事項

具聲請書人某某（署名蓋章）

中華民國　某　年　某　月　某　日

聲請書式（四）凡依國籍法第二條第一第二第三第四各款取得國籍，及依國籍法第十條第一項第一第二兩款喪失國籍，由本人自請備案者適用之。

為依法應取得國籍聲請轉報備案事茲依中華民國國籍法某條某款規定應取得中華民國國籍理合開明應行呈報事項謹呈

（某官署）轉報

內政部備案

謹將應行呈報事項開明如左

一、取得/喪失國籍人姓名（取得國籍者應將華文及原國籍文字之姓名一併開明）

二、性別

三、年歲

四、籍貫（取得國籍者應塡明原國籍及出生地點喪失國籍者應塡明原具中國國籍係某省某市縣）

五、居所（現居中國某某市縣某處門牌號數或某國某處）

六、職業（塡服務處所及担任職務）

七、取得/喪失國籍之事實及其證明

八、夫或父母之姓名年歲籍貫職業居所

九、其他事項

具聲請書人（署名蓋章） 某某

中華民國 某 年 某 月 日

聲請書式（五）凡依國籍法第二條第二第三第四各款取得國籍，暨依國籍法第十條第一項第二第三各款喪失國籍，由父或母代請備案者適用之。

為子女依法應取得/喪失國籍代請轉請備案事茲有子女某某依中華民國國籍法某條款規定應取得/喪失中華民國國籍理合開明應行呈報事項請代呈（某官署）轉報內政部備案

謹將應行呈報事項開明如左

一、取得/喪失國籍　姓名（取得國籍者應將華文及原國籍文字之姓名一併開明）

二、性別

三、年齡

四、籍貫（取得國籍者應填明原國籍及出生地點喪失國籍者應填明原具中國國籍係屬某省某市/縣）

五、居住所（現居中國某省某市/縣某處門牌幾號某國某處）

六、職業

七、取得/喪失國籍之事實及其證明

八、代聲請人與取得/喪失國籍人之關係（父或母）

九、其他事項

具代聲請書人某某（署名蓋章）

年齡
籍貫
職業
住居所
某某

中華民國　某　年　某　月　某　日

聲請書式（六）凡依國籍法第二條第五款許可歸化，暨依國籍法第十條第一項第一款及第十一條許可喪失國籍，暨依國籍法第十五條及第十六條許可回復國籍，既領證書如有遺失損毀等情事而呈請補發者適用之。

為聲請補發國籍許可證書事查前經遵照中國國籍法某條某款呈准歸化／喪失／回復國籍並領有證書在案茲因該證書（○○○）特呈請補發理合另具保證書並開明應行呈報事項謹呈

（某官署）轉呈

內政部鑒核施行

謹將應行呈報事項開明如左

一、歸化／喪失／回復國籍人姓名（歸化應將華文及原國籍文字之姓名一併開明）

二、性別

三、年齡

四、籍貫（歸化者應填明原國籍及出生地點喪失國籍者及回復國籍者應填明原具中國國籍係屬某省某縣市）

五、住所

六、職業

七、原轉呈機關

八、原領證書日期

九、原領證書字號

十、原領證書遺失或損毀情事及其證明

十一、其他事項

具聲請書人某某（署名蓋章）

中華民國某年某月某日

願書式　凡依國籍法第二條第五款聲請許可歸化，暨依國籍法第十五條第十六條聲請許可回復國籍者適用之，

為出具願書請許可歸化/回復國籍事茲依中華民國國籍法第二條第五款/第十六條規定願歸化/回復中華民國國籍並遵守中華民國一切法令理合出具願書

謹呈（某官署）轉送

內政部

具願書人某某（署名蓋章）

中華民國某年某月某某日

保證書式（一）凡依國籍法第二條第五款聲請許可歸化，暨依國籍法第十五條第十六條聲請許可回復國籍者其證人適用之：

為出具證書事茲因某國某籍人某某願依中華民國國籍法第二條第五款/第十六條規定聲請歸化/回復中華民國國籍並遵守中華民國一切法令委無欺僞情弊甘願出具保證書此證

具保證書人

某某（署名蓋章）　年齡　籍貫　職業　住居所

某某（署名蓋章）　年齡　籍貫　職業　住居所

中華民國某年某月某某日

保證書式(二)凡依國籍法第十條第一項第一款及第十一條聲請許可喪失國籍者，其證人適用之。

為出具保證書事茲因某省某縣(市)人某某願依照中華民國國籍法第十一條第一項第一款規定聲請喪失中華民國國籍確無國籍法第十二條至第十四條所列情事暨其他欺偽情弊甘願出具保證書此證

具保證書人

某某(署名蓋章)　店名及地址　店主或(經理)姓名　年歲　籍貫　營業種類

某某(署名蓋章)　店名及地址　店主或(經理)姓名　年歲　籍貫　營業種類

中華民國　某年　某月　某某日

(一)保證人由聲請人居住所在地之殷實中國商號二家担任之，並須店主簽名蓋章。

(二)保證書所述國籍法各條原文如下：

第十二條：有左列各款情事之一者，內政部不得為喪失國籍之許可：

一、屆服兵役年齡未免除兵役義務尚未服兵役者。

二、現服兵役者。

三、現任中國文武官職者。

第十三條　有左列各款情形之一者，雖合於第十條第十一條之規定，仍不喪失國籍：

一、爲刑事嫌疑人或被告人。

二、受刑之宣告執行未終結者。

三、爲民事被告人。

四、受强制執行未終結者。

五、受破產之宣告未復權者。

六、有滯納租稅或受滯納租稅處分未終結者。

第十四條　喪失國籍者喪失非中國人不得享有之權利。

喪失國籍人在喪失國籍前已享有前項權利者，若喪失國籍後一年以內不讓與中國人時，其權利屬於國庫。

保證書式（三）凡聲請補發國籍許可證書，其證人適用之：

爲出具證書事茲因某某曾經呈准許可歸化（喪失國籍／回復）並領有證書嗣因該證書呈請補發國籍證書委無欺僞情弊甘願出具保證書此證

某某（署名蓋章）　年齡　籍貫　職業　居住所

某某（署名蓋章）　年齡　籍貫　職業　居住所

中華民國　某　年　某　月　某　某　日

許可證書式　凡依國籍法第二條第九款許可歸化者，暨依國籍法第十條第一款及第十一條許可喪失國籍者，暨依國籍法第十五條及第十六條許可回復國籍者，均應由內政部發給許可證書，適用此式。

內政部發給國籍許可證書存根

茲准某官署咨據某某聲請許可歸化、喪失國籍、回復國籍業經本部許可發給某字第某某號許可證書此存

計開　許可歸化、喪失國籍、回復國籍人某某

性別　年歲　籍貫

住所居所　職業

隨同歸化、回復國籍人取得國籍者　妻某某年幾歲　子某某年幾歲　女某某年幾歲（注意喪失國籍許可證書不列隨同妻子一項）

中華民國　某　年　某　月　某某　日送由某某官署轉發

某字第　某某　號

粘貼相片處

內政部國籍許可證書

某字第某某號

計開

許可（歸化／喪失國籍／回復國籍）人　某某

性別

年齡

籍貫

住所

居所

職業

隨同（歸化／回復國籍）人取得國籍者

妻某某年幾歲

子某某年幾歲

子某某年幾歲

女某某年幾歲

女某某年幾歲

（注意　喪失國籍許可證書不列隨同妻子一項）

粘貼相片處

粘貼印花稅票處

依中華民國國籍法聲請許可（歸化中華民國／喪失中華民國國籍／回復中華民國國籍）

核與法令條件相符應予許可除由部註冊外合給許可證書此證

右與某某

右發給某某收執

中華民國某年某月某日

某某

十五、內政部審核取得國籍人解除限制規則（附書式）

十九年二月廿四日內政部公佈

第一條　凡已依法取得中華民國國籍，而適合於現行國籍法第九條第二項之規定者，得依本規則聲請解除該條第一項各款之限制。

第二條　聲請解除限制人須具備左列各款條件：

一、取得國籍後在中國有一定之住所，而現時仍居住在中國者。

二、年滿二十歲以上依中國法有能力者。

三、品行端正者。

四、通曉中國語言文字者。

五、對於黨國無不忠實之言行者。

六、有相當之財產或藝能足以自立者。

第三條　聲請解除限制人之取得國籍年限，自稱填發許可證照或由部核准註冊之日起計算。

第四條　聲請解除限制，須由本人填具聲請書一紙，連同所領部頒許可證照及本人最近四寸半身相片二張，呈報現住地方之該管官署，其聲請書式另定之。隨同歸化人取得國籍之妻及子女，聲請解除限制時，須將其父母或夫所領部頒許可證照呈繳該管官署。

第五條　地方官署接到前條書類後，應即切實查明所呈事項之虛實，加具按語，連同原送書類，呈由該管上級官署轉報內政部核辦。

第六條　地方官署辦理本規則所定事務，不得徵收費用。

第七條　內政部接到聲請書類認爲應解除限制時，即依國籍法第九條第二項之規定呈由行政院轉呈國民政府解除之。

第八條　凡奉令核准解除限制之取得國籍人，應由內政部按月列表送登國民政府公報公布，並通行知照。

第九條　本規則如有未盡事宜，由內政部呈准修正之。

第十條　本規則自部令公布之日施行。

聲請書式

爲聲請解除限制事茲依國籍法第九條第二項之規定聲請轉呈國民政府核准解除不得任各款公職之限制理合開明應行呈報事項連同原領部頒許可證照及本人像片謹呈（某官署）査核轉請內政部鑒核施行

謹將應行呈報事項開明如左

一、取得國籍人姓名

二、性別

三、年齡

四、原有國籍

五、現住地方

六、居住中國年限
七、職業
八、品行
九、藝能
十、是否通曉中國語言文字
十一、何年何月取得中國國籍
十二、取得國籍原因（如係因父母或夫之關係取得國籍者應將其父母或夫之姓名年齡住所職業詳細註明）
十三、部頒許可證照字號
十四、原聲請取得國籍之移轉機關
十五、取得國籍後對於黨國之言行
十六、其他事項

中華民國　　年　　月　　日

具聲請書人某某（簽名蓋章）

地方官署按語

縣市政府印

中華民國　　年　　月　　日

縣市政府謹具

注意：此項聲請書須每人填寫一張

十六、各省市戶政經費概算編列原則

一、各省市戶政經費，省（國家歲出）縣（地方歲出）級概算，應分別編列。

二、省級，院轄市適用，縣級，省轄市及設治局適用。

三、鄉鎮級應納入縣級內。

四、各省市編列省縣戶政經費，應視該省市戶籍登記初辦複辦情形，依照左列科目，翔實編列省縣級概算：

甲、省級：

（1）督導費——以每縣督導時期一個月，每員年約督導十縣計算。

（2）宣傳費——以每縣平均發標語二百張，簡明小冊一百份計算。

（3）訓練費——依照應訓人數及時間規定計算。

（4）印刷費——依照戶籍法施行細則所規定應備各種之印刷品編列。

（5）辦公費——除撥辦經費已列之外，必需品之支出，至多不得超過全部經費千分之五。

（6）預備費——因物價隨時增漲以及不屬以上科目之支出，配[illegible]金，至多不得超過全部千分之十五。

上列各科目，各省市政府得斟酌各該省縣市辦理程度編列。（如對複辦戶籍登記縣份，則宣傳費減為四分之一或全部減列，餘類推）。

（乙）縣級：

（子）初辦戶籍登記縣份

（1）簿冊費——依照戶籍法施行細則所規定之戶籍登記簿，（或卡片）聲請書，流動人口登記簿等，按照人口戶數估計印製，并準備百之廿補充。

（2）身分證——按人口每人一張計算，並準備百分之廿補充。

（3）戶簽及查訖證——按戶各一張，並準備百分之廿補充。

（4）查記手冊——按查記人員每人一冊計算。

（5）統計像紙及器材——像紙按每人一張（用國產紙較硬質料）並準備百分之三十補充。器材按實行必需之件購列。

（6）辦公費——除上項已列之外，必需品之支出，至多不得超過全部經費千分之三。

（7）準備費——準備係經淪陷縣份，器具什物損失甚重者，得配列該項費用。

（8）宣傳費——以每戶散發傳單（摘載查記應注意事項）一張，每甲平均貼標語三張計算。

（9）督導費——以每十鄉鎮平均派督導一員（兼辦抽查事項）計算。

（10）戶籍櫃——以每鄉鎮各二具計算，分存縣府及鄉鎮公所。其用卡片箱者，即不用戶籍櫃。

（11）卡片箱——以每鄉鎮一口計算，縣府亦按鄉鎮數製備。其用戶籍櫃者，即不用卡片箱。

（12）統計木表——以每縣一只計算（大小按人口多寡製定）。

（13）訓練及講習人員膳食——訓練以規定應調人數及時間計算，講習一星期為限。按所需調查人員計算。其由省統籌訓練者，縣級不列訓練經費。

（14）調查人員膳食——以人口為標準，每人每日以調查三十戶為原則，按人口疏密增減，（例如上海天津市區每人調查每日可增至六十戶，新疆青海等省人口稀疏之區每人調查每日可減至十五戶餘類推）。

(15)戶籍登記人員膳食——以人口爲標準，每人每日以過錄正副兩本共二十戶計算。

(16)統計人員膳食——以人口爲標準，每人每日以統計一百戶計算。

(17)預備金——因物價隨時增漲以及不屬以上各科目支出之預備金，至多不得超過全部千分之十五。

(丑)續辦戶籍登記部份

(1)簿册費——依照戶籍法施行細則規定，續辦戶籍人事登記，所需補充之簿册，核實估計。

(2)訓練費——依應訓人數及期間規定計算，其由省統籌訓練者，縣級不列訓練經費。

(3)督導費——按縣域之大小，得設二人至三人（兼辦抽查事項）計算。

(4)辦公費——除機關已列之外，必需品之支出，至多不得超過全部經費千分之三。

以上「甲」「乙」兩項所列各科目編列概算時，依實際情形得酌予增删之。

五、各省市縣市鎮級戶政人員，依照規定名額，充實健全，其俸給補助等項，均應分別列入省市縣級機關預算，不得列入戶政經費預算內。

六、戶政經費應一面彙列各該省市縣級總預算內，（無論經費撥支情形如何，應以列入總預算爲原則，以符財政收支系統。）一面應依照本原則第四條「甲」「乙」兩項所舉各種科目，另編詳細概算，稱爲某省市縣某年度戶政經費概算。（省縣分別編列）。

七、各省市另編之各級戶政經費概算，應隨各該機關總概算附送審查，另送一份內政部查核。

八、各省市在編製年度總概算之前，應先將戶政經費妥爲籌劃，依照本原則第六條尾段之規定辦理完竣，以便及時彙入。

九、本原則自呈准之日施行。

十七、縣市政府及鄉公所辦理戶口查記設備標準

縣市政府

戶籍櫃或卡片箱。（見施行細則）

戶籍登記簿副本或人口登記卡片副卡。（見細則）

統計報告表（見細則）。統計符號表（附式、統計木表（附式）。條紙（附式）。

戶簽：發各調查人員應用。（附式）

查訖證：發交調查人員應用。（附式）

鄉鎮公所

戶籍櫃或卡片箱。（見施行細則）

戶籍登記卡正本或人口登記卡片正卡。（見施行細則）

戶籍登記聲請書。（見細則）

國民身分證。（見細則）

流動人口登記簿。（見細則）

統計條紙

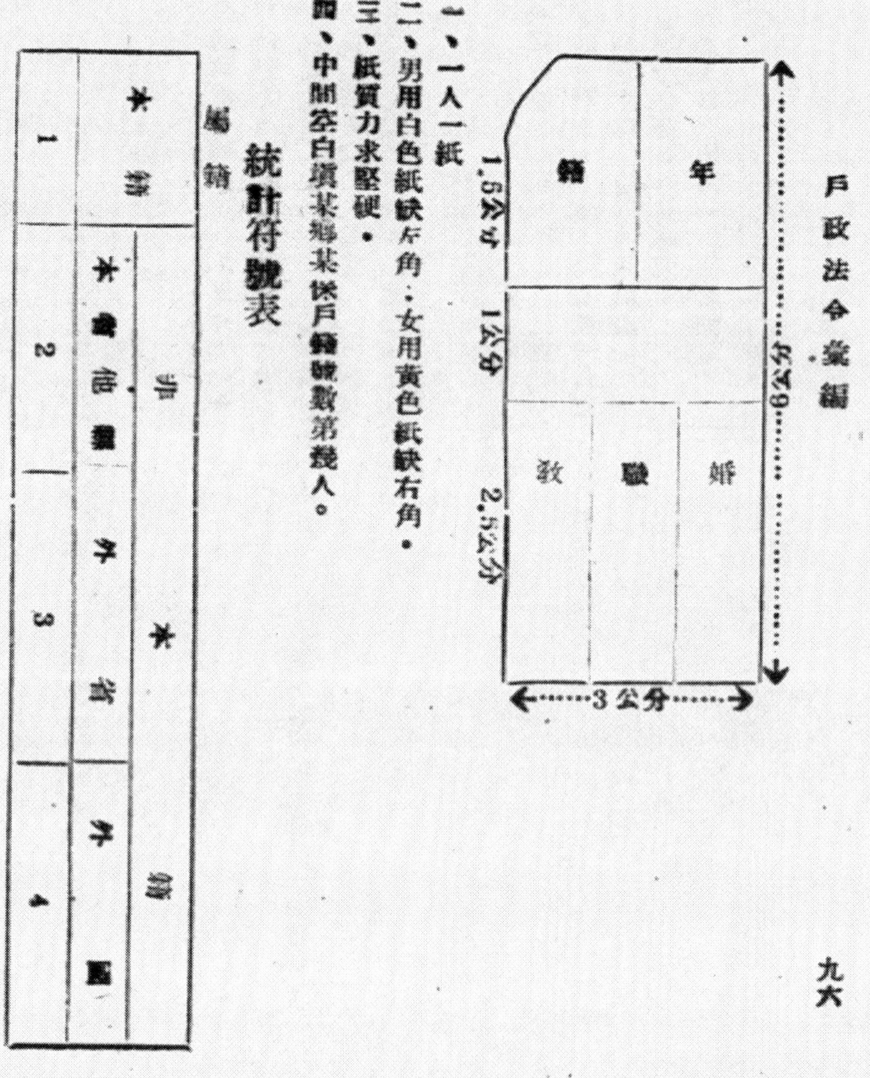

一、一人一紙

二、男用白色紙缺左角；女用黃色紙缺右角。

三、紙質力求堅硬。

四、中間空白填某鄉某保戶籍號數第幾人。

統計符號表

屬籍

本籍	非本籍		
	本省他縣	外省	外國
1	2	3	4

年齡

年齡	代碼
未滿一歲	1
一歲至未滿五歲	2
五歲至未滿六歲	3
六歲至未滿十歲	4
十歲至未滿十二歲	5
十二歲至未滿十五歲	6
十五歲至未滿十八歲	7
十八歲至未滿二十歲	8
二十歲至未滿二十五歲	9
二十五歲至未滿三十歲	10
三十歲至未滿三十五歲	11
三十五歲至未滿四十歲	12
四十歲至未滿四十五歲	13
四十五歲至未滿五十歲	14
五十歲至未滿五十五歲	15
五十五歲至未滿六十歲	16
六十歲至未滿六十五歲	17
六十五歲至未滿七十歲	18
七十歲以上	19

教育程度

高教畢	高教肄	高中畢	高中肄	初中畢	初中肄	中心小畢	中心小肄	國小畢	國小肄	私塾	不識字
1	2	3	4	5	6	7	8	9	10	11	12

職業

農	礦	工	商	交通運輸	公務	自由職業	人事服務	其他	無業
1	2	3	4	5	6	7	8	9	10

婚姻狀況

未婚	有配偶	喪偶	離婚
1	2	3	4

木表

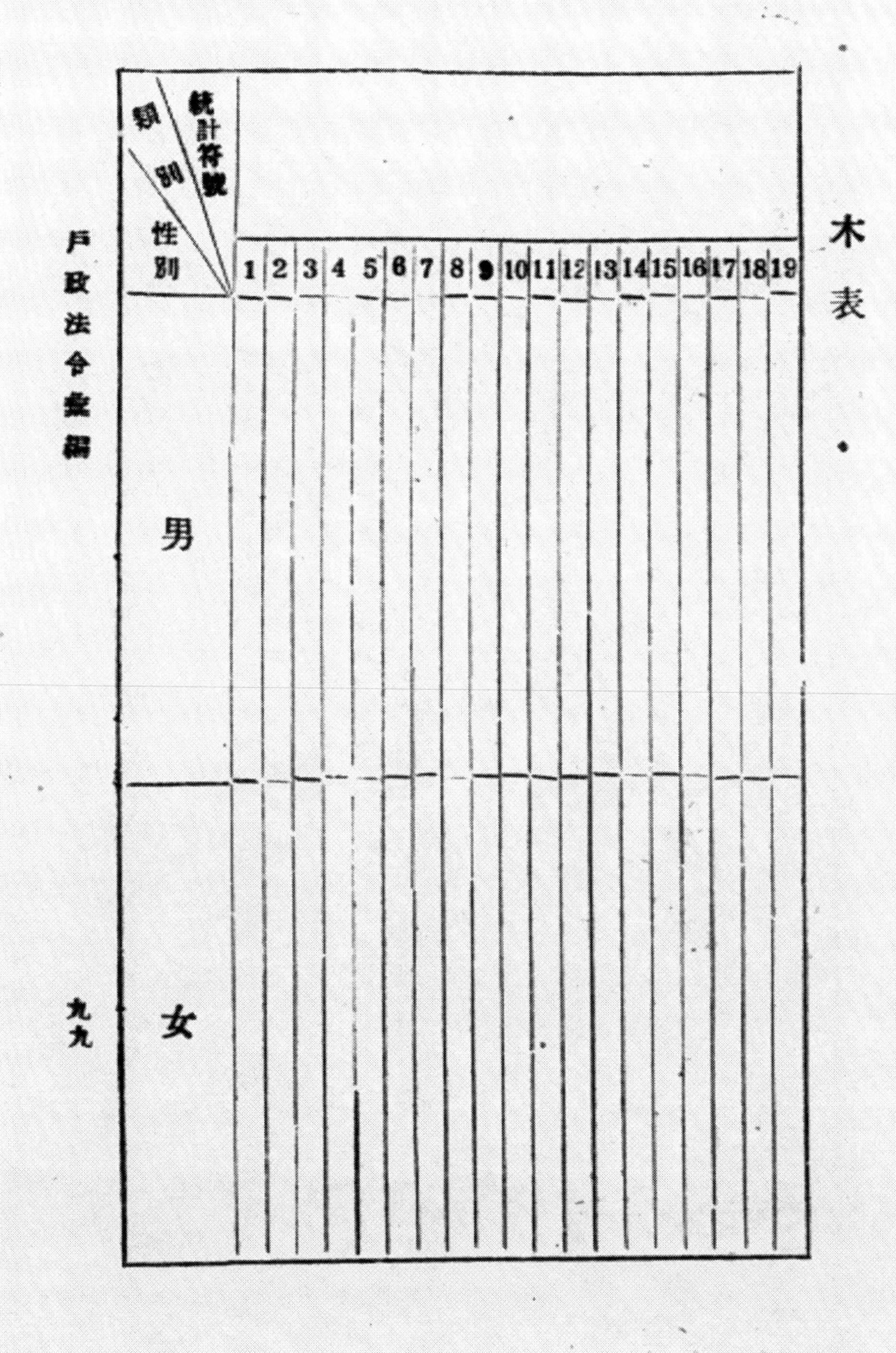

類別 / 性別 / 統計符號	1	2	3	4	5	6	7	8	9	10	11	12	13	14	15	16	17	18	19
男																			
女																			

附：每一縣市至少應備木表一塊，分別作各項統計，如統計籍別用四格，統計年齡用十九格是。其大小以能容納全部人口條紙為限。

戶籍櫃或卡片箱說明：

一、戶籍櫃或卡片箱任選用一種。

二、戶籍櫃或卡片箱每一鄉鎮應用一種。

三、戶籍簿應釘製硬面，順次豎放於戶籍櫃內。

四、卡片箱以鄉以保應用一隻，如鄉鎮超過六十保者，則製兩隻卡片箱。

五、另製戶籍聲請書櫃一隻，以戶籍櫃或卡片箱疊放於上　其上一格存放已用未用之聲請書；下一格已用未用之統計條紙。

戶簽

戶簽	縣	鄉鎮	第　　保第　　甲第　　戶

15公分 × 5公分

查訖證格式

十八、各縣戶政主任可出席縣政會議令

內政部卅四年四月廿八日渝戶字第〇二九四號代電

案准河南省政府本年三月銑代電，爲各縣戶政主任，可否出席縣政會議，請核復一案：查戶政爲當前重要政務，戶政主任自可依照縣政會議規則第二條第十項之規定，由縣長指定出席縣政會議，各省縣政府有設戶籍室者，其主管人員之地位與戶政主任同。……

乙、本省法令

一、福建省各縣市編釘門牌辦法

民國卅六年六月　日
福建省政府修正公佈

第一條　本省各縣市編釘門牌悉依本辦法辦理。

第二條　每座房屋，凡通至戶外之正門，應各編釘門牌一面，至後門側門應釘後門側門門牌。
前項房屋如有數門通至戶外，而內部連通僅住一戶者，應擇一正門編釘門牌一面，其餘均釘後門或側門門牌。

第三條　每座房屋僅一正門，或數座房屋共一正門出入者，祇編釘門牌一面。

第四條　每座房屋內住數戶，而各戶各有其通至戶外之門，得各編釘門牌一面。

第五條　門牌編號以村街為單位，各自第一號編起，至若干號止。

第六條　門牌編釘之次序，以自東至西自南至北，單號在村或街道之左，雙號在村或街道之右為原則。
鄉村無街道地方，得斟酌通路之遠近房屋坐落之方向順次編釘。

第七條　門牌應釘于門楣外之左上角，後門側門牌應釘於門外左上方。

第八條　編釘門牌時如有已毀房屋未經修建，或一列房屋間有未經起蓋之空地者，應酌留若干門牌號數以備補編。

第九條　門牌編釘後，新建房屋如無保留門牌號數可用時，應依其上首房屋之門牌號數順序編為第幾號之幾。

第十條　先住居用之船舶亦應編釘門牌，其號次每一鄉鎮爲單位，按照船舶常泊地順挨編釘，每一船舶釘一門牌，于船頭艙口之左上方。

第十一條　船舶門牌編釘後新增船舶之門牌號數，應列于已編釘門牌號數之後。

第十二條　各縣市門牌由縣市政府統製，發交鄉鎮（區）公所編釘，設有警察機關地方，發交警察機關編釘。

第十三條　各縣市門牌編釘後，如因鄉鎮（區）保區域或村街名稱變更，應由鄉鎮（區）公所或警察機關隨時査明改編。

第十四條　新建房屋或船舶，應由業主于建成後一星期內報請鄉鎮（區）公所或警察機關編釘門牌，鄉鎮（區）公所或警察機關應隨時査明編釘。

第十五條　門牌號數編釘後，非有法定或必須改編時永不變更。

第十六條　門牌所需之工料費，得由縣市政府依法向各戶收回支用。

第十七條　門牌編釘後由住戶負責保管，如有脫落應卽釘復，損毀遺失時，應卽報繳工料費，請鄉鎮（區）公所或警察機關補釘，否則一經査覺，得處以五百元以上一千元以下之罰鍰，新建房屋或船舶未于限期內報請編釘門牌者亦同。

第十八條　本辦法自公布日施行。

門牌式樣

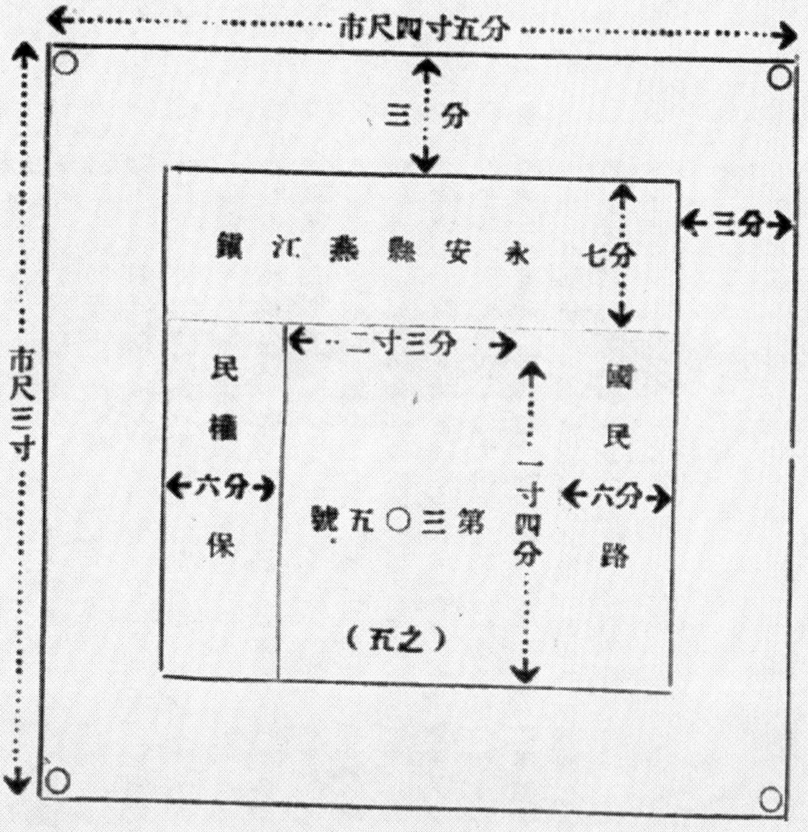

市尺四寸五分
市尺三寸
三分
三分
永安縣燕江鎮
七分
二寸三分
國民路
民權保
六分
六分
一寸四分
第三〇五號
（之五）

說明：

一、門牌用木板製，厚爲市尺五分，邊匡及橫直黑綫各寬一分。

二、門牌於本色上寫黑字，（正楷）上塗桐油。

三、牌內橫線之上寫縣市及鄉鎮名稱，橫綫下左邊寫保名，右邊寫街名、路名、或村莊名稱。中間寫第幾號。

四、第幾號各字應較其他字大，號數用本國數字如：「一二、三、四、五、六、七、八、九、〇、」。

五、新增房屋第幾號之幾「之幾」應寫於第幾號之下，字較小並加括弧。

二、福建省各縣政府戶政宣傳實施辦法

三十六年六月　日
福建省政府修正公布

第一條　本省各縣政府戶政宣傳之實施，除法令別有規定外，依本辦法辦理。

第二條　各縣政府戶政宣傳，由戶政室主任（民政科科長）主辦，所有縣鄉戶政人員當宣傳員，必要時得由縣長指派縣政府其他職員及鄉保人員並聯合當地各機關團體舉行擴大宣傳，或臨時組織各種宣傳隊，分頭宣傳。

第三條　宣傳方式如左：

一、口頭宣傳：

1.利用各種集會提出講演。

2.召集保甲長座談會或保民大會及居民會議，提出講演。

3.利用趕集期間，巡迴講演。

4.向各校員生講演。

二、文字宣傳：

1.發布文告及小型宣傳品。

2.繕印標語。

3.樹立木牌。

4.在報章雜誌發表文字。

三、其他方式。

第四條　宣傳內容注意左列各事項：

1. 實施戶籍登記及國民身分證之意義及效用；
2. 聲請登記之事項及手續；
3. 疑難問題之處理及解決方法；
4. 違反戶籍法令之處罰辦法。

第五條　宣傳所用之言詞及文字，應力求通俗明白，並應避免空泛之理論，多作實際問題之指導與研討。

第六條　宣傳材料應事先蒐集整理，擬定綱要，發交各宣傳人員應用。

第七條　各縣政府每半年應擬定宣傳計劃及進度，按照實施，並將計劃進度及實施情形，分別呈報各該管專員公署及省政府查核。

第八條　各縣政府辦理宣傳所需經費，應力求節省，就本機關辦公費內開支，其必不可少之經費，原有辦公費不敷容納者，可就戶政事業費項下支用，如再不敷，得呈准動支縣地方預備金。

第九條　福州及廈門市政府關于戶政宣傳，準用本辦法之規定。

第十條　本辦法自公布之日施行。

三、福建省各縣政府戶政人員下鄉督導戶政辦法

三十六年六月　日
福建省政府修正公布

第一條　本省各縣政府戶政人員，督導各鄉鎮保推行戶政工作，除法令別有規定外，依本辦法行之。

第二條　縣政府戶政人員，應以每月三分之一以上之時間，在鄉保督導，每三個月至少普遍到達各鄉（鎮）督導一次。

第三條　督導事項如左：
一、關於戶口編查事項；
二、關於戶籍登記查報事項；
三、關於推進戶籍登記事項；
四、關於戶政宣傳事項；
五、關於檢閱及指導編送保管戶籍各種簿冊書表事項；
六、關於解答戶籍疑義事項；
七、關於解決鄉保戶政工作之困難事項；
八、關於考覈鄉保戶政人員工作成績事項；
九、關於國民身分證之編發管理及稽查事項；
十、其他關於鄉（鎮）保戶政之指導事項。
第四條　戶政人員在鄉（鎮）保工作時，應列席鄉（鎮）民代表會或保民大會，宣達戶政法令並提示要點，啓發人民自動聲請登記精神。
第五條　戶政人員對各鄉保戶政設施，認爲應行改善者，應隨時指導糾正之，但情節較爲重大者，應呈報縣政府轉請省政府核辦。
第六條　戶政人員於每次下鄉督導任務終了時，應將工作情形，作成報告書，呈送縣政府査核。（報告書式附後）
第七條　戶政人員下鄉督導旅費，按照福建省各縣市及特種區文武公務人員出差旅費規則第十五條之規定支給。

第八條　本辦法於福州及廈門市政府準用之。

第九條　本辦法自公布之日施行。

附報告書式

一、督導區域

二、督導日期

三、鄉鎮推行戶政情形

四、督導事項

五、困難問題及其解決方法

六、建議

七、呈報年月日及督導人員簽名蓋章

附註：本報告書用十行紙分項編製

四、福建省各縣市保長查記戶口競賽辦法

三十六年六月　日福建省政府公布施行

第一條　福建省政府（以下簡稱本府）為激發縣市保長查記戶口並促進工作效率起見特訂定本辦法。

第二條　本競賽以保為單位，由各縣市之保與保間工作競賽。

第三條　本競賽項目規定如左：

一、流動人口之查記。

二、遷徙人口之查報。

三、戶籍登記之申報。

四、門牌編釘。

前項各款競賽項目以同時舉行為原則。

第四條　前條所列項目之考核標準及實施進度，應由各該縣市按照實際情形擬訂競賽實施細則飭遵並呈報本府備查。

第五條　本競賽每年分為左列兩期舉行：

一、自一月一日起至同年六月底止為第一期。

二、自七月一日起至同年十二月底止為第二期。

第六條　本競賽成績之考核獎懲，由鄉鎮(區)公所派員考查，條由該鄉鎮(區)公所轉呈縣(市)政府派員覆核，分別獎懲，並得由各該縣(市)政府擇其成績最優之保，報請本府核予獎勵。

第七條　本競賽之績評定，應注意競賽項目之質量，及所用人員財物之多寡，並比較競賽前之狀況，以決定其優劣。

第八條　本競賽成績之覆核及獎懲之決定，由縣(市)地方自治工作競賽評判委員會會同戶政科室(民政科)辦理之。

第九條　本競賽成績效核，分甲乙丙丁四等。甲等記大功一次或頒給獎狀或獎金，乙等記功一次或傳令嘉獎，丙等不予獎懲，丁等酌予申誡或記過。

第十條　各縣(市)政府及鄉鎮(區)公所督導考查競賽費用由本機關經費項下開支。

第十一條　本辦法自公布日施行。

五、福建省各縣實施戶口查記應行注意事項

三十五年十一月十四日令頒

一、各市(縣)辦理戶口查記，應於年度開始前，就經費、法規、表冊、工作計劃等項，妥予籌劃準備。

二、各市(縣)應就市(縣)政府所在地之區(鄉鎮)，劃為戶政示範區(鄉鎮)，以資表率。

三、各市(縣)區(鄉)級戶政人員訓練，應由市(縣)政府於舉辦戶口調查或普查前十日內，召集各區(鄉鎮)戶政人員，予以講習，其期間以三日為度，必要時得延長之。

四、各市(縣)政府及區(鄉鎮)公所應備置之戶籍櫃或卡片箱暨其他用品，悉應參照本府卅年度府民丙永字第五九二二一號訓令所規定設備標準，儘量充實之。

五、各市(縣)保長，應於按月月初，就轄內戶口抽查二甲以上，(設有保幹事或保戶籍幹事按月抽查者，須將全部戶口，逐一查明。)並應每甲按戶複查，暨督飭遺漏登記之戶口，補辦聲請手續，如發現不合遷徙證明文件之遷入戶口，應迅速報請區(鄉鎮)長核辦。

六、各市(縣)政府派員抽查戶口時，每次應抽查三分之一以上之區(鄉鎮)，每區(鄉鎮)每應抽查三保以上，每保至少抽查二甲，每甲並須按戶複查，更於每季中選定不同區(鄉鎮)三保以上，舉行全保戶口總調查。

七、各級警察機關，每月及每季中，均應指派員警，會同轄境內區(鄉鎮)公所，辦理抽查戶口及戶口總調查事項。

六、福建省各縣市整頓保甲應行注意事項　卅五年十一月十八日令頒

各縣市政府整頓保甲，除依照縣各級組織綱要、鄉鎮組織暫行條例、縣保甲戶口編查辦法暨修正戶籍法及其施行細則等法規規定辦理外，應注意左列各項：

一、整頓保甲，應求合法合理，以人必歸戶，戶必歸甲，甲必歸保為目的。

二、鄉鎮區域，應儘量保持現有鄉鎮與地，非有調整必要，不得變更。

三、鄉轄保甲戶數，以十保爲原則，不得少於六，多於十五。鎮轄保甲戶數，以二十爲準，如因人口密度過大，可比照市之保甲編制，戶至三十戶爲甲，十甲至三十甲爲保，如有超出上列規定者應迅予調整。

四、凡有山脈河流等明顯界限，天然成一自治區域者，可依照鄉鎮組織暫行條例第　條辦理，不必拘泥最多最少之數目限制。

五、普通住戶、船戶、外僑戶、特別戶、臨時戶（係指無久居之意，而流動無常或在本縣市居住未滿六個月或有一定住所未滿一年以上者而言），均列爲共同生活戶；舖戶、寺廟戶、公共戶，均列爲共同事業戶。

六、鄉村分散，人口稀疏地方，其保甲之編組，應先劃分保甲區域，設定村街爲中心點，凡距離所設定中心點十里以內者，均得合編爲保，五里以內者，得合編爲甲，凡畸零居住，不合上列規定者，應依照縣保甲戶口編查辦法第八條規定辦理。

七、保之名稱（普通保與特種保），冠以地名，以字爲準，爲同一地名而編成數保者，即就地名之下，插入數字別之，例如中山（一）保中山（二）保。臨時保與甲之名稱，及戶之次第，均依照規定以數字定之。

八、各縣市政府，年度開始時，即應着手整頓保甲，事前應將全縣市分爲若干區段，並將工作人員分爲若干區隊，每區隊分爲若干組，組設組員二人至三人，組主任就組員中指定，組員就縣市政府科長、科員、督學、技士暨其所屬機關委任職以上職員中選派，必要時得商請共[illegible]協助辦理，在未開始前，應召集各組主任，講習有關法令，講習期間，以三天[illegible]市長主持，奉派出發，應于到達十五日內，將保甲整理完竣。

九、保甲整頓完畢，各縣市政府，應立即造具鄉鎮（區）區域表、保區域一覽表，戶口統計表各三份，暨縣轄鄉鎮一覽表三份，呈府查核。

十、各縣市政府應督促鄉鎮（區）公所督導保民大會及戶長會議按期開會，並指導參照內政部公布鄉鎮保應辦事項，議定保甲規約及保與保間相互公約，以資遵守，此項公約，應以維持地方治安，發展地方自治事業為主旨。

十一、鄉鎮（區）保甲長人選，各縣市政府應督導縣市以下各級民意機關，選舉思想純正，熱心公益，過去無任何劣跡並有辦事能力及經驗者充任，並鼓勵地方公正人士及優秀青年，參加競選。

十二、鄉鎮（區）保如有合併，鄉鎮保長應另行改選，在未改選前，得就原任鄉鎮保長中指定一人暫代，鄉鎮（區）民代表名額，暫不變更，惟應合併組織，改推主席。

十三、保辦公處應用各種圖表，各縣市政府應督促鄉鎮（區）公所指導保長與研設備報查。

十四、保甲長為無給職，保月支辦公費，如須定預算，確保不敷因應，得由縣市政府視當地物價，酌予增加，編具預算，撥款呈准開支。

十五、鄉鎮（區）保甲長如有舍勝任法情事，應由鄉鎮（區）公所，縣市政府移送當地司法機關，依法訊辦。

十六、上級機關派出人員及軍警團隊，應尊重保甲人員身分，不得施以任何非理行動。

十七、各縣市政府對於鄉鎮（區）保甲人員，應嚴密督導考核，於年終造具特優最劣名冊，呈府備查，其有臨時發生之特殊事實，應專案報請獎懲。

十八、整頓保甲所需經費，得由縣（市）核實，編具預算，撥款呈准開支。

附鄉鎮（區）區域表保區域一覽表戶口統計表縣轄鄉鎮一覽表格式各一份

省各縣市
市保甲戶口統計報告表式　　　第　　頁

縣市別	區數	鄉鎮數	保數	甲數	戶數	人口數			壯丁數	調查或登記截至年月	備註
						合計	男	女			
總計											

附註：1.
2.
3.
4.

填表說明：1.填報本表之事項如有須加說明之處關於各縣市者應在各縣市「備註」欄內註明關於全省市者應在表脚「附註」內填註
2.「鄉鎮或保數」一欄之欄名應依照事項分別留刪如係編鄉鎮者即改爲「鄉鎮數」編聯保者改爲「聯保數」如所屬縣市有編鄉鎮者亦有編聯保者則該欄名稱仍舊惟須於備註欄分別註明
3.院轄市填報本表時表首「縣市別」一欄應刪去。

縣鄉鎮區域表

（蓋縣印） 年 月 日塡送

鄉鎮名稱	等級	轄保數	保名	甲數	戶數	面積（方里計）	鄉鎮公所所在地土名	鄉鎮公所距縣城里數	備註
合計									

縣　鄉鎮保區域一覽表（書縣印）　年　月　日填送

保名稱	甲數	戶數	人口數 總數	人口數 現住	人口數 壯丁	保辦公處 所在地土名	保辦公處 距鄉鎮公所里數	保辦公處 距縣城里數	管轄村落名稱	備註
合計										

省　縣所轄鄉鎮一覽表

年　月

區別	鄉鎮名稱	鄉鎮公所地址	重要街市村莊名稱	境界四至	面積約數（平方市里）	編制情形				備考
						保數	甲數	戶數	口數	

七、福建省國民身分證實施暨公務員首先領發辦法施行細則

卅五年十二月十一日公佈

第一條 本細則依照國民身分證實施暨公務員首先領發辦法規定並參酌本省情形訂定之。

第二條 本省國民身分證籌辦步驟如左：

一、福州市自本細則公布日起籌辦於三十六年一月前辦理完成。

二、廈門市及各縣應自本細則公布日起籌辦於三十六年四月前辦理完成。

第三條 本省國民身分證製發機關爲縣（市）政府，其製發程序依修正戶籍法施行細則第二十八條至第三十一條各規定辦理。

第四條 各級公務員應首先領發國民身分證，其請領手續，由請領國民身分證之公務員，繕具聲請書經所屬機關彙送製發機關請予發給，但已領有國民身分證者不再製發。

前項聲請書準用戶籍登記聲請書之格式，由製發機關先期印就發交請領國民身分證之公務員，公務員有眷屬在任所者應同樣聲請領發。

第五條 國民身分證應依照內政部頒發式樣（式樣附後）辦理，其質料並應力求堅韌經久耐用。

第六條 國民身分證各欄內除無事實可填者外，均應分別詳細載明。

第七條 區（鄉鎮）公所應備置國民身分證與戶籍號數對照簿，（對照簿式樣附後）於轉發國民身分證時，將該身分證及戶籍號數暨領證人姓名填入。

前項對照簿以每冊一百頁登記二千號爲限。

第八條 各市縣政府初次舉辦國民身分證，得酌收工料費國幣一百元，赤貧者免收。

第九條 各市縣政府自舉辦國民身分證辦理完竣，應將經過情形按月詳報省政府備查。

第十條 本細則自公布日施行。

國民身分證與戶籍號數對照簿式

國民身分證號碼		領證人姓名	戶籍號數		轉發時間			領證人簽名或蓋章	備考
字	號		字	號	年	月	日		

八、福建省各市縣戶政示範區（鄉鎮）戶政設施標準 卅五年十二月廿六日令頒

甲、人事

各縣戶政示範鄉鎮戶政員額，應依照省政府致戌歌府民丙字第一三九九六八號訓令規定限期于三十六年一月調整完竣。

乙、業務

一、逐月應完成轄內各戶戶口調查五分之一以上，不得漏誤。

二、受理申請審應隨到隨辦，不得積壓。

三、門牌尚未釘竣或損壞未補釘者，應于三十六年三月以前辦竣。

四、各甲戶口變動流查牌應切實推行。

五、各保流動人口登記簿，應自三十六年一月起一律採用部頒格式并嚴密登記。

六、戶籍登記簿未依照修正戶籍法及其施行細則規定整理就緒者，應于三十六年一月以前整理完竣。

七、警察機關與戶政機關聯繫辦法，依照戶籍法施行細則第五條規定，并參酌實際情形于三十六年一月訂定施行。

丙、設備

一、未設立戶籍室者，應於卅六年一月設立。

二、戶籍室最低設備標準如下：

1 戶籍簿冊櫃或卡片櫃
2 登記申請書櫃
3 辦公椅棹
4 長條坐椅（備供申請登記及接洽戶籍事務者座位之用）
5 辦公文具
6 繪製圖表之儀器
7 算盤
8 統計木表
9 各種小戳記

10 戶口變動遞查牌式樣
11 中華民國全圖
12 福建省全圖
13 本市（縣）全圖
14 本區（鄉鎮）圖
15 戶籍登記簿正本或人口登記卡片正卡
16 戶籍登記申請書
17 戶籍統計月報表
18 各種人口統計報告表
19 統計條紙
20 戶政事業費分配表
21 外僑調查登記表
22 歷年保甲戶口調查表
23 歷年戶口增減比較表
24 區鄉鎮區域表
25 保區域一覽表
26 保甲長名冊
27 法令綱存簿
28 各種戶政及地方自治書刊

29　六法全書或民法

30　國民身分證與戶籍號數對照表

31　其他依法令或事實需要之用具書表簿冊

以上各項，應于卅六年二月當備齊全。

九、各級戶政人員設置標準令

卅五年十一月八日府民丙139966號訓令各縣縣政府

案准內政部三十五年九月九日戶字第8321號代電略以查本年財政收支系統業已變更，今後各市地方經費，當可較前充裕，各級戶政人員，應自明年度起一律設置足額，所需經費，列入明年度縣市預算，以明戶政工作推行順利，囑查照轉飭各縣遵照辦理等由；除設置鄉鎮戶籍統籌辦理另令飭遵外，茲規定各級戶政人員設置標準如左：

一、縣級：凡人口在十五萬以下者，應置二至三人，十五萬以上四十萬以下者三至四人，五十萬以上者四至五人；

二、鄉級：不分等級，一律指定幹事二人專辦戶籍業務，并以一人為戶籍副主任；

以上各點，應自卅六年一月份起實施，除分令外，合行令仰遵照辦理，并將應行增設之員額用費分別增編於三十六年度縣地方歲入出總預算普通歲出經常門之縣政府鄉鎮公所保辦公處等經費內，倘該縣前項預算業已編送，應再專案呈請增設調整補編為要，此令。

十、各縣鄉應普設戶籍登記通告牌以廣宣傳令

卅三年六月廿二日府民丙永53428號訓令各縣市政府

查本府前為喚起人民重視戶政自動聲請戶籍登記起見，曾訂定本省各縣縣政府實施戶政宣傳辦法

，通飭遵照在案。該辦法第四條規定：「宣傳之方式有口頭宣傳及文字宣傳暨其他方式等；關於文字宣傳有豎木牌一項。」茲規定各縣政府及鄉鎮公所應于本年內依照規定，至少設置戶籍登記通告牌一面，以爲張貼戶政法令及宣傳材料之用。該牌大小尺寸以橫長六、二市尺，直長三、八市尺爲度，設置地點以安置于縣政府或鄉（鎮）公所門口顯明易見之牆壁上適當位置爲宜，並注意隨時蒐集材料換發張貼，以廣宣傳。

十一、劃分戶籍抽查區嚴格執行抽查工作令

卅四年五月十九日府民丙永字39067號訓令區各行政督察專員兼保安司令公署及各縣市區政府

查戶籍登記，貴能精確與合法。本省自舉辦戶籍登記以來，因人民缺乏自動聲請登記習慣，且戶籍變動頻繁，縣鄉戶政人員有限，難免發生錯漏情事，爲嚴格執行抽查工作，更正登記錯誤及促進人民養成自動聲請之習慣起見，規定各縣（市）應將所屬鄉鎮劃分戶籍抽查區，合併二或三鄉鎮爲一抽查區，將抽查區內各鄉鎮戶籍員，集中辦理，按月自甲鄉鎮抽查完竣後，再依序辦理乙鄉鎮、丙鄉鎮，視各鄉鎮所轄保數，配定工作時日，其由兩鄉鎮組成之抽查區，每鄉鎮抽查時間，最多不得超過十日，其餘依次遞減。惟人口稠密之縣份，得合併四或五鄉鎮，組成抽查區，每鄉鎮按月抽查時間，不得超過五日，以集中人力，通力合作，而收提高效率之實效。

十二、調查戶口應于日出後日沒前爲之令

二十一年八月十四日府民丙水字71900號訓令各區行政督察專員兼保安司令公署及各縣市政府

查調查戶口之目的，在登記戶口之狀態，以為人民行使權利，負担義務之法律上依據，並作庶政設施之基礎，迭經令飭遵照執行在案。惟近聞各地間有不法之徒，常假借調查戶口名義，肆其不法行為，亟應嚴加防止，以杜弊端。玆特規定凡非公衆得出入之處所，（如茶樓旅館等）如須調查戶口，應于日出之後，日沒以前為之，不得於夜間侵入執行。調查人員執行任務時，並須穿着制服，佩帶證章及攜帶戶口冊簿。經常調查戶口之人員為縣政府及鄉鎮公所戶政人員警察暨鄉鎮保甲長等，其他人員受命調查戶口時，應攜帶命令，會同該管地鎮保甲長辦理，如有藉口調查戶口而為非法行為，應由縣政府查明，逕行或呈報本府依法嚴懲，人民並得拒絕非法之調查。

十三、鄉鎮保甲整編之後不得輕予變動令

卅三年七月廿四日府民乙字第六五四七號訓令各區行政督察專員兼保安司令公署各縣縣政府

案據第五區行政督察專員兼保安司令王吴峯呈稱：

「查各縣各項行政設施，多以鄉鎮保甲區域之變動，因之擱置，各項調查統計亦受影響。在未整編之前，應須妥愼辦理，既經整編之後，非經相當時日，似應不准其輕予變動，如確須再行變動，亦應兼顧其他部門，有無被受影響。玆以各縣各項行政，急待推行，區轄各縣鄉鎮保甲之整編，經飭限於六月底以前辦理確定，爰於整編之後，擬請通飭各縣：未經核准，不得輕予變動，以增行政效率，是否有當？理合呈請鑒核」

等情；應准照辦。

十四、規定鄉級戶政人員辦理戶籍業務分配令

三五年七月一三日府民丙賴字第〇一九五〇號訓令各縣市政府

據永安縣政府呈：鄉級戶籍員改稱幹事後，原承辦戶籍之幹事，是否仍須負責戶籍業務？其業務應如何劃分等情前來，除指令以鄉鎮戶籍員，改稱幹事後，其原承辦戶籍之幹事，仍應負責辦理戶籍業務，至鄉級戶籍人員業務之劃分，應由該管鄉鎮長妥予分配，凡屬調查，審核登記，以分保負責爲原則（如某甲負責某某等保某乙負責某某等保）其餘編造報表行政計劃等，則指定其中一人專責辦理等語，暨分令外，合行令仰知照，此令。

十五、監護繼承兩種身分登記暫行停辦令

卅五年九月十九日府民丙二八八二號訓令各區行政督察專員兼保安司令公署各縣市政府

查繼承監護兩種身分登記，在行政上作用較少，目前本省各級戶政員額，未臻充實，而業務又甚繁重，爲求加強工作效率起見，該項繼承與監護登記，應暫停辦，

十六、未設戶政室縣份應於民政科設立戶政股令

卅六年一月廿日府民丙06702號訓令各縣政府（林森、南平、建陽、晉江、仙遊、南安、龍溪、龍岩、長汀、麗安、永安、莆田除外）

查該縣應依照戶籍法施行細則第二條第一項規定，於民政科設戶政股，除科員兼股長另候加委外，合行令仰遵照，此令。

十七、戶政人員按月填送工作月報表令

三十四年十二月廿六日府民丙10860號訓令各縣市政府

本府為嚴密考核縣級戶政人員工作成績起見，特制定戶政人員工作月報表一種，令仰遵照，自卅五年度一日份起，按月飭填核轉為要，此令。

附發戶政人員工作月報表格式一份

縣（市）各級戶政人員工作月報表

年　月份

填報人（職稱姓名）　　（印）

工　作	
今日承辦文件數	
全月承辦聲請書件數	設籍（　）件、除籍（　）件、轉籍（　）件、遷徙（　）件、出生（　）件、死亡（　）件、結婚（　）件、其他（　）件，
截至本月底未辦文件數	未辦原因
截至本月底未辦聲請書數	未辦原因
下鄉督導地點及起訖日期	（三民鎮三日至九日，大東鄉六日至九日，仁義鄉十六日至廿一日）
督導事項	（三民鎮死亡登記未依法於戶籍登記簿當事人之登記事由欄詳細填註，經予糾正，大東鄉各自聲請書未分類裝訂，經予糾正）
下鄉抽查地點戶數及起訖日期	（三民鎮八十一戶，二至六日，大東鄉四十一戶，七、八、九日，仁義鄉九十五戶，十一日至二十一日）
抽查結果	（三民鎮漏報戶口者十人漏報出生者五人……）
辦理統計	（三十四年度大東仁義二鄉錄二十四年度第一期戶口統計報告表及遷徙人口統計報告表於本月五日核計完竣）

情形		
宣傳事項	（九日參加三民主義城西區人民大會六日參加仁義鄉鄉務會議……宣傳戶政法令）	
擬訂章則辦法	（廿七日擬　鄉鎮戶政人員辦事細則呈奉縣長核准施行（附件））	
其他事項		
自認為有成績工作		
困難問題		
建議事項		
請假日數	病假（　）日事假（　）日特別假（　）日	曠職日數

主管長官		
職務	考	評　壹　等
科（局）長		
縣（市）長		

中華民國　印　年　月　日

附註：一、本表一律以六開毛邊紙填寫
二、本表由戶政人員於每月月終填就呈由該管長官彙轉，即月報表須於一月十日以前呈送省府
三、括弧內填載者係示例

十八、鄉鎮戶籍副主任薪俸比照主任幹事標準支給令

三十五年九月二十一日府民丙報02135號訓令各縣市政府

案據漳平明溪等縣政府先後電呈以鄉鎮戶籍副主任薪俸，應如何支給？請核示一案，業經分別指准比照主任幹事由六十元起支。

十九、規定各縣整編保甲調整鄉鎮應即改正鄉保名稱令

三十一年五月二十五日府民丙永五二三九九號訓令各縣政府

查地方名稱，或因山川，或象形勝，或旌忠孝，或紀前賢，其所以揭德立威，勸善宣化者，比比皆是。本省地勢多山，方言複雜，各地鄉村土名，多欠雅馴，因之鄉（鎮）保名稱，亦間有毫無意義，又費理解者，現值各縣市（特區）整編保甲，調整鄉（鎮）之際，所有鄉（鎮）保名稱，自可乘機切實予以合理改正，茲特規定辦法如次。

一、鄉（鎮）保名稱，應盡量採用有意義之地名，並以兩字為準。

二、凡原有地名，意義失當，應即參酌該地之歷史勝蹟，人文自然，酌定名稱，其均無可稽考者，得另定新名。

三、鄉（鎮）保名稱，如就所轄村落土名，各擇一字而定者，務須於兩字範圍內，能包涵全村落之含義，仍應顧及其表面字義，勿涉粗俗或費解。

四、同一縣市（特區）區域內之鄉（鎮）保名稱，不得雷同。

五、鄉（鎮）保名稱改正後，應造具鄉（鎮）保新舊名稱對照表，將各縣市（特區）所有鄉（鎮）保一併列入，以鄉（鎮）爲單位，依次彙訂成冊，呈府備查，其應換發之鈐記圖記，應遵照本府呂卯感府民丙永字第四八一九五號訓令所頒鄉鎮鈐記及保圖記規程辦理。

二十、修正戶口變動遷查牌式樣令

三十六年五月十三日府民丙六三一八三號訓令各市縣政府

查前頒戶口變動遷查牌內容，間與修正戶籍書簿表式，未盡符合，茲特酌加修正，除分行外，合行檢發修正式樣一份，令仰遵照并轉飭遵照，依式修正，切實運用爲要。

此令。

附發修正戶口變動遷查牌式樣一份

戶口變動遷查牌式樣

○○縣（市）○○鄉（鎮區）○保○甲戶口變動遷查牌　（正面）

調查牌背面

戶別	當事人	性別	出生年月日	本籍 省	本籍 縣	寄籍 省	寄籍 縣	教育程度	職業	婚姻狀況	登記事由及年月日	人口增減數	備考
第一戶													
第二戶													
第三戶													
第四戶													
第五戶													
十五戶													

填寫說明

一、「當事人」欄是記載該戶變動者的姓名。

二、「教育程度」欄應塡明畢業或肄業的學校名稱，曾入私塾者按其在塾年期塡「私一」「私二」之類，不識字者塡「不」字。

三、職業欄如在共同事業戶服務者，應將其所屬事業組織之名稱及職位詳列，例如福州中正路民天商店司賬，大田縣政府工役等是。

四、「登記事由及其年月日」欄其記載戶口變動的種類及其日期，如在三十一年十月一日結婚者，即塡「結婚叁壹、拾、壹」並于備考欄內註明娶入或嫁出又如同時遷入者即塡「遷入叁壹、拾、壹」于備考欄內，註明原遷出地址。

遞查方法

一、每甲月製一長一三十公分寬五十公分之木質白色油漆牌，將所屬各戶番號依應行登記事項列入，以便查塡。

二、每月一日由甲長將遞查牌交給第一戶，就上月份戶口變動情形塡入牌內，挨戶傳遞，限于二五日內遞傳至最後一戶，交還甲長登記。

三、戶內人口如無變動，應于備考欄內塡「無」字，如係全戶變動，應由比隣之戶于遷出之戶內註明，再由遷入新戶加入遞查。

丙、附錄

一、兵役法　三十五年十月十日國民政府公布

第一章　總則

第一條　中華民國男子依法皆有服兵役之義務。

第二條　本法所稱兵役爲軍官佐役，軍士役，兵卒役。

第三條　男子自年滿十八歲之翌年一月一日起役，至屆滿四十五歲之年十二月三十一日除役。軍官佐之除役，另以法律定之。

第四條　凡身體畸形殘廢，或有痼疾，不堪服役者免服兵役。

第五條　凡曾判處七年以上有期徒刑以上之刑者，禁服兵役。

第二章　役種

第六條　兵役分爲常備兵役，補充兵役，國民兵役三種。

第　條　常備兵役分左列二種：

一、現役　以男子年滿二十歲之翌年，經徵兵檢查合格，徵集入營者服之。爲期二年，但步兵之軍士及特種兵特業兵爲期三年。

二、預備役　以現役期退伍者服之。至屆滿四十五歲止除役。常備兵現役，如爲高中以

上畢業學生，其服役期間爲一年，但特種兵特業兵爲期一年又六個月。

第八條　補充兵役分左列二種：

一、現役　凡適合常備兵現役之超額男子，視國防需要，每年徵集一部入營，由常備師或師管區施以四個月至六個月之訓練，期滿退伍。

二、預備役　以補充兵現役期滿退伍者充之，至屆滿四十五歲止除役。

第九條　國民兵役分左列三種：

一、初期國民兵役，以男子年滿十八歲者服之，爲期二年，得就所在地施以軍事預備教育。

二、甲種國民兵役，以初期國民兵役期滿，適合於常備兵及補充兵現役所需之超額者服之。及齡之年，由縣市政府施以二個月至三個月之集中軍事訓練。

三、乙種國民兵役，以初期國民兵役期滿而未服常備兵役，補充兵役及甲種國民兵役者服之，施以相當之軍事訓練。

前項第二款第三款國民兵役期限，均至屆滿四十五歲止除役。

第三章　服役

第十條　常備兵在戰時依年次召集，担任捍衛國家之作戰任務。

第十一條　補充兵在戰時依戰事需要，得依年次召集，參加作戰，并得臨時施以補習教育。

第十二條　國民兵平時受規定之軍事教育，戰時或非常事變時得召集服左列勤務：

一、輔助作戰勤務，必要時得參加作戰。

二、維持地方治安。

三、担任當地防空勤務。

第十三條 現役中身體疾病，不堪行動，在六個月內無健復之望者，予以停役，至健康恢復時回役。

第十四條 現役中有左列情形之一者，得延長其服役期間：

一、戰時或非常事變之際。

二、航海中或在國外勤務時。

三、重要演習或特別校閱時。

四、因天災或其他不可避免之事故時。

第四章 管理

第十五條 國防部為全國兵役行政主管機關，內政部為全國兵役行政協管機關，其他有關各部會署事項，由關係各部會署會同辦理之。

第十八條 為施行兵役事務，由國防部按人口標準配合常務兵額，適應行政區域，劃分全國為若干師管區，團管區，設置師管區團管區司令，部受當地軍事高級機關指揮監督，分別辦理各該管區內之兵役、及其有關事務。

第十七條 省政府主席，院轄市市長，為省市徵兵監督，受國防部部長及內政部部長之指揮監督，協助管區司令辦理兵役及有關事務。

第十八條 縣長及省轄市市長，為縣市徵兵官，受該管管區司令指揮監督，辦理所管區內兵役及其有關事務。

第五章　徵集

第十九條　男子年滿十八歲者，為國民兵役及齡，年滿二十歲者，為常備兵役補充兵役之現役及齡。常備兵與補充兵屆現役及齡之年，應受左列徵兵處理，由縣市政府會同地方民意機關及其有關機關辦理之：

一、身家調查，

二、體格檢查，

三、抽籤。

四、徵集，

第二十條　身家調查，以鄉鎮為單位，每年四月至六月舉行。僑居國外之現役及齡男子，其身家調查由駐外使領館辦理之。

第二十一條　體格檢查，每年七月至九月就本籍舉行，如寄居他籍者，得就寄居地行之，屆檢查之年，因故經許可未受檢查者，於次年補行之。

第二十二條　抽籤，每年十月舉行，凡體格等位相同者，分别軍種及兵種依抽籤決定其徵集順序。前項抽籤，由現役及齡男子親自行之。

第二十三條　徵集，就本籍舉行，如寄居他籍者，經呈報核准時，得就寄居地行之。應徵服現役以每年一月一日為正規入營期，於必要時另定補助入營期。

第二十四條　現役及齡男子有左列情形之一者，得延期徵集，稱為緩徵：

一、因公出國者。
二、高中以上學校學生未畢業者。
三、犯最重本刑爲有期徒刑以上之刑之罪，在追訴中者。
前項第一款第三款於徵集原因消滅時，仍受徵集。第二款之學生於畢業後徵集入營，完成預備幹部教育。

第六章　召集

第二十五條　常備兵役，預備補充兵預備役及國民兵，受左列之召集：
一、動員召集。
二、教育召集。
三、演習召集。
四、點閱召集。
五、臨時召集。

第二十六條　預備役及國民兵有左列情形之一者，得延緩動員召集。
一、現任有關國防工業之專長技術員工，經審查核定者。
二、曾在教育部認可之師範學校畢業，現任小學教師一年以上，經審查合格者。
三、患病經證明不堪服作戰任務者。
四、獨負家庭生計責任，而無同胞兄弟者，或有同胞兄弟而均已應召，或均未滿十八歲者亦同。

五、犯最重本刑爲有期徒刑以上之刑之罪在追訴中。或犯罪處徒刑在執行中者。

前項緩召原因消滅時，仍受召集。

第七章　海空軍之兵役

第二十七條　海空軍之兵役，除適用本法之一般規定外，依左列之規定：

一、海空軍之兵役，其體力智力之要求，得依特定之標準徵集之。

二、凡適合常備兵現役，其體力智力合於海空軍軍官佐役，軍士役，兵卒役時，得優先以志願者徵集之。

三、海空軍兵役之自願者不足徵額時，得就合格者以抽籤決定之。

第二十八條　海空軍之服役，另以法律定之。

第八章　權利義務

第二十九條　國民爲國服兵役時，享有左列權利：

一、應徵應召時，學生准保留學籍，職工准保留底缺，無職業者退伍復員後，有優先就業之權利。

二、相任作戰勤務中，其家庭不能維持生活時，政府負責救濟之。

三、戰死者之子女，政府負責教養成立。

四、戰死者由原籍地方祀祠建碑，以資表彰。

五、勛賞撫卹及其他法令規定應享之權利。

第三十條　凡國民服役時，應履行左列之義務：

一、應宣誓效忠中華民國。

二、對於公務有保守秘密之責任，至除役後亦同。

三、未經長官之許可，不得參加任何集會或結社，已參加者在服務中應停止活動。

第九章　妨害兵役

第三十一條　有左列情形之一者，為妨害兵役：

一、應受徵召服役時，無故遲延或不到者。

二、兵役及齡隱匿不報，或為虛偽之證明及記載或偽造證件、或用頂替及其他詐偽方法，意圖規避者。

三、以暴力或其他方法反抗違害兵役推行者。

四、辦理兵役人員，意圖舞弊，不依法令辦理者。

妨害兵役治罪條例另定之。

第十章　附則

第三十二條　依志願而服役以命令定之。

第三十三條　依本法第三條年齡之女子，平時得依其志願施以相當之軍事輔助勤務教育，戰時得徵集服任軍事輔助勤務，其徵集及服務，另以法律定之。

第三十四條　本法施行法另定之。

第三十五條　本法自公布日施行。

二、罰金罰鍰提高標準條例　三十五年十月十四日國民政府公布

第一條　依刑法或其他法律應處罰金者，就其原定數額，提高至一百倍，但法律已依一定比率調定罰金之倍數者依其規定。

第二條　依刑法第四十一條易科罰金或第四十二條第二項易服勞役者，均以三百元以上一千元以下折算一日。

第三條　依法律應科罰鍰者，就其原定數額提高至一百倍、但法律已規定得一定比率及罰鍰之數額者，依其規定，違警罰法科罰鍰者，就原定數額提高至五十倍，依行政執行法第五條之規定，提高罰鍰數額仍嫌不足者，得就原定數額提高至五十倍。

第四條　科罰鍰之案件，除違警罰法或其他法律已規定為由警察機關或其他機關科罰者外，概由法院裁定之，對於前項裁定，得於五日內報告，但不得再報告。

第五條　本條例自公布日施行。

三、戶籍法疑義解釋　內政部彙輯

（一）聲請及填表類

解釋全家未有一人已屆成年，應以何人為家長及聲請義務人疑義：

凡全家未有一人已屆法定年齡時，以其親屬之親等較近者為其家長，其無親屬者，暫以保甲長為其聲請義務人，而將其家長暫缺。

解釋併居成家各戶保人所謂疑義：

姘居成家者，其因姘居之關係人，在聲請書中之稱謂，除姘居之他方，塡爲「同居家屬」，姘生子女，依民法第一〇六五條規定，視爲婚生子女外，其餘均塡爲「其他家屬」。

解釋傳習國文者教育程度欄塡法疑義：

在教育程度欄塡註「學習國文幾年」。

解釋前清舉人秀才教育程度欄塡法疑義：

依其入私塾，限塡「私塾若干年」。

解釋親戚長期寄居，應否列入戶籍疑義：

如在該戶內有永久共同生活之意思者，可列爲其他家屬。

解釋夫死後，妻繼爲家長，對夫之妾稱謂疑義：

夫死後其妻繼爲家長，對其夫妾仍稱家屬。

解釋夫死後妾繼爲家長，對夫之妻稱謂疑義：

依民法第一一一四條之規定，其妾僅爲戶長之代理人，戶長則爲其妻。

解釋非婚生子，無父可稽，從母姓，並隨母生活者，對於母之父母稱謂疑義：

非婚生子無父可稽，隨母食於母家者，依民法第一〇六五條二項之規定，對其母之父母，仍爲外祖父母。

解釋共同生活之義父子間稱謂疑義：

先爲收養登記，始得稱爲父子。

解釋辦理登記聲請疑義：

非本籍人爲戶籍登記聲請時，其原戶籍管轄區如尚未辦理戶籍登記者，關於戶籍登記之聲請，

可依照戶籍法，施行細則第二十六條「得不通知」之規定辦理、

解釋使用戶籍登記簿疑義：

籍別登記，身分登記及遷徙登記，應共使用一本戶籍登記簿，並非各自立簿。

解釋遷徙登記及非因取得回復或喪失國籍者之設籍登記，無須附繳證明文件，設有外國人假冒本國人爲遷入或設籍登記之聲請，應如何限制疑義：

依戶籍法施行細則第二十四條之規定，鄉鎮公所受理登記聲請事件，應嚴加審核，如當事人來歷可疑，無從查悉時，亦可還令呈繳證明文件，以昭週密。

解釋戶籍登記聲請書「戶長或當事人」欄，僅有一行，結婚離婚之當事人，則爲二人，應如何塡寫疑義：

結婚離婚之登記，當事人不祇一人者，應就欄內並塡。

（二）籍別登記類

解釋行使權利，履行義務，應以本籍抑寄籍爲準疑義：

寄籍之規定，所以濟本籍之窮，倘已在寄籍地居住，應即在寄籍地行使權利，履行義務，但權利義務所由賦予之法令，另有規定者，即從其規定。

解釋判處徒刑者應否編入戶籍疑義：

仍應編入戶籍，並在備考欄內詳予註明。

解釋某人娶有一妻數妾，分居數地，登記統計，應以何處爲準疑義：

三地均應登記同一家長，除現住地外，其餘非現住地或住宿時間較少之地，須於表册備考欄內

註明家長他往何處，担任何項職務，有無固定住所或居所，並註明統計時，應算入現住地之戶。

解釋繼承兩姓宗祧者籍別與姓名使用疑義：

民法第九八五條規定，有配偶者不得重婚，而刑法第二三七條更規定，重婚者處五年以下有期徒刑，故兼祧之事，在民法親屬編施行前發生者，以不違背戶籍法第四與五兩條「一人不得同時有兩本籍及寄籍」及姓名使用限制條例第一條「凡中華民國人民之本名以一個爲限，登記於戶籍簿上之姓名爲本名」之規定爲原則，得指定一處爲本籍或寄籍，並使用一個本名，不能同時兼有兩個本籍或寄籍，及使用兩個本名，並應於聲請書備考欄內註明兼祧情形，以便稽查，如其發生在民法親屬編施行後者，法律上視爲無效，在戶籍上亦不發生兩個姓名及兩個本籍或寄籍之情事。

解釋設治局人民之籍別疑義：

設治局爲籌建縣治之初步機構，中央及各省單行法規中，均以縣市局並稱，是局之地位，與縣市相等，其轄區內人民之籍屬，自應以局爲單位。

解釋初次設籍登記後，人民職業及教育程度有變更時，塡註方法疑義：

自第一次登記後，遇有變更時，可粘貼附簽於各該欄內，如再遇變更時，將原附簽撕下，再加新簽，統計時可不致錯誤。

解釋原無本籍在一縣市居住未滿三年亦無久住之意思，應否爲設籍之登記疑義：

凡屬中華民國人民，在中華民國領土內，均應有一本籍，原無本籍之人，不問其在現住之縣市內已未住滿三年，及有無久住之意思，應適用戶籍法第十八條第八款之規定，爲設籍之登記。

解釋現住他省台灣人民戶籍登記疑義：

台灣省係新收復之省區，台省人民既爲中華民國之人民，其戶籍登記事宜，按戶籍法第一條之規定，自應適用該法。

解釋戶籍法第十八條第四款第五款疑義：

查戶籍法第十八條第四款，係指有久住之事實而無久住之意思、第五款係指有久住之意思而不一定有久住之事實，若僅有第五款之規定，則既無久住意思，復無本籍之人民，其籍別將末由確定，無從登記，故兩款作用不同，未可偏廢。

（三）身分登記類

解釋未屆法定結婚年齡而結婚者應否准予登記疑義：

可准予登記。

解釋童養媳身分登記疑義：

童養媳仍依法予以養女之登記，而於備考欄內註明「擬將來擇配某子」，並告知其圓房之日，再聲請爲結婚登記。

童養媳原非法定名稱，但爲習俗所恒有，爲確定其身分計，自可比照收養關係辦理。依民法一零七八條，養子女從收養者之姓，圓房之後，則收養關係終止，依法自應回復其原姓，同時並依民法第一零零零條冠以夫姓或從其約定。

解釋妾及妾所生子女身分登記疑義：

妾之登記，在民法親屬編施行前所納者塡爲妾。（註：民法親屬編於民國二十年五月五日施行）在後所納者，暫塡爲家屬，其所生之子女，應照民法第一零六五條規定，其經生父認領或撫育者，始得登記爲婚生子女，若妾爲家長時，則依同條第二項毋須認領。

解釋未設衛生機關地方查塡死因辦法疑義：

關於死亡原因之查塡，依照修正戶籍法施行細則第九條（註：依現行戶籍法施行細則係第五條）之規定，應由當地衛生機關予以必要之協助，如當地設有衛生機關者，應詳塡死因，其未設立之處，可採因病、自殺、受刑等為死因之分類，較易查塡　而符事實。

解釋結婚離婚登記地點疑義：

應向結婚時所在地之戶籍主任聲請。

解釋終止收養關係登記中養子女之本籍及結婚離婚登記中女當事人之本籍疑義：

收養登記聲請時，應塡其養父母之籍貫，終止收養關係登記聲請時，應塡其本生父母之籍貫或其新本籍。結婚登記之聲請，女當事人之籍貫，應塡其父之籍貫，離婚登記之聲請，女當事人應塡其原籍或新本籍。

解釋兄弟分居立戶方法疑義：

以其一戶仍就原戶為家長或家屬變更登記，另一戶重新聲請立戶設籍。

解釋逃亡人口應為何種登記疑義：

依民法第八條規定，須分別失蹤情節滿法定期間後，由關係人向法院為死亡宣告聲請，如未滿法定期間者，可由關係人聲請為遷徙登記，新遷入地欄暫缺，於備考欄內註明。

解釋夫出征期間，妻與他人所生子女身分登記疑義：

依民法一零六五條辦理。

解釋夫死後妻另招贅夫，所生子女姓氏及登記次序疑義：

後生之子，依民法第一零五九條二項之規定，應從其母姓，登記時以妻為家長，其前後所生之子，依法登記。

解釋婢女身分疑義：

一、婢女之稱謂，法無明文，在戶口調查表上，暫填家屬或養女均可。

二、婢女經收養登記後從其養父之姓。

解釋外國人收養我國人為子女身分登記疑義：

外國人收養我國人為其子女，被收養者在未經依照我國國籍法第十條或第十一條呈准許可喪失我國國籍並取得正式許可證及完成公布手續以前，仍屬中國人，其在戶籍簿中，仍應依法登記。惟可將其與該外國人之關係註明於備考欄。

解釋發現棄兒，有無出生期間限制疑義：

棄兒係指出生後與被收養以前尚在存活中者而言，並無一定出生期間之限制。

解釋棄兒發現人收養該棄兒，應否再辦收養登記疑義：

若棄兒發現人欲將棄兒收為養子，自應於出生登記外，更辦理收養登記，但可依戶籍法施行細則第二十一條第二項之規定，祇填具聲請書一份。

解釋棄兒發現人即將棄兒轉送救濟機關留養時，可否改由救濟機關主管人為聲請義務人疑義：

棄兒發現人，果於發現時即送救濟機關留養，事實上當不及辦理登記手續，此種情形下之發現人，似可認為輔佐救濟機關對該嬰兒之發現者，自得逕由救濟機關主管人為登記之聲請，以省手續。

解釋收養登記疑義：

一、某甲之子不得同時為某乙之養子。

二、收養他人之子女為子女，惟本人始得為之，父母於其子死亡後，將其媳與後夫所生之子為其子之子，自不發生收養關係。
三、收養者生前如確有收養其妻與前夫所生之子為其子之意思表示，而被收養者之年齡又在七
歲以下，自可認為有效。至收養者以口授遺囑收養子女，如具備法定方式，即非無效。
四、遺囑執行人，除民法第一千二百一十條所定未成年人及禁治產人外，無其他之限制。
五、有配偶者收養子女，不與其配偶共同為之，或收養者之年齡，不長於被收養者二十歲以上
，均得向法院請求撤銷之，並非當然無效。

解釋妾生之子為家長時對其父之妾關係疑義

某甲死亡，遺有一妻一妾，及妾生之子，如其家別無親屬，而妻妾兩人，均推妾生之子曾經某甲撫育者為家長，則依民法第一千一百二十四條之規定，妾生之子，即為家長，某甲之妻，為家長之直系姻親尊親屬，某甲之妾，為家長之母。

解釋某甲之妻妾二人，均推妾生之子為家長時，某甲之妻為家長之直系姻親尊親屬，稱謂應填「嫡母」「大母」抑「母」疑義：

可依一般習慣稱謂為「嫡母」。

解釋翁媳通姦所生之子身分登記疑義

某甲之媳在與某甲之子婚姻關係存續中受胎所生之子，依民法第一千〇六十三條之規定，在某甲之子提起否認之訴得有勝訴之確定判決以前，應認為某甲之子之婚生子，此子縱為某甲與其媳通姦所生，亦非某甲所得認領，至某甲之子提起否認之訴得有勝訴之確定判決後，經某甲認領者，依民法第一千〇六十五條第一項之規定，不能不視為某甲之婚生子。

解釋某婦帶孕而婚，所生子女，辦理身分登記疑義：

查乙婦帶孕而婚，如婚前與甲男有民法第一千零六十七條第一項各款所列事實之一，參照同法

第一千零六十九條規定之法意，其所生子女，應認爲婚生子女，卽應辦理出生之登記，若乙婦係再婚，且違反民法第九百八十七條前段之禁止規定，參照司法院三十五年八月十三日院解字第三一八一號解釋，在某甲依據同法第一千零六十三條第二項之規定提起否認之訴得有勝訴之確定判決以前，應認爲婚生子女，爲出生登記之聲請。

（四）戶口調查類

解釋戶籍法施行細則第十四條所稱現住人口疑義：

現住人口，係指調査日在所査戶內之人口，惟此等人口居住未滿一月並來去無定者，爲流動人口，不應視爲現住人口，如某甲於調査日適在所査戶內居住未滿一月，但其意欲久住而非來去無定，應爲現住人口，又如某乙於調査日適在所査戶內，雖其來去無定，但居住已滿一月，亦應爲現住人口。

解釋家屬共同生活又共營商業，如何立戶疑義：

某戶構成份子，旣爲共同生活，純係「家」之組合，其共營商業，乃爲達成共同生活目的之手段，與非家之組合以共同事業爲目的之商店性質不同，依法應立爲共同生活戶。

解釋共同事業戶可否編入戶籍登記簿內疑義：

戶籍登記聲請書，無論爲其共同生活戶抑共同事業戶，依法均應過錄於戶籍登記簿。

（五）遷徙登記類

解釋遷徙登記疑義：

查戶籍法第二十八條所謂「不變更所屬之籍」，係指本寄籍而言，甲縣遷入乙縣居住滿一月以上無久居之意者，不問其本寄籍地已未辦理戶籍登記，在乙縣仍應為遷入之登記。

前項甲縣遷入乙縣之人口，如仍保留原籍，則與由甲鄉鎮移居乙鄉鎮，同為不變更籍別之遷徙登記，其登記手續亦同。

依戶籍法第二十九條乙規定，流動人口以未滿一月者為限，省縣與省縣間來去既常非久住意思且未經籍別登記之流動人口，如居住在一月以上時，仍應為遷徙登記。

解釋辦理遷徙登記手續疑義：

一般之遷入戶口，僅作登記之聲請為已足，不必令其提交任何證件，故由他縣遷入而聲請登記，在遷出區域縱未為遷出登記，亦不得拒絕其聲請，惟應以聲請書謄本通知其本管區域之鄉鎮公所為之登記。

全戶遷出應視其情形而定，如在一年以下未聲請為遷出或除籍登記者，當係本縣常住人口，自應保留其戶籍，如在一年以上，戶政人員於常川巡迴抽查或每月查詢或年終校正等發覺時，則應代其為遷出登記，如遷往地點可得知悉者，并應通知該地鄉鎮公所。

解釋在本鄉鎮(區)以內遷居，應為何種登記疑義：

人民在同一戶籍管轄區內遷居，當係住址之變更，應為住址變更之登記；若係臨時性質，則毋須登記，藉省手續。

解釋流動人口登記疑義：

某甲遷入未滿一月，而有居住一月以上不變更所屬之籍之意思，則可聲請為遷入登記，無須先為流動人口之登記。

戶籍法第二十九條前段「遷出原戶籍管轄區域未滿一個月不變更所屬之籍者」，乃標舉人口動態之一種事象，而後段「應爲流動人口之登記」，則明定登記之種類，此種人口在遷出與遷入區域內均稱爲流動人口，乃同一事象之兩面，而流動人口登記簿內既分別「來往」「他往」兩欄，則兩戶籍管轄區自均應爲之登記。

（六）國民身分證類

解釋國民身分證編號方法疑義：

國民身分證之編號應用阿拉伯數字，依塡發先後，按序編列，毋須採用登記簿卡之編號方式。

解釋寄籍人口可否塡發國民身分證疑義：

國民身分證不分本籍寄籍，凡現住人口應每人塡發一份，其效用及于各地。

（七）統計

解釋民法規定結婚年齡爲男滿十八歲女滿十六歲，而婚姻狀況人口統計報告表，則應就年滿十五歲之男女人口塡列，其結果似與未婚男女統計有所出入疑義：

早婚習慣，至爲普遍，且未達適婚年齡而結婚者，其婚姻固有瑕疵，但在未經撤銷以前仍屬有效，結婚婚姻狀況人口統計報告表，規定就滿十五歲及以上之男女人口分類計算塡列，所以針對事實，同時戶籍法復規定「因登記發生訴訟者，仍應先爲聲請登記，俟判決確定後再聲請爲變更之登記」及「戶籍登記事項消滅時，應爲撤銷之登記」（戶籍法第三十一條及三十三條參照）俾與民法相配合，如能依照辦理，自不致有出入之慮。

解釋學習國文者在統計「教育程度」時應如何歸類疑義：

在學習同文幾年，非于公立或已立案之私立學校肄業或畢業者，自不同于學校教育，反之其性質與私塾較爲近似，統計教育程度時，應暫歸入「私塾」類，仍于備考欄註明

解釋分別統計疑義：

戶籍法並無同一戶內之人須同一屬籍之限制，在登記簿內之本寄籍欄，亦係按口塡記，故戶口統計報告表關於本寄籍之戶數欄，應以家長之屬籍爲準，本寄籍之男女人口欄，應以各人之屬籍爲準，分別列計。

解釋事實發生於前一月而聲請登記在次一月者，造送統計表報，應以何者爲準疑義：

戶口統計報告表，旣規定於每屆月終開始彙總，則一切統計事項，自應截至該月終結日所已登記者爲限。

（八）其他

解釋戶籍閱覽費謄本抄錄費收據格式收入用途疑義：

可由縣政府自行規定格式製發，至此項收費不多，可撥充鄉鎮公所戶政經費，但須呈報縣府核准後動支。

解釋戶籍罰鍰提高標準疑義：

戶籍罰金及罰鍰，可各依「罰金罰鍰提高標準條例」第一第三兩條前段之規定提高至一百倍科罰。

解釋戶籍罰鍰提成給獎疑義：

戶籍罰鍰暫准以百分之五十提作戶政人員獎金，但是項獎金之發給，應以查報人員爲對象。

解釋戶籍登記用語疑義：

現行戶籍法所稱之「戶籍登記」一詞，係指「籍別」「身分」「遷徙」「流動人口」各種登記及其「變更」「更正」「撤銷」之登記，並非專指「籍別登記」。嗣後凡泛指全部登記者，稱爲「戶籍登記」，僅指某種登記事項者，分別稱爲「籍別登記」「身分登記」「遷徙登記」「流動人口登記」或「設籍登記」「除籍登記」「出生登記」……等，其在初次戶籍登記以後應行辦理「籍別」「身分」……各種登記者，即稱「接續辦理」或「接續登記」，所有舊稱之「異動登記」及「戶籍人事登記」，均避免沿用。

解釋聲請義務人抗繳戶籍罰鍰時，縣政府可否逕予强制執行，抑送請司法機關辦理疑義：

參照司法院院字第一千九百九十三號之解釋，應仍由縣政府强制執行，無須移送司法機關辦理。

解釋戶籍罰鍰，如聲請義務人抗不完納時，可否易處拘留疑義：

參照司法院院字第一千零二十九號之解釋，如聲請義務人抗不完納戶籍罰鍰時，祇可就其財產强制執行，不得易處拘留。

解釋戶籍閱覽費及謄本抄錄費可否比照罰金罰鍰提高標準條例提高疑義：

戶籍閱覽費及謄本抄錄費　應准比照罰金罰鍰提高標準條例提高至一百倍收繳。

解釋更正年齡錯誤之聲請，應如何限制疑義：

一、凡根據戶口調（清）查表或原始戶籍簿（即初次設籍登記）過錄之壯丁名冊，如被登記人發現有年齡錯誤之記載，得依戶籍法規定程序，爲年齡更正之聲請。

二、凡根據聲請書過錄之壯丁名冊，其聲請書曾經由聲請義務人親自簽名劃押，以後不得爲年齡更正之聲請。

三、以後各地辦理戶口調（清）査，應於戶口調（清）査表附記欄中由被調査人或其家長簽名劃押，不得再爲年齡更正之聲請。

四、凡過錄後曾經按名核對之壯丁名冊，應於備考欄內由其本人或家長簽名劃押，不得再爲年齡更正之聲請。

勘誤表

頁	行	字	誤	正	備註
二	八	八	藉	籍	
四	一七	一一—一三	區轄域	轄區域	
六	三	最末字			漏一「人」字
八	二	二〇	改	政	
一〇	一三	一〇	井	共	
一三	七	一〇	卜	上	
一五	三	二二	中	由	
一五	三	二四	成	或	
二五	五—六				「用卡片為登記者，應登記於原卡片添置「或換用新卡片」應列為第廿五條第二項：「凡全頁註銷之戶籍登記簿及註銷卡片，應分類保存」應列為第廿五條第三項。
一六	一一	二一	份	分	
一七	四	二	一	二	
二七	六	六—七	統計		誤植應刪
二〇	七	二一—二三	上以	以上	
二三	二一	一〇	15	25	

勘誤表

二四	第二欄第九行	九	搖	採
二五	第二欄第二行	最末字		漏一「業」字
二五	第三欄第三行	五—六	革，製	，革製
二五	第三欄第十三行	（交縣，通	（交通	
二五	第三欄第十九行	最末	，管	管
二八	二	一	一	1
二八	三	一	二	2
二八	四	一	三	3
二八	六	二〇—二一	「配偶」	「有配偶」
二八	一四	二七	數	誤植應刪
三五	第四欄第五行	末字	居、	居
三五	第四欄末行	八	誠	減
五一	五	」一八	將	府
五七	六	最末三字	觀改加	加觀改

勘誤表

頁	行	字	誤	正
五七	七	最末三字	行細施	施行細
六二	一一	七	一	三
七五	九	一五	一	二
七五	一六	最末	紙植	紙、植
一〇〇	五	最末	用種	用一種
一〇〇	九	一—三	一格巳	一格存放巳
一〇四	三	下段第三字	匿	
一一〇	六	一九	幅	標
一一一	一三	一六—一八	以一字	以二字
一二一	一三	二一	爲	如
一二一	五	五	子	字
一二一	九	二六	間	闇
一二三	七	二二—二三	區各	各區
一二四	六	一〇	佛	仰
一二五	三	五	日	月
一二八	九	一〇	終	紳
一二八	一二	九	近	還
一三〇	一一	末字	至	誤植應删
一三〇	一二	三—四	傳最	傳至最

勘誤表

頁	行	字	誤	正	附註
一三一	一五	八—九	期退	期滿退	
一三三	一三	二四	務	備	
一三三	一四	一七	部		誤植應刪
一三四	一六	三二	[illegible]·	應	
一三五	一七	九—一一	役，預備	預備役，	
一三六	一一	九—一〇	期刑	期徒刑	
一三八	二	最末字	罷	罰	
一三八	六	九	刑	罰	
一三九	一一	最末字	婕	所	
一四一	一五	二	程	釋	
一四五	七	一四—一五	之妻	之妻妾	
一四六	一四	一一	其		誤植應刪
一四八	一三	二—三	部婚	部定婚	
一四八	一六	最末字	盧	慮	

又附第一〇四頁頁末漏列後門側門門牌式樣如下：

四

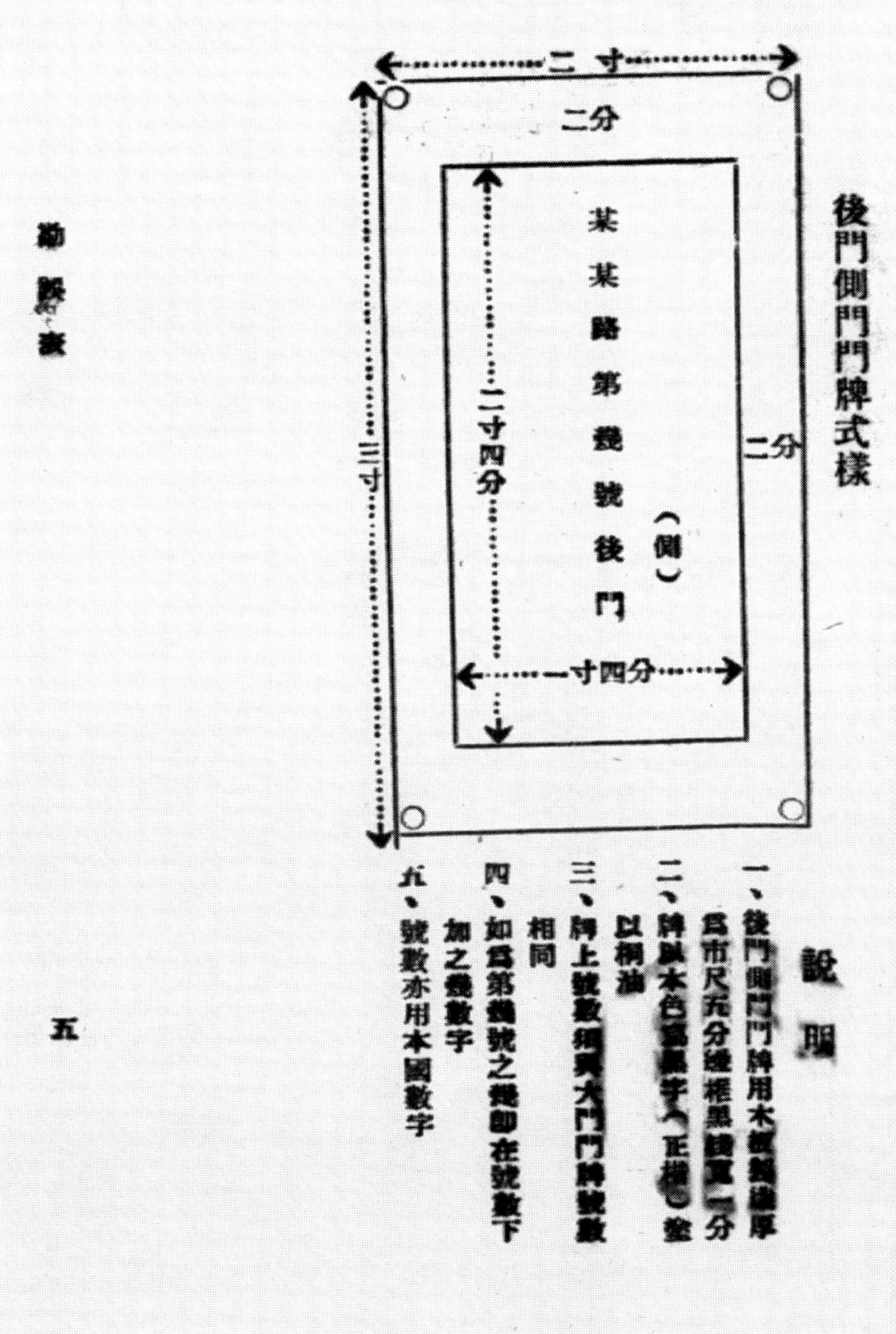

說明

一、後門側門門牌用木板製成厚為市尺五分邊框黑線寬一分

二、牌照本色黑字（正楷）塗以桐油

三、牌上號數須與大門門牌號數相同

四、如為第幾號之幾即在號數下加之幾數字

五、號數亦用本國數字